단군부족의 비록
반도의 마지막 궁정 점성가

단·군·부·족·의·비·록

반도의
마지막
궁정 점성가

김호림

단군신화의 비밀이 밝혀진다

글을 읽노라면 신화라고 하기엔 너무도 진실한 역사가 숨겨져 있고 진실한 역사라고 하기엔 우리는 이 역사와 가깝지만 너무도 먼 곳에 떨어져 있다.

몇 년 전에 김호림 작가의 저서 『지명으로 읽는 이민사―연변 100년 역사의 비밀이 풀린다』를 〈연변일보〉(중국 최초의 조선족 종합일간지)에 연재물로 추천하면서 김호림 작가를 알게 되었다. 책은 나중에 신문에 게재되었고 많은 독자들의 높은 평가를 받았다. 김호림 작가는 이번까지 도합 10권의 책을 내게 된다. 그의 독특한 필치와 다작 행보에 다시 한 번 박수를 보내면서 이 추천사를 쓰게 되었다.

이 글을 읽으면서 우리는 무엇보다 주인공 김씨 총각을 주목하게 된다. 김씨 총각은 말 그대로 타임머신을 타고 별나라에서 오지 않았을까 하고 착각하기에 족할 '신족(神族)'의 후예 같은 인물이다.

필자는 직업 관계로 타인의 글을 읽으면서 나름의 판단을 앞세우는데

익숙하다. 이 책은 야사라고 하기엔 기술한 이야기의 진실성이 너무 느껴지고 무게감이 아주 느껴진다. 이 책의 묘미는 야사로 읽다가 어느덧 정사로 읽는 자신을 발견하는 데 있다.

우리민족의 역사가 단군신화로 시작된다는 점을 누구나 다 익히 알고 있다. 그러나 이 단군신화를 후세의 사학가들에 의해 지극히 환상적이고 비진실적인 신화로 보는 풍토가 기성화가 되고 있는 현 주소이다. 이런 시대에 단군부족 큰무당의 마지막 전승자 김씨 총각을 발견하고 단군신화의 내막을 밝힌 이 실화를 읽으면서 진실한 그 세계에 다가갈 수 있다는 점이 이 책에 담긴 진정한 의미가 아닐지 한다.

이 책에는 작가의 끈질긴 인내와 각고의 노력이 깃들어 있다. 취재와 인터뷰에 꼬박 2년여의 시간을 들였고 인터뷰 육성 녹음만 해도 무려 30여 시간이나 된다고 한다. 김씨의 반만년의 가족사를 추적하면서 단군신화를 실화라고 밝힌 이 책에 섬뜩함조차 느끼게 된다.

김씨 가족은 1910년경 일제에 의한 한일합방 시기 만주에 이민을 했고 나중에 백두산 기슭을 찾아와서 벽지인 연변조선족자치주의 화룡현 용화향 혜장에 숨어서 살았다. 전대의 전승인은 조부로 김씨 총각이 8살 때 사망했고 반만년의 가족사는 김씨 총각의 백부가 대신 전승했지만 그가 갑자기 뇌졸증을 앓으면서 가족사의 전승에는 약간의 단절이 생겼다. 가족사의 시원 등을 알고자 했던 김씨 총각은 마침 현지를 답사하고 있는 김호림 작가를 만났고, 신화 같은 김씨 가족사는 종국적으로 김호림 작가에 의해 이 책으로 펴내기에 이르렀다.

김호림 작가는 우리민족의 역사 특히 정사와 야사에 다 익숙하다. 그는 인터뷰를 하다가 실존된 역사의 선색을 발견한다. 진실의 실마리를 하나 하나 풀어헤치면서 김씨 가족사는 왕조시대의 가락국으로 거슬러 올라가며 거기에서 그치지 않고 또 부족시대의 단군시대로 올라간다. 궁극적으로 인류의 그 '처음'을 찾으며 다른 문명시대와 만난다.

김씨 가족의 선대의 전승인은 단군부족의 큰 무당이었다. 그때부터 전승인은 월사(月師)라고 칭하는데, 김씨 총각의 조부는 제183대이다. 단군신화에 나오는 '천부인(天府印)'은 지금껏 우리 민족사의 수수께끼로 있는데, 그 답안이 바로 김씨 가족사에 있단다. 이 책의 무게는 단군신화가 신화 아닌 실화라는 것이며 이 실화를 김씨 가족이 전승하고 있다는 것이다. 단군신화의 실증물이 바로 '천부인(天符印)'의 옛 부호문자이다. 김씨 가족은 '천부인(天符印)'을 얻은 후 반만년을 거의 은둔 가족으로 살았던 것이다.

우리 연변에 백년을 숨어있던, 이처럼 무게 있는 역사를 파헤쳐 책으로 남긴 김호림 작가에게 거듭 감사한다.

2020년 여름 연길에서
최국철(조선족 작가, 연변작가협회 전 주석)

황실의 제단에 숨은 비밀의 지도

"어, 저기에 옛 부호글자가 있네요."

김씨 총각은 어마지두 놀란 소리를 질렀다. 말귀가 땅에 떨어져 먼지가 묻을세라 벌써 달음박질을 하고 있었다.

이곳은 사람들이 북적이는 노천 공원이다. 북경의 자금성(紫禁城)과 간발의 차이로 떨어진다. 명·청(明·淸) 두 왕조의 황제가 기곡(祈穀)을 하던 곳으로 천단(天壇)이라고 부른다. 정확히 말하면 천단의 동북쪽 모퉁이인데, 풍수학적으로 간(艮, 산), 오행에는 토(土)에 속한다. 들쑥날쑥한 여덟 개의 바위가 여기저기에 곰처럼 웅크리고 있다.

안내판에 따르면 바위는 칠성석(七星石)이라고 불린다. 명나라 가정(嘉靖, 1522-1566) 연간에 진석(鎭石) 일곱 개를 세우고 거기에 산형(山形)의 무늬를 새겼으니, 진석은 태산(泰山)의 일곱 봉우리를 뜻한다고 했다. 만주족(滿洲族)이 중원을 차지한 후 그들이 화하족(華夏族)의 일원이라는 걸 표명

칠성석(七星石), 앞
줄의 왼쪽 바위가
묘향산이며 오른
쪽 바위가 백두산
으로 폭포 바위가
있다. 묘향산은 칠
성석에 망라하지
않는다.

하기 위해 건륭(乾隆, 1736-1796) 황제가 또 칠성석의 동
북쪽에 바위 하나를 더 세웠다는 것이다.

그러나 김씨 총각이 읽은 바위는 옛 부호문자와 지도
자체였다.

"우리 가족은 토석(土石)이라고 하는데요, 입체 지도
라고 말할 수 있습니다. 무늬와 빛 그림자를 이용하여
만든 광영자(光影字)로 옛 기록을 남기고 있는 거지요."

천단의 진석은 대륙의 7대 산맥과 5대 수맥을 그리
고 있었다. 대륙 제일 서쪽의 곤륜산(崑崙山)이 있었고
제일 동쪽의 백두산(白頭山)이 있었다. 대륙의 복판을
흐르는 장강(長江)과 황하(黃河)가 있었고 국경의 강인

두만강(豆滿江)도 있었다.

이건 뭐지? 한반도의 묘향산(妙香山)이 출현하고 있었다. 건륭 황제가 칠성석에 하나 보탰다는 그 바위는 다름이 아닌 묘향산의 산형도(山形圖)라고 한다.

"묘향산에 여진족(女眞族, 만주족)이 군수물자를 저장했던 기록이 적혀 있는데요, 거기로 통하는 비밀의 길을 산형(山形)에 그려놓고 있습니다. 특수한 절기의 특정된 시간대에 보면 이 통로가 빛 그림자에 의해 나타나게 돼요."

그러고 보니 옛날 조선을 침공했던 여진족의 야망은 아직도 땅에서 부글부글 솟아오르고 있었다.

점심나절의 햇빛이 흘러내려 얼굴을 따갑게 어루만지고 있었다. 황인종, 백인종, 흑인종의 각색 인종의 사람들이 토석을 빛 그림자처럼 스쳐 지났다. 인파는 마치 쉼 없이 땅을 흐르는 물결을 방불케 했다. 천단의 상징물인 기년전(祈年殿)이 바로 서쪽의 하늘을 찌르고 기둥처럼 우뚝 서있었다.

기이한 부호문자가 그려진 바위, 산속의 빈 공간에 숨긴 보물, 산꼭대기에 만든 제단

천단(天坛)의 상징물인 기년전(祈年殿), 칠성석은 기년전의 오른쪽 담 밖에 있다.

그리고 산 자체에 기록한 신비한 역사…

선인(先人)이 후세에 남긴 비밀의 기록은 뜻밖에도 황실의 제단에 있었다. 땅 밑의 어딘가에 은밀히 숨긴 게 아니라 좌판처럼 버젓이 길가에 벌여놓고 있었다. 정말이지 '작은 은둔자는 산에 숨고, 큰 은둔자는 저잣거리에 숨는다(小隱于山, 大隱于市)'고 한 옛 성인의 말을 새삼스럽게 떠올리게 한다.

차례

제1장

구지봉(龜旨峰)에 울린 신(神)의 소리

무술년(戊戌年)인 2018년의 늦은 봄이었다. 나는 대륙의 동북쪽 귀퉁이의 연변(延邊)조선족자치주 용정(龍井)에서 조선족 역사문화 탐방을 하고 있었다. 두만강 기슭에 있는 이 지역은 천불지산(天佛指山)이라는 지명처럼 정말로 하늘(신)이 점지한 듯 신기한 이야기가 많았다. 날마다 산과 마을을 답사하고 현지의 토박이들을 만나 인터뷰를 했다.

어느 날 산 건너 저쪽 연길(延吉)의 친구로부터 문득 전화를 받았다. 이민사를 조사하고 있다는 걸 알고 누군가 나를 만나고 싶다고 한다는 것이었다. 김씨 성의 총각이었는데 그의 가족사에 대해 이런저런 문의를 하고 싶다고 했다. 선조가 일찍 가락국(駕洛國)의 왕실에서 살았다고 했다. 대뜸 귀가 솔깃했다. 가락국은 스스로 기록한 역사가 없는 미스터리한 나라이다. 무엇보다 내가 가락 김씨 즉 김해 김씨이며 시조가 다름이 아닌 가락국의 시조 왕 김수로(金首露)이다. 김해 김씨의 백년 족보를 가문의 장자인

15

내가 보관, 전승하고 있다.

용정 현지의 한 호텔에서 김씨 총각을 만났다. 그런데 이야기는 한참이나 빗나가고 있었다. 그는 김해가 아닌 경주 김씨였다. 선조가 가락국 궁정의 점성가였으며 무술(巫術)은 물론 역술(易術)에도 도통했다고 한다. 점성가의 제일 마지막 전승인이 바로 김씨 총각 본인이라고 했다. 지금은 어디에 있을지 모를 점성가의 다른 후손들을 찾고 있다는 것이었다.

김씨 총각은 설명을 하다말고 카운터에서 흰 종이 한 장을 빌려 웬 부적을 그렸다. 부적의 상단에는 팔괘도(八卦圖)가 있었는데, 이상하게 선천도(先天圖)의 간괘(艮卦)와 진괘(震卦)의 위치가 바뀌고 있었다. 이렇게 되면 진혼진신(鎭魂鎭身) 즉 인간의 혼과 마음을 안정할 수 있다고 가문에 유전(遺傳)하고 있다는 것이었다.

수백 개나 되는 이런 특이한 부적은 김씨 가족의 '문양' 맞잡이란다. 역술 공부를 한 적 있는 친척이라면 이런 부적을 따라 금방 김씨 가족의 문고리를 잡을 수 있다고 했다.

말문이 열리자 김씨는 전설 같은 가족의 이야기를 왕창 쏟아냈다. 그가 물음을 꺼내기에 앞서 내가 더 궁금해지고 있었다. 좌중에 다른 손님이 있어서 부득불 대화를 중단했다.

이튿날 일부러 연길에 올라가서 김씨 총각을 다시 만났다. 김씨는 아직 20대의 애송이었지만, 수련 경력은 결코 젊은 나이처럼 짧지 않았다. 태어난 후 곧바로 가족의 장문인(掌門人, 전승인)으로 선정되었고 전대의 전승인 할아버지에 의해 세 살 때부터 김씨 가족의 비술(秘術)을 습득, 수련했다고 한다. 가족의 특이한 기공(氣功)과 역학(易學), 점술(占術), 신탁(神託, 신내림)은 이날 김씨 총각에 의해 다시 재현되고 있었다. 거의 전부가 다 대륙에서 일찍 유실, 실전되었다고 하는 고대의 비술이었다.

인터뷰는 어제와 오늘, 하늘과 땅을 잇고 있었다. 도무지 끝이 보이지 않았다. 비가 내리는 여름에 다시 그를 찾았고 낙엽이 떨어지는 가을에 또 그와 대화를 나눴다. 그리고 눈이 흩날리는 겨울에 재차 그를 만났다. 꼬박 2년 하고 열흘 더 걸렸다. 바람처럼 구름처럼 천

호신부, 선천도의 간괘와 진괘의 위치가 바뀌어 있다.

년의 비사(秘事)가 시공간을 헤가르고 눈앞을 유유히 흘러가고 있었다.

가락국의 시조 신화는 더는 마법 같은 상상의 세계가 아니었다. 김씨 가족의 비사(秘史)는 바로 가락국 신화의 잃어진 그 퍼즐 조각을 맞추고 있었다.

옛날 구지봉에 울렸던 하늘의 그 소리를 금세 귓가에 다시 들을 수 있을 것 같았다.

1절 주문(呪文), 거북아 머리를 내어라

"천지가 개벽한 후로 이곳에는 아직 나라의 이름이 없었다. 그리고 또 군신
(君臣)의 이름이 없었다. 이럴 때 아도간(我刀干), 여도간(汝刀干), 피도간(彼刀干),
오도간(五刀干), 유수간(留水干), 유천간(留天干), 신천간(神天干), 오천간(五天干),
신귀간(神鬼干) 등 아홉 간(干, 족장의 호칭)이 있었다. 이들 족장이 백성들을 통솔
했으니 모두 1백 호(戶, 가구)로서 7만 5천명이 있었다."

한반도의 낙동강 기슭에 있었던 옛 촌락은 이렇게 『삼국유사(三國遺事)』
에 등장한다. 『삼국유사』는 고려 후기의 고승 일연(一然)이 편찬한 역사서
이다. 옛 촌락의 백성들은 그때 "거의 산과 들에서 모여 살았으며 우물을
파서 마시고 밭을 갈아서 먹고 있었다"고 한다. 어느 날 가락국의 시조 왕
이 줄을 타고 하늘에서 강림하였다. 신과 인간이 어울려 살고 있던 그때 그
시절의 역사는 이렇게 시작되고 있었다.

『삼국유사』는 전설의 이 이야기를 「기이편(奇異篇)」에 따로 수록한다.

때는 임인년(壬寅年)인 서기 42년 3월이었다. 북쪽의 구지봉(龜旨峰)에
서 누군가를 부르는 이상한 소리가 울렸다. 아홉 족장을 비롯하여 2,3백 명
의 사람이 산에 모였다. 그러자 사람의 소리 같지만 그 모양이 숨기고 웬
소리만 울리고 있었다.

"하늘이 나에게 말하기를, 이곳에 나라를 새로 세우고 임금이 되라고 하였으므로 일부러 여기에 내려온 것이니라."

「기이편·가락국(駕洛國)」의 기록에 따르면 미지의 소리는 사람들에게 노래하고 뛰면서 춤을 추라고 일러준다. 그러면 그들의 왕을 영접할 수 있다는 것이었다. 이에 사람들은 기뻐서 춤을 추면서 노래를 부른다. 이 노래가 바로 세상에 유명한 고대 가요 "구지가(龜旨歌)"이다.

"거북아 거북아 龜何龜何 (구하구하)
머리를 내어라 首其現也 (수기현야)
내놓지 않으면 若不現也 (약불현야)
구워서 먹으리 燔灼而喫也 (번작이끽야)"

드디어 하늘로부터 자줏빛의 줄이 구름처럼 구지봉의 땅에 드리웠다. 그 끝에서 붉은 보자기가 금합(金盒)을 두르고 있었고 금합에는 해처럼 둥근 금알(金卵)이 여섯 개가 들어 있었다. 사람들은 붉은 도자기를 다시 싸서 족장 아도간의 집구들에 갖다 놓았다. 이튿날 이 황금알은 변해서 여섯의 사내아이로 되었다. 알에서 먼저 나온 수로(首露)는 금관가야(金官伽倻) 즉 가락국의 왕위에 오르고 기타 다섯 사내아이는 각각 다섯 가야(伽倻)의 수장으로 된다.

수로가 금알에서 나왔다고 하여 성을 김(金)으로 하였다. '金'의 본뜻은 쇠 황금이다. 성씨로 쓸 때 '금'이 아니라 기어이 '김(金)'이라고 발음을 하는 원인은 한국사의 수수께끼로 되고 있다. 일설에 의하면 고려 때 금나라를 대국으로 섬기면서 '금'이라는 발음을 피해 '김'씨로 바꿨다고 한다. 제일 유명한 설은 조선 왕실과 연관된 음양오행설이다. 태조 이성계(李成桂)는 고려 왕족인 왕(王)씨를 없애고 조선을 세웠다. 오행설에 따르면 오얏나무의 이(李)씨는 나무 목(木)의 성질에 해당하며, 금(金)씨는 쇠 금(金)의 성질을 갖고 있기 때문에 금씨가 결국 이씨의 힘을 이기게 되어 있다. 그렇다고 해서 반도에서 제일 많은 성씨인 금씨를 빗자루로 쓸 듯 모두 없앨 수도 없었다. 결국 이성계는 명령을 내려 금씨를 김씨로 바꿔 불리도록 했다는 것이다.

각설하고, 김해는 옛 지명으로 가락국의 고도(古都)였는데, 고려 때 김해부(金海府)가 설치되면서 김씨의 본관으로 되었다. 수로가 왕이 된 후 가락국은 처음부

—
수로 왕릉을 지키고 있는 가락루 (촬영기관 한국문화재청).

터 끝까지 김씨 가족의 부자(父子) 세습이었다. 그래서 수로를 시조로 하는 김해 김씨를 가락 김씨라고 부르기도 한다.

김수로는 처음부터 민낯의 금알을 세상에 드러냈지만, 정작 김수로의 출현을 전한 '하늘의 소리'는 끝끝내 형체를 감추고 있었다. 황금의 합이 내리고 황금의 알이 다시 사내아이로 되기에 이르기까지 내내 그러했다. 구지봉에서 그냥 '사람의 소리 같지만 숨기고' 소리만 냈다. 결국 소리의 주인은 얼굴도 이름도 모를 미지의 '신'으로 되고 있다.

신이 직접 인간에게 한 말을 신탁(神託)이라고 한다. 수로왕의 강림 신화는 기실 신탁 즉 신의 내림을 받은 이야기이다. 사람들을 거느리고 구지봉에 모인 아홉 족장은 '신'이 하늘에서 내린 그 소리에 직접 응답했던 것이다. 신의 소리 즉 '신음(神音)'은 그렇게 『삼국유사』의 한 페이지를 기록한다.

신의 소리는 신과 인간의 대화로서 예언이고 점복(占卜)이다. 신과 소통하는 인간은 거개 무당으로 등장한다. 이 무당의 입을 통해서 신은 인간에게 그의 의사를 전하며, 신내림이 이뤄진다.

상고시대 무당은 인간 생활에서 없어서는 안 될 중요한 배역을 맡고 있었다. 큰무당은 무계(巫系)의 수령이었고 또 부족과 부락의 수령이었다. 적어도 구지봉에 모인 아홉 족장의 일부는 분명히 무당이었다. 족장의 이름에 넣은 특별한 의미의 글자 천(天), 신(神)과 귀(鬼)가 바로 무당 신분의 좌증이다. 마찬가지로 이름에 찍힌 칼 두(刀)는 싸움과 전투를 의미하며, 따라서 이름의 주인은 싸움의 고수로 유사시 전투를 지휘하는 우두머리를 뜻한다고 할 수 있다. 가락국은 스스로 기록한 역사가 전무하니, 그들을 감싼 진실한 이야기는 많은 경우 이름과 지명만으로 읽어내야 한다. 지명 구지봉은 거북이가 인간에게 신의 강림을 가리킨 봉우리라는 뜻으로 해석할 수 있다. 거북이는 이때는 신과 인간을 소통하는 매개물의 무당으로 등장하고 있는 것이다.

> "촌락의 사람들은 거북이에게 빕니다. '거북이여, 우리에게 머리(우두머리, 군주)를 주십시오.' 라고 하는 거지요. 노래 '구지가' 자체가 주문(呪文)이 됩니다."

「수로왕신화」에서 신내림의 상태는 무당뿐만 아니라 부락 무리에 퍼져 가고 있었다. 다들 춤과 노래와 더불어 우쭐우쭐 신바람이 난다. 신이 내리고 신을 맞는 굿판 현장이 구지봉에 벌어지는 것이다.

드디어 수로를 왕으로 모신 아홉 족장은 어서 배필을 구할 것을 청한다. 그러자 수로왕은 그가 하늘의 명령으로 내려온 것인즉 짝을 지어 왕후를 삼게 하는 것도 역시 하늘의 명령이 있을 것이라고 하면서 아홉 족장에게 염려를 하지 말라고 일러준다.

서기 48년 7월 27일, 급기야 가락국의 역사에 기재할 큰 사건이 일어난다.

> "왕(수로)은 드디어 유천간(留天干)에게 명령해 경주(輕舟)와 준마를 가지고 망산도(望山島)에 가서 기다리게 하고, 신귀간(神鬼干)에게 명령하여 승첩(乘帖, 남쪽의 섬)에 가게 했다. 갑자기 바다 서쪽에 붉은 빛의 돛을 단 배가 붉은 기를 휘날리면서 북쪽을 바라고 오고 있었다."

인도반도의 아유타국(阿踰陀國) 공주는 이렇게 가락국에 불쑥 나타나고 있었다. 수로왕은 직접 나루터에 행차해서 산기슭에 장막을 치고 임시 궁전을 만들어 공주 일행을 맞이했다. 공주 일행의 배에는 금수(錦繡)와 능라(綾羅), 의상필단(衣裳疋緞), 금은주옥, 구슬로 만든 패물이 이루다 기록할 수 없을 만큼 많은 물건을 싣고 있었다. 『삼국유사』에 낱낱이 게재된 내용이다.

수로왕과 함께 궁전에 든 후 공주는 가락국에 오게 된 자초지종을 조용히 말한다. 하늘의 신은 이때 인간계(人間界)에 용안(容顔)을 처음 드러내고 있었다.

"저는 성이 허씨(許氏)이고 이름은 황옥(黃玉)이며 나이는 16세입니다. 본국에 있을 때 금년 5월에 부왕(父王)과 모후(母后)께서 저에게 말씀하시기를 '우리가 어젯밤의 꿈에 함께 상제(上帝, 하늘의 신)를 뵈었는데, 상제께서는 가락국이 왕 수로를 하늘에 내려 보내서 왕위에 오르게 하였으니 신령스럽고 성스러운 사람이라고 하시면서 나라를 새로 다스리는데 있어 아직 배필을 정하지 못했으니 경들은 공주를 보내서 그 배필을 삼게 하라 하시고 말을 마치자 하늘로 올라가셨다. 꿈을 깬 뒤 상제의 말씀이 아직도 귓가에 그대로 남아 있으니 너는 이 자리에서 곧 부모와 작별하고 그곳으로 떠나라'고 말씀하셨습니다."

혼인한 후 수로왕은 허황옥과 함께 열 명의 아들을 두었다. 그 중 두 명에게 허씨 성을 주어 허씨 성씨가 뿌리를 내리게 했다. 이 두 아들은 김해 허씨가 되었고 여기서 갈라져 나머지 본관들이 생겼다. 또 태자 거등공(居登公)을 제외한 나머지 일곱 아들은 모두 스님이 되었다.

허황옥은 188년에 죽으니 나이가 155세였다고 『삼국유사』는 전한다. 현재 김해시 구산동(龜山洞)의 고분이 허황옥의 능이라고 한다. 수로왕은 왕비가 죽은 후 10년을 지난 199년에 죽으니 157년을 재위하였다.

가락국은 장장 491년을 존속한 후 서기 532년에 멸망했다. 그해 제10대 왕 구형왕(仇衡王, 521~532)이 땅을 바치고 왕비와 세 아들과 함께 신라에 항복했다. 그들은 진골귀족으로 신라에 편입되어 높은 벼슬과 가락국을 식읍(食邑)으로 받았다. 이때 신라에 귀속된 왕실의 다른 귀족들도 좋은 대우를 받았다. 신라의 제30대 왕 문무왕(文武王, ?~681)은 재위 기간 수로왕릉의 관리를 위해 위전(位田)을 설치하고 능묘의 제례를 후손이 계승하도록 했다. 이 제례는 다른 왕조인 훗날의 고려 시대에도 계속되었다. 김해 김씨가 나중에 한반도의 최대의 가족으로 거듭날 수 있은 원인이다.

세계(世系)에 따르면 김해 김씨는 제11대 김무력(金武力)의 세대부터 번창(繁昌)한다. 김무력은 신라 각간(角干)의 무장(武將)이었으며 그의 아들 김서현(金舒玄)은 진흥왕(眞興王, 540~576) 동생의 딸과 혼인함으로써 신라의 종성(宗姓)과 인척을 맺었다. 제13대인 김유신(金庾信)은 또 삼국 통일의 위업을 달성한 장군으로 신라에서 떠받들린 영웅으로 되었다.

희대의 영웅에게는 언제나 신화가 뒤따르기 마련이다. 김해 김씨의 옛 족보는 중시조(中始祖) 김유신이 북두칠성의 정기를 타고 났고 태기가 있은 지 20개월 만에 출생했다고 하는 탄생신화를 기록하고 있다.

김해 김씨는 종국적으로 4백만 명으로 한반도의 제일 많은 성씨를 형성하였다. 참고로 한반도의 성씨는 모두 623본이지만 이토록 숱한 성씨에서 김해 김씨처럼 시조가 뚜렷이 밝혀진 성씨는 100여 본에 불과하다.

그런데도 김해 김씨의 시조 탄생은 정설이 아닌 희대의 야설(野說)이었던가. 일각에서는 수로왕을 기어이 실존 인물이 아닌 가상의 인물로 간주한다. 수로왕의 천강난생(天降卵生)은 역사가 아닌 신화 그 자체일 따름이란다.

와중에 김해 김씨와 허씨 두 가족에 전하는 일화가 있다. 이 일화에 따르면 김해 김씨나 허씨는 열이면 열 모두 살갗이 희지 않은데, 그 원인은

25

—

숲에 둘러있는 왕
비 허황옥 능묘.
(촬영기관 한국 문화
재청).

시조 할머니의 왕비가 다름이 아닌 인도 출신이기 때
문이란다. 그보다 시조 할아버지 수로왕의 남근에는
까만 고추점이 하나 있었다고 전한다. 아니, 수로의 왕
비가 도무지 밖에 내놓기 부끄러운 그곳에도 까만 고
추점이 하나 있었다고 한다.

　김해 김씨 가족의 2천년의 비사(秘事)이다. 역사서의
본전(本傳)에는 그 어디에도 기록되지 않은 야설이다.

　"수로왕은 남근이 하도 커서 배필을 얻지 못하고 있었
다. 마침 김해 부근의 양산(梁山)에 똥을 산만(散漫)하게
싸는 여자가 있었다. 그 여자를 찾아서 양산으로 길을 다
그치는데 갑작스레 폭우가 쏟아졌다. 웬 노인이 강을 건
너지 못해 강기슭을 바장거렸다. 수로왕은 남근을 세워

가죽다리를 만들고 노인을 건너게 했다. 노인은 다리를 건넌 후 '고놈, 참 용하네!' 하고 거시기에 곰방대를 툭하고 쳤다. 그러자 불똥이 떨어져 상처가 되었고 상처가 아문 후 점이 되었다. 그래서 김해 김씨의 후손은 고추에 점을 달게 되었다."

김해 김씨의 가족에 전하는 이 이야기는 허씨 가족에는 약간은 다른 판본으로 전하고 있다. 이 판본에는 남자가 아니라 여자에게도 '고추점' 하나가 그 무슨 상징물처럼 나타나고 있다.

"수로왕이 왕비와 혼인한 얼마 후 가락국에 갑자기 큰 불이 일어났다. 사람들이 모두 나와서 불을 끄려고 혼신의 힘을 했으나 불은 인차 꺼지지 않았다. 수로왕이 오줌발을 불이 난 자리에 쏘자 비로소 그 불이 꺼지기 시작했다. 사람들이 수로왕을 따라 했으나 수로왕의 오줌발만 그 불을 끌 수 있었다. 왕을 따라온 왕비가 치마폭을 걷어붙이고 오줌을 싸는데, 역시 불이 푹푹 꺼지기 시작했다. 와중에 불똥이 수로왕과 왕비의 국부에 튀었다. 그래서 허씨의 후손도 모두 그곳에 까만 점을 달게 되었다."

유명한 이 이야기는 동네 사랑방에 떠돈 속설로 간주되고 있는 현 주소이다. 그러나 한낱 속설로 삼기에는 아무래도 무리가 있는 것 같다. 예전부터 두 가문의 노인들은 쩍하면 사내아이들의 괴춤을 뒤지면서 짓궂은 장난을 했다.

"너의 고추에 점이 찍혀 있나 볼까?… 과연 우리 김해 김씨(허씨)가 맞나?"

실제로 김해 김씨나 허씨라면 남자들은 대개 고추의 끝머리에 정말로 까만 점 하나를 그 무슨 가족의 문양처럼 하나씩 박아놓고 있다고 한다. 근대에도 김해 김씨와 허씨는 서로 통혼을 금한다는 통념이 있었다. 비록 성씨는 달라도 하나같이 '고추점'을 달 듯 동성동본(同姓同本)의 관계이기 때문이다. 하긴 김수로왕이 열 명 아들의 둘에게 개성(改姓)하여 아내 허황옥의 성씨를 계속 이어지도록 배려해서 시작된 것이 허씨가 아니던가.

'고추점'처럼 이번에도 항간에 전하는 속설일까, 가락국에는 '고추점'처럼 하나의 상징으로 존재했던 벌족(閥族)이 또 하나 있었다. 다름 아닌 김씨 총각의 선대 가족이다. 김해 김씨가 아닌 경주 김씨이다. 그들은 조대를 이어 가락국 왕실의 점성가로 있었다고 한다. 왕조의 처음부터 마지막까지 가락국을 보좌하면서 김해 김씨의 심벌에서 명실공한 '고추점'으로 되고 있었다는 것이다.

2절 김해 김씨의 왕국에 등장한 경주 김씨

"나는 (수로)왕의 자리(왕위)를 빼앗으러 왔소."

수로왕의 면전에서 탈해(脫解)는 이렇게 말한다. 『삼국유사(三國遺事)』가 전하는 가락국의 일화이다. 건국하자마자 왕위 다툼이 가락국의 궁정에서 벌어진 것이다.

탈해는 완하국(琓夏國) 함달왕(咸達王)의 아들이다. 함달왕의 부인이 낳은 알이 사람으로 변했다고 해서 탈해(脫解)라 불렸다고 하는 『삼국유사』의 서술이다. 탈해는 왕위를 두고 수로왕과 술법(術法)을 겨뤘다. 탈해가 매로 되니 수로왕은 독수리로 변했고, 탈해가 또 참새가 되니 수로왕은 새매로 변했다. 나중에 탈해는 수로왕이 파견한 수군(水軍)에 쫓겨서 계림(鷄林)에 도망했다. 57년, 탈해는 유리(儒理) 이사금(尼師今, 왕의 칭호)의 유언에 따라 신라의 제4대 왕으로 등극했다.

탈해 이사금(尼師今) 9년, 즉 서기 65년 3월 경주 김씨의 원조(元祖)가 출생한다. 김해 김씨의 시조 수로가 나타난 지 꼭 23년만이었다.

이날 금성(金城) 서쪽 시림(始林)에서 문득 닭의 울음소리가 들렸다. 탈해왕이 호공(瓠公)을 보내 살펴보게 하니, 황금빛의 궤가 나뭇가지에 걸려 있고 궤에서 빛이 나오며 나무 밑에서 흰 닭이 울고 있었다. 이를 듣고 탈해왕이 직접 가서 궤를 열어 보자 용모가 수려한 사내아이가 나왔다. 이때부터 시림을 계림(鷄林)이라고 하고 이를 국호로 삼았으며 아이는 탈해왕

이 거둬 길렀다. 금궤에서 나왔다고 해서 성을 '김(金)' 씨라 하고 총명이 과인해서 '알지(閼智)'라고 이름을 붙였다. 이것은 고려 때의 문신(文臣) 김부식(金富軾)이 『삼국사기(三國史記)』에 수록한 이야기이다. 『삼국유사』도 김알지의 이 설화를 기록하고 있는데, 『삼국사기』와 약간의 차이가 있을 뿐이며 대체적으로 줄거리는 같다.

설화에 따르면 김씨 부족은 신라의 박씨(朴氏)나 석씨(昔氏) 보다는 늦게 경주 지역에 정착했다. 뒷이야기이지만, 나중에 몸집이 커진 김씨 부족이 그들의 토템인 닭과 조상을 연결해 이 같은 설화를 탄생시킨 것이라는 해석이 나오고 있다.

어찌됐거나 똑 같은 반복은 윤회처럼 계속되고 있었다. 김알지의 후손역시 수로왕의 후손처럼 나라가 망한 후 번창하였다.

935년 11월, 신라의 제56대 경순왕(敬順王) 김부(金傅, ?~978)가 고려에 항복했다. 이때 김부는 고려 태조 왕건(王建)에게 경주(慶州)를 식읍으로 받았다. 경주는 신라의 왕이 나라를 바친 경사스런 고을이라고 해서 고친 지명이다.

경주 김씨는 경순왕의 3남 명종(鳴鐘)과 4남 은열(殷說)로 기원(起源)한다. 그 후손이 번성하여 이씨 조선에 이르기까지 인물, 지역 중심으로 분종, 대별하여 5파로 나뉘며 종국적으로 108계의 분파로 나뉘는 걸로 알려진다. 현재 경주 김씨는 170여만 명으로 반도의 본관 순위 4위를 차지한다.

경주 김씨는 김해 김씨처럼 역시 글자 쇠 금(金)에서 성씨를 만들었다. 시조가 나무에서 출현하였기 때문에 일각에서는 경주 김씨의 진실한 시원(始原)을 나무에서 읽어야 한다고 주장한다. 나무 숭배는 기실 북방 알타이(阿爾泰)의 고유한 신앙인데, '김(金, 금)'은 알타이의 어계(語系)에서 '신'이나 '무당' 등을 의미한다.

하필이면 가락국의 왕궁에 등장한 경주 김씨의 신분도 '무당'의 점성가이다.

김씨 가족의 선조가 언제부터 점성가로 세간에 소문을 놓았는지는 잘 알지 못한다. 가락국 태자는 분명히 수렵을 나갔다가 그를 만났다고 김씨 가족은 전하고 있다.

그 무렵 김씨 가족의 선조는 반도 남부의 벽지에서 살고 있었다. 김씨 가족의 옛 기억에 따르면 그곳은 밀양(密陽)과 김해를 각기 하나의 점으로 삼고 동북쪽의 방향에 세모꼴 모양의 다른 한 점을 이룬 고장이다. 가락국

의 도읍인 김해와 가까웠고 또 경주 김
씨의 시조 고향으로 전하는 계림과도
멀지 않았다. 그러나 이 고장은 깊은 산
과 이어지는 험한 산골이었다고 한다.
초가의 바자굽에 늑대가 종종 동네 강
아지처럼 기어들 정도이었다. 그래서
가락국 태자가 이 고장으로 수렵을 나
올 수 있었고 이에 따라 천연(天緣) 같
은 만남이 이뤄질 수 있었던 같다.

이때 김씨 가족은 철기 제작에 아주
능숙했다고 전한다. 쇠붙이를 두드려서
각양각색의 멋진 모양을 만드는데 남다른 솜씨가 있었
다. 철기는 한반도에서 서기전 300년경부터 사용되기
시작, 가야는 오래전부터 우수한 철기를 만들어 이름
을 떨쳤다. 지명 김해는 바로 '쇠의 바다'라는 의미이
다. 철의 주요한 생산지였고 우수한 철기 생산능력을
가진 철기문화의 중심지였다. 따라서 철기를 만드는
유능한 야장이 많이 산출될 수 있었다. 가족에 전승하
는 옛 기록에 따르면 김씨이 선주는 옛날부터 철기에
유리와 보석을 상감(象嵌) 할 수 있을 정도였다. 그리하
여 훗날 왕궁의 '볼모' 사건이 일어난 후 김씨 가족의
일부는 민간에 분산되면서 야장으로 되어 점성가의 왕
실 귀족 신분을 숨길 수 있었던 것이다.

가락국의 태자는 경주 김씨 가족의 귀인이었지만, 김씨 총각 가족의 옛 기록에는 이름을 남기지 않는다. 그러나 김씨 가족의 선조가 입궁한 것은 가락국의 건국 초창기이며 왕조시대에 김씨 가족이 가장 흥성했던 시기였다고 후손들에게 분명히 전하고 있다. 이에 따르면 맨 처음 김씨의 선조를 왕궁에 데려갔던 태자는 가락국의 제2대 왕 거등(居登, 재위 199~253)이 유력하다. 거등은 허황옥이 가락국에 왔던 48년 그해에 곰을 얻는 꿈을 꾸고 낳은 첫 아들이다.

태자(거등)는 김씨의 선조를 만난 후 곧바로 그를 왕궁으로 데려갔다고 한다. 그는 가락국의 병기(兵器) 등 철기 제작과 관리를 담당하고 있었다고 김씨 가족에 전한다.

일찍 가락국은 건국 후 신답평(新畓坪)을 서울로 정하고 신축 공사를 크게 벌였다.『삼국유사』의 기록 행간에서 읽을 수 있는 내용이다.

"(수로왕은) 1천 5백보 둘레의 성과 궁궐, 여러 관청의 청사 그리고 무기고와 곡식 창고를 지을 터를 마련한 뒤 궁궐로 돌아왔다. 두루 나라 안의 장정과 기능공을 불러 모아서 (서기 43년) 정월 20일 성 쌓는 작업을 시작하여 3월 10일 공사를 끝냈다. 그 궁궐과 집들은 농사에 바쁘지 않은 틈을 이용하니 그해 10월 비로소 시작해서 갑진년(甲辰年, 44년) 2월에 완성되었다."

무기고를 만든 가락국과 병기를 담당한 태자, 수렵지에서 조우한 태자와 김씨 선조, 김씨 선조의 야장 경력, 태자를 뒤따른 김씨 선조의 입궁… 퍼즐조각은 하나하나 모여『삼국유사』의 기록에 한 점의 그림을 완성하고 있다..

인터뷰를 하면서 김씨 선조는 입궁할 때 야장 신분이었을 수 있다는 추측은 이렇게 나왔다. 정말이지 앞뒤를 꼭꼭 맞출 수 있는 소설의 스토리를 방불케 했다. 그러나 현실의 세계는 이야기의 문턱을 막 넘어서다 말고 벌써 삐걱거리고 있었다.

인터뷰 도중에 기물(器物) 하나가 불쑥 등장하여 좌중에 큰 의문을 만들고 있었다.

"가락국에 입궁한 얼마 후라고 하는데요, 선조님에게 신기(神器) 하나가 전수되었다고 합니다."

이 기물은 분명히 철기가 아니었다. 선조가 애용하던 기물이었는데, 실은 어국(魚國)의 천문 측량기였다고 김씨 가족의 옛 기록에 전한다. 왕조시대에 천문 의기는 일개 야장으로서는 눈으로 구경하는 것조차 힘들었던 귀중품이다.

어국은 춘추(春秋, BC 770~BC 476)시기의 부족나라로, 어국인(魚國人)은 파촉(巴蜀) 지역에 살던 옛 부족이다. 파촉은 대륙 중부의 사천(四川) 분지와 그 부근 일대를 말한다. 어국은 대륙의 몇몇 옛 문헌에 지명으로만 짧게 기록된다. 1975년 고분 한기가 발견, 발굴되면서 비로소 어국의 일부 윤곽이 가까스로 그려지고 있는 것이다.

"혹여나" 하고 옛 기물의 사진 한 장을 찾아 인터뷰 현장에 내놓았다. 이 기물 역시 파촉 지역에 있었던 옛 유물이다. 김씨 총각은 기물에 음각된 옛 부호를 보더니 대뜸 제사 과정을 적은 기록물이라고 말했다. 뜻인즉 인간은 죽은 후 미구에 다른 영역의 세계로 들어가며, 그때까지 신변에서 그들을 잘 지켜야 한다는 의미라는 것. 이 제사에서 하늘처럼 모신 것은 천신(天神)이라고 한다.

"제가 어릴 때 배웠던 부호문자인데요, 어떤 부호문자는 할아버지가 늘 입고 계셨던 법의(法衣)에 돋을무늬로 새겨져 있었습니다."

김씨 총각은 급기야 옛 부호를 하나씩 짚으면서 또박또박 읽어 내려갔다.

"천신이 강림한즉 엎드려 절을 올려야 할지어니…(天神降臨, 衆人膜拜…)"

그만 입이 딱 벌어졌다. 세상을 놀라게 할 사건이 벌어지고 있는 것이다. 옛 부호의 주인은 실은 삼성퇴(三星堆)의 미스터리의 '신'이다.

삼성퇴는 사천성 북부의 압자하(鴨子河) 남쪽 연안에 위치한다. 중국 대륙에서 지금까지 발견된 최고의 문명 유적으로, 20세기 인류의 제일 위대한 고고학 발견으로 간주되고 있다. 3000~5000년 전의 유물들은 마치 하늘에서 문득 떨어진 별처럼 삼성퇴에 더미를 이루고 있다. 청동으로 만든 인간, 동물, 나무 등 기물은 조형이 독특하며 대륙 중원의 문명과 확연히 구별된다. 또 같은 시대의 중원 문명을 10만 8천리나 훨씬 앞지르고 있다. 이상하게도 삼성퇴의 문명은 방불히 하루 밤 사이에 소실된 듯 문득 대가 끊긴다. 문헌적인 기록이 없는데다가 현지에 유해가 존재하지 않기 때문에 삼성퇴의 옛 주인이 누군지, 또 그들이 어디서 왔는지 아무도 모른다. 유물에 음각된 부호도 아직 판독되지 않고 있으며 따라서 인간이 아닌 '신'의 글자로 부르고 있는 현 주소이다. 그러나 발굴된 제사(祭祀) 유적과 법장(法杖) 등 다수의 유물에 따르면 그때 분명히 법사(法師, 무당)가 있었던 것으로 추정할 수 있다.

제사를 주례한 법사는 분명히 큰무당이었다고 김씨 총각이 감히 단언한다. 금으로 만든 이 법장은 주인공의 범상치 않은 신분을 노출하고 있다는 것이다.

"혹시 이 고장은 옛 도읍지가 아니었을까요? 금의 법장과 옛 부호문자를 새긴 기물이 동반하는 곳은 일반적인 성읍이 아니거든요."

부지불식간에 김씨 가족의 정체가 역사의 심연에서
뛰쳐나오고 있었다. 김씨 총각의 선조 역시 범상치 않
은 인물이었다. 고대 점성술과 옛 부호문자에 숙달한
그는 야장에 앞서 큰무당이었던 것이다. 태자에 의해
가락국 왕실에 초대된 까닭을 인제야 읽을 수 있었다.

그러나 의혹은 눈덩이처럼 점점 커지고 있었다. 김
씨 가족의 선조는 어떻게 천문의기를 전수 받고 또 옛
부호문자를 읽을 수 있었을까? 아니, 대륙의 옛 기물
과 부호문자는 어떻게 바다를 건너 반도에 전해졌을
까?…

제2장

대륙과 반도를 이은 마법사의 지팡이

김씨 총각의 아버지는 4남 4녀 8남매의 다섯째였다. 김씨 총각의 항렬에 이르러 그의 사촌은 남자와 여자 도합 13명이나 되었다. 그러나 장문인(掌門人, 전승인)의 권장(權杖)은 뜻밖에도 사촌 오누이들의 막내인 김씨 총각이 전승했다.

"우리 가문에는 불문율의 가법(家法)이 있는데요, 꼭 음의 해, 음의 달, 음의 날, 음의 시간에 출생한 사람이어야 전승인으로 선정될 수 있습니다."

김씨 총각의 말이다.

'음양오행의 이론'으로 말한다면 팔자의 천간(天干)은 전부 음이어야 한다는 것이다. 종국적으로 김씨 총각이 가족의 전승인으로 선택된 이유이다. 할아버지도 이런 특이한 팔자 때문에 형과 누님을 다 제치고 가족의 전승인으로 될 수 있었다.

"예전에 특정 팔자의 자식이 없으면 양자를 길러서 전승을 했다고 하는

—
김씨 총각의 돌 생
일을 쇠던 날초가
마당에서 기념촬
영을 했다, 제일
앞줄의 왼쪽 두번
째 남자애가 김씨
총각이다.

데요."

그날 갓난아이의 울음소리는 시골의 한 초가를 들
썽케 했다. 할아버지는 사주팔자를 풀이하다가 주름진
얼굴을 모처럼 활짝 폈다. 마침내 가족의 법술(法術)을
잇을 혈연의 전승인이 나타난 것이다.

할아버지는 아예 다섯째 아들과 함께 살았다. 아니,
막내 손자와 함께 살다시피 했다. 손자가 세살을 잡자
곧바로 가족의 비술(秘術)을 전수하기 시작했다. 아침
저녁으로 막내 손자에게 부호와 그림을 익혔고 잠자리
에 들면 가족에 전승되는 옛 이야기를 들려주었다. 듣
지도 보지도 못한 많은 옛 서적들이 책궤처럼 할아버
지의 머리에 차곡차곡 보관되어 있는 듯 했다.

김씨 총각은 어릴 때의 옛 기억을 책궤에서 꺼내 우
리에게 다시 펼쳐놓고 있었다. 상고시대의 전설적인

지도와 족보, 비사(秘事)가 문득문득 화제에 떠오르고 있었다. 중국의 기서(奇書) '산해경(山海經)'과 신괴(神怪)소설 '봉신연의(封神演義)'가 따로 없었다.

무엇보다 경이로운 것은 김씨 총각의 남다른 기억력이었다. 삼척동자(三尺童子)가 3천자의 한자(漢字)를 기억하게 되면 대개 신동(神童)이라고 불리기 일쑤이다. 그런데 김씨 총각은 이 무렵에 벌써 수천 자의 옛 부호문자와 신기한 독법을 암기했고 또 수십만 자의 내용을 일일이 머리에 입력하고 있었다.

뒷이야기이지만, 이 이야기를 들은 불가(佛家)의 지인은 불가사의한 이런 기억력이 옛날부터 있었다고 우

기와에 새겨 전승인에게 전수된 점술부호의 일부, 이런 부호문자가 수천자나 된다.

리에게 알려주는 것이었다.

"그건 식장(識藏)으로는 쉽게 가능한 일입니다. 식장은 인도와 티베트에 있었던 고대 비술(秘術)인데요. 인간의 기억에 전수하여 깊이 숨겼다가 때가 되면 그에게 일종의 신비한 계시를 주어 발굴되게 합니다."

도인(道人)들은 또 여타에게 좀처럼 전하지 않는다고 하는 도가(道家)의 고대 도인술(導引術) 일종으로 해석하고 있었다. 어찌되었거나 이 기술은 아주 특이한 토납(吐納)의 술법으로 김씨 총각에게 전수되고 있었다.

상고시대의 옛 기억은 드디어 김씨 총각의 조대에 이르러 또 한 번 천년의 깊은 잠에서 깨어나고 있었다.

1절 왕비와 무당에게 얽힌 비사(秘史)

개국한 후 가락국의 왕실에는 금방 외국의 상객(上客)이 나타났다. 바다 저쪽의 이역에서 공주가 건너왔던 것이다. 대륙 오지의 신기한 옛 기물과 부호문자를 반도 '무당'의 김씨 가족과 연결할 수 있는 고리는 이렇게 처음 고대 문헌에 출현한다.

"수로왕의 부인 허황옥을 그러죠? 그런데 허황옥은 중국 사람이 아니고 인도의 공주이잖아요?"

이맘쯤이면 누구라도 떠올릴 수 있는 물음이다. 실제로 김수로왕의 부인 허황옥은 인도 출신이라는 게 대표적인 설이다.

김해의 왕비 묘역에 보존되고 있는 파사(婆娑) 석탑은 허황옥이 동한(東漢) 때인 건무(建武) 24년(48) 아유타국(阿踰陀國)에서 배에 싣고 온 것이라고 전한다. 파사는 범어(梵語)로 일체의 지혜가 현증(現證)한다는 의미이다. 아유타국은 인도 갠지스 강 유역의 고대 왕국으로 비정되고 있다.

허황옥은 부모의 명을 받들어 바다를 건넜다. 이때 그는 수신(水神)의 노여움을 잠재우기 위해 배에 파사 석탑을 싣고 왔다고 『삼국유사(三國遺事)』가 기술한다. 이 기록은 제사(祭司)의 법사(法師, 무당)가 배를 탑승하고 있었으며 그가 공주 허황옥을 근처에서 보좌했다는 얘기가 된다.

실제로 한반도에 나타난 인도의 상객은 허황옥 한 사람뿐만이 아니었다. 가락국의 왕실에는 허황옥을 따라 바다를 건넌 아유타국의 관리와 귀족 그리고 노비가 여럿이나 출현하고 있었다.

『삼국유사』에 등장하는 허황옥의 요객(繞客)을 글에서 찾아 읽기로 한다.

> "(왕비를) 시종한 등신(騰臣) 두 사람의 이름은 신보(申輔), 조광(趙匡)이고 그들의 아내 두 사람의 이름은 모정(慕貞), 모량(慕良)이라고 했다. 데리고 온 노비까지 합해 20여 명이었다…"

등신(騰臣)은 시신(侍臣)을 말한다. 왕비는 궁정에 거처하였고 시신 내외와 사속들은 집을 나눠 기거했다. 허황옥과 혼인을 한 후 수로왕은 뱃사공 15명에게 쌀 열석과 베 서른 필을 주고 그들이 본국으로 돌아가도록 했다.

가락국에 남은 인도의 시신과 사속의 이야기도 금방 끝나버린다.

> "천부경(泉府卿) 신보와 종정감(宗正監) 조광 등은 이 나라에 온 지 30년 만에 각각 두 딸을 낳았는데, 그들 내외는 12년을 지나 모두 죽었다. 그 밖의 노비들도 이 나라에 온 지 7,8년이 되도록 자식을 낳지 못하다가 고향만 그리워하다가 슬픔을 품고 죽었다. (그리하여) 그들이 거처하던 영빈관은 텅 비고 아무도 없었다."

김씨 가족의 선조는 이즈음 태자의 인견으로 가락국에 입궁한다. 그는 종국적으로 점성가의 신분으로 가락국 왕궁의 국사(國師)로 되었다. 점성가는 하늘의 별자리를 살펴 가락국의 국운을 예측했으며 음양의 변화에 따라 길흉을 택했다.

대륙 오지의 신물(神物)인 천문의기 역시 이 신묘한 시점에 김씨 가족에 나타났다.

"그런데요, 옛 천문 측량기와 부호문자는 파촉에서도 각기 다른 곳에 있었는데요." 김씨 총각은 머리를 갸우뚱했다. 허황옥 일행을 통해 전달, 전수되었다고 연관을 짓기에는 아무래도 미심쩍다는 것이다. "허황옥이 가락국에 전달하고 전수했다면 그가 어떻게 이걸 다 얻은 거죠? 그리고 아유타국은 바다 저쪽 인도의 옛 나라가 아니던가요? 파촉은 또 대륙 복판의 험지(險地)인데요. 인도 사람들이 이토록 먼 곳을 어떻게 다녀갔죠? 옛날에는 교통이 아주 불편했다고 하거든요."

대답대신 먼저 김씨 총각에게 반문을 했다. "그럼 아유타국과 파촉이 서로 연계가 된다면요? 아니, 허황옥 일행이 실은 아유타국이 아니라 파촉에서 살았다면요?"

상고시대 파촉의 북부 일대에는 옛 부족 귀방(鬼方)이 살고 있었다. 이 부족 이름은 대륙 서부의 곤륜(崑崙)과 월래국(月來國) 등 서역의 지명과 함께 김씨 가족의 옛 기록에 함께 등장한다. 그때 분명히 대륙의 오지와 서역의 나라를 잇닿은 육교가 있었던 것이다. 이 육교가 바로 훗날 세상에 이름난 실크로드이다. 실크로드는 대륙 중원의 장안(長安)부터 서양의 로마까지 잇고 있는데, 일부 통로는 파촉을 관통한다.

파촉의 삼성퇴에서 유물과 더불어 대량 발굴된 바닷조개는 인도양의 심해 조개인 것으로 고증되었다. 이런 조개는 옛날 인도양 지역의 나라에서 물품 화폐로 널리 사용되었다. 또 고대 인도의 상아가 삼성퇴에서 발굴되고 코끼리의 옥 제품이 삼성퇴에서 출토되었다.

길은 걸어서 생긴다. 선인(先人)들은 일찍부터 대륙의 동서쪽을 오가고 있었던 것이다.

그렇다고 해서 이런저런 의문이 한꺼번에 다 해결되는 건 아니다. 어국의 천문 측량기와 삼성퇴의 기이한 옛 부호문자는 정말로 산과 강을 넘어 인도에 건너갔을까?…

제일 쉽게 얻을 수 있는 답이 하나 있다. 신물은 기실 인도가 아닌 대륙의 오지에서 허황옥 일행을 함께 만났다는 것이다.

실제로 허황옥이 배에 실은 여러 가지 패물은 모두 중국에서 나는 물건이었다고 『삼국유사』가 밝힌다. 공주의 이름은 물론 그를 수행한 시신의 이름 그리고 시신의 직명은 애초부터 모두 중국 이름으로 되어 있다.

더구나 허황옥은 서역의 월지국(月支國)에서 왔다고 하는 「김해김씨 선원대동보(金海金氏 璿源大同譜)」의 기록이 있다. 김해 김씨의 이 족보에 따르면 수로왕이 잠룡(潛龍)으로 있을 때 월지국의 보옥(寶玉) 선사가 큰 인연이 동쪽에 있음을 알고 매씨(妹氏)를 데리고 와서 왕과 배필을 이뤘다고 한다.

아니, 이번에는 또 허씨 가족이 실은 파촉 지역에서 살았다는 설이 있다. 그 무슨 이변으로 하여 허씨 가족은 오래 전에 인도를 떠나 파촉 지역에 이주했다는 것이다. 아유타국이라는 인도의 옛 국명과 파사 석탑이 중국의 인명과 직명, 패물과 함께 배에 오를 수 있는 연유를 함께 해석할 수 있는 부분이다.

억지로 앞뒤를 꿰어 짜깁기를 하는 게 아니다. 허씨 가족은 정말로 파촉 지역에 그들의 족적을 드러낸다.

허황옥의 이야기를 적은 한국 '고려문화재연구원'의 글을 간단히 정리해서 올려보자.

"허황옥의 능비에는 보주(普州)라는 시호(諡號)가 적혀 있는데, 보주는 사천성 중부의 안악현(安岳縣) 옛 지명(주나라 때부터 송나라 때까지 있었던 옛 명칭)과 동일하다. 허황옥의 이름은 후한(後漢) 때의 보주「신정기(神井紀)」에도 기록되어 있다. 가락국의 국장(國章) 격인 물고기 두 마리가 마주보는 '신어상(神魚像)'은 보주의 허씨 사당에도 나온다. 허씨는 양자강(揚子江) 하구를 통해 바다를 건넌 일족(一族)이다."

허씨가 살고 있던 안악현은 타강(沱江) 유역에 자리하는데, 타강은 나중에 양자강 즉 장강(長江)에 합류하며 다시 황해(黃海, 장강 어구부터 제주도까지 이르는 수역)에 유입된다. 일행이 장강에 이를 때에도 그냥 육로보다 편한 수로를 이용했을 수 있다는 얘기이다.

'신의 걸작'이라고 일컫는 삼성퇴도 기실 타강의 북부 유역에서 출현한다. 압자하는 현지에서 불리는 타강의 다른 이름이다.

가락국에 떠나면서 허황옥 일행은 또 수로를 타고 어딘가 멀리 다녀오고 있었다. 고향과는 하늘처럼 먼 곳이었다. 천계(天界)의 기이한 물건을 배에 싣기 위한데 최종적인 목적이 있었다.

김해 파사 석탑
(촬영기관 한국문화재청).

『삼국유사』의 「가락국기(駕洛國記)」에 밝힌 내용이다.

> "(부왕과 모후의 말씀을 들은 후) 저는 배를 타고 가서 멀리 증조(蒸棗)를 찾고, 하늘로 가서 반도(蟠桃)를 찾아 이제 모양을 가다듬고 감히 용안(龍顔)을 가까이 하게 되었습니다."

증조는 신이 사는 곳에 있다고 하는 실과이며, 반도는 3천 년에 한 번씩 열린다고 하는 하늘의 선과(仙果)라고 전한다. 이 두 과일은 모두 신이 사는 천계 즉 다른 고장의 기이한 물건을 뜻한다.

이 무렵 천계의 또 다른 신물(神物)이 가락국 왕궁에 등장한다. 모후(母后)는 천계에서 신검(神劍)을 얻어오며 훗날 태자에게 선물로 주었다. 김씨 가족에 유전(遺傳)하는 가락국 신화의 기록이다.

그리고 또 대륙의 비술인 역(易)이 바다를 건너 한반도에 나타난다. 역은 하늘과 땅 사이의 만물의 변화를 서술한 대륙의 고전으로 연산(連山)과 귀장(歸藏), 건곤(乾坤), 주역(周易) 등 사역(四易)을 망라한다. 전승인 김씨 총각은 이 사역을 통달, 지금도 일상에 사용하고 있다. 공교롭게도 연산과 귀장, 건곤 등 삼역은 허황옥 일행이 바다를 건넌 후 뒤미처 대륙에서 실전되었다.

해가 솟는 동쪽의 그곳은 지구의 새로운 생명의 땅이었다. 비술은 마치 한반도의 땅에 뿌려진 씨앗처럼 다시 싹을 틔고 열매를 맺었다.

이즈음이라면 누구라도 대뜸 무릎을 탁 치게 된다. "우연이라고 말하기엔 너무 절묘한 시점인데요. 허황옥 일행의 누군가 고대 비술을 장악했고, 또 그가 한반도에 전수했다고 추정을 할 수 있겠습니다."

신물이나 비술, 부호문자가 모두 가락국 때부터 반도에서 시작했다는 것. 그럴지라도 김씨 가족의 2천년의 전승은 말 그대로 '신의 기적'이었다.

2절 신화의 세계로 통하는 저쪽의 문

상고시대 부호문자는 곧 하늘같은 신성한 지위를 뜻하였다. 지고무상의 권력자인 왕이라고 해서 꼭 이런 문자를 읽을 수 있는 건 아니었다. 백성들은 아예 발이 있어도 문자의 세계에 들어갈 수 없었고 눈이 있어도 문자의 세계를 읽을 수 없었다. "창힐(倉頡)이 글자를 만드니 하늘에서 좁쌀이 비처럼 내리고 야밤에 귀신이 통곡했더라."고 옛글에 기록될 정도이었다.

창힐은 중국 문자의 시조로 고대문헌에 전하는데, 그는 황제(黃帝)의 명을 받아 글자를 만들었다고 한다. 섬서성(陝西省) 백수현(白水縣)에 있는 창성묘(蒼聖廟)에 창힐조적서비(蒼詰鳥跡書碑)가 있으며 송(宋)나라 때의 옛 글씨체인 「순화각첩(淳化閣帖)」에 창힐문자 28자가 전해 온다.

그런데 창힐이 글자를 만들었는데 왜서 하늘에서 좁쌀 비가 내리고 야밤에 귀신이 통곡했을까…

옛날 문자를 배우고 읽고 쓰는 지식인은 특정된 제사(祭司)와 점술사 등 부족이나 왕실의 큰무당이었다. 그들은 신과 소통하고 신의 뜻을 다시 인간에게 전달했다. 부호문자는 그 과정과 결과, 예언의 기록이었다. 그들은 부족과 궁정의 제례(祭禮)를 봉행하고 제사(祭祀)와 기도(祈禱), 점을 주관하였다.

무당은 바로 인간과 신을 잇는 중개자의 인신(人神)이었다. 그들은 부호문자를 사용한 주인공이요, 가락과 춤, 노래를 바치는 등 예술의 전신(前

身)이었으며 또 병을 치료하고 약을 만드는 등 연단(煉丹)의 시조였다.

창힐은 바로 상고시대 부족의 족장 즉 수령이었으며 또 점술가 즉 무당이었다고 『하도옥판(河圖玉板)』이 분명히 기록한다. 한(漢)나라 때의 이 도참서에 따르면 창힐은 하도(河圖)와 낙서(洛書)에 따라 제왕의 흥망을 점쳤다. 복희(伏羲)는 하도와 낙서에 근거하여 팔괘(八卦)를 그렸는데, 이 팔괘가 진화되어 훗날의 주역 등 사역(四易)의 내원으로 되었다고 한다. 참고로 복희는 중국 문헌에 기재된 최초의 창세(創世)의 신으로 천제(天帝)의 속성을 갖고 있었다. 그는 하늘 아래의 인간 세상에서 살고 있던 인신(人神)이요, 신인(神人), 선인(仙人)이었다는 것이다.

단군시대 문자를 주관했던 사관(史官)도 인간과 '신선(神仙)'의 이름을 두루 따서 '신지선인(神誌仙人)'이라고 불렸다고 전한다. 신지(神誌)는 신의 뜻을 기록했다는 뜻이다. 신지선인은 천서(天書)라고 하는 천부경을 기록했고 삼신(三神) 제사의 비사(祕詞)를 기록했다. 벼슬을 달고 있었지만 분명히 궁정의 제사, 점술사로서의 큰무당이었다.

신지가 문자를 담당한 관리라고 한다면 고조선 시대에 벌써 문자가 있었다는 결론에 이르게 된다. 실제로 신지글자는 한반도에 지금까지 16자가 전해 내려오는데, 이 글자는 『해동죽지(海東竹枝)』, 『평양지(平壤志)』 『영변지(寧邊志)』 등 조선시대의 유수의 문헌기록에 전하는 만큼 근거가 명확하다.

일설에 단군의 아버지인 환웅(桓雄)의 시대에 신지(神誌) 혁덕(赫德)이라는 사람이 옛 문자를 만들었다고 하며 「소도경전본훈(蘇塗經典本訓)」에서는 구전으로 전하던 『천부경(天符經)』이 이때 혁덕에 의해 녹도문(鹿圖文)으로 기록되었다고 한다. 이는 『태백일사(太白逸史)』의 「신시본기(神市本

紀)」에 서술되고 있는 내용이다. 『태백일사(太白逸史)』는 조선시대의 문인 이맥(李陌, 1455~1528)이 저술한 것이다. 이맥은 중종(中宗)시대에 실록을 기록하는 찬수관(撰修官)이었다고 한다. 또 단군시대의 신지 발리(發理)가 풍수 도참서(圖讖書)인 『신지비사(神誌祕詞)』를 지었다고 하는데, 비사(祕詞)는 옛 삼신 제사의 서원(誓願)의 문장을 기록한 것이라고 한다. 『신지비사』는 고구려시대까지 전해졌다고 『삼국유사(三國遺事)』의 「흥법(興法)」이 기록하고 있다.

한(조선)민족의 옛 문자라고 하는 신지글은 또 대륙의 창힐글의 일부로 등장한다. 단군시대의 신지글과 황제시대의 창힐글은 모양새를 보아 분명히 같은 부호

창힐글(仓頡字) 28자, 노란점의 부호문자는 각기 천룡과 지룡이며 이 문자를 중심으로 부호문자가 다시 조합된다.

계통에 속한다.

그러나 신지글이라고 하든 아니면 창힐글이라고 하든 부호의 내용은 아직도 정확히 판독되지 않는다. 전국의 문자통일을 추진했던 승상 이사(李斯)는 진(秦)나라의 대학자였는데, 그 무렵 발견된 창힐글 28자를 읽으려고 했으나 결국 여덟 글자를 해석하는데 그쳤다고 한다. 그마저 "하늘이 분부를 내린즉 황제가 왕을 갈다"라는 식으로 번역문 내용이 황당하다. 이는 신지글 혹은 창힐글이 중국의 한자(漢字)와는 전혀 다른 계통이라는 걸 말해준다.

그렇다고 해서 신지글이 한글 계통으로 읽힐 수 있는 건 아니다. 한때 한국인들이 한자에서 음과 뜻을 차용했던 그런 표기도 아니다.

신지글을 그냥 읽지 못하고 있으니, 한반도의 최초의 문자로 공인되는 것은 조선시대의 훈민정음(訓民正音)이다. 훈민정음은 1443년 세종(世宗)이 창제한 글자를 이르는 말이다. 문자의 이름처럼 더는 천상의 신과 소통하고 신의 뜻을 전달하는 글이 아니라 천하의 백성을 가르치는 바른 소리였다.

훈민정음의 서문을 다시 읽어보기로 한다.

"나라의 말소리(國之於音)가 중국과 달라서(異乎中國) 문자와 더불어 서로 통하지 아니하니(與文字不相流通) 가엾은 백성(故愚民)이 이르고자 하는 바가 있어도 마침내 제 뜻을 쉽게 펼칠 수 없었으며 그러한 경우와 백성들이 많았니라. (有所欲言 而終不得 伸其情者)… 내 이를 가엾게 여겨 새로 스물여덟 글자를 만드노니(予當此憫然 新制二十八字) (문자와 더불어) 백성들이 널리 쉽게 읽혀 편리하게 할지어다.(欲使人 人易習 便於日用矣)"

한반도의 신지글 즉 대륙의 창힐글로 돌아가자.

창힐글이 대륙에서 판독되지 않는 미상의 부호문자로 되고 있으니, 대륙의 최초의 문자로 공인되는 것은 상(商)나라 때의 갑골문(甲骨文)이다. 갑골문은 거북이의 등딱지와 짐승의 뼈에 새겼다고 해서 후세 사람들이 지은 이름이다.

갑골문은 훗날 금문(金文), 전서(篆書), 예서(隷書), 해서(楷書)의 여러 단계를 거쳐 지속적으로 변화, 종국적으로 오늘날의 일반인들에게 익숙한 현대 한자로 발전하였다. 결과만 보면 일반에 보급하여 사용되고자 한 훈민정음과 같은 모양새를 하고 있다는 것이다.

그러나 갑골문은 시초에 훈민정음처럼 백성을 가르치려는 문자였던 것은 아니었다. 복사(卜辭)를 기록하기 위한 부호문자라고 하는데, 왕실의 무당 등 특정된 범위에서만 사용되고 있었다.

그제 날 상나라 국왕은 거의 일마다 점을 쳤다고 한다. 그는 제사는 물론이고 하늘에서 비가 내릴지, 출정이나 수렵은 평안할지 그리고 병과 꿈의 길흉, 특정된 날짜의 화와 복 등등을 물었고 무당은 점복 내용을 빠짐없이 부호문자로 일일이 기록했다.

상나라가 멸망된 후 왕실의 귀족과 무당은 정복자에 의해 죽임을 당하지 않았으면 타지로 유배 혹은 도피를 했다. 국왕의 숙부 기자(箕子)는 유민 5천명을 데리고 멀리 동쪽의 조선에 이주했다. 상나라는 종국적으로 3천년의 긴긴 세월이 흐르면서 사람들의 기억에 깊숙이 묻혀버렸다. 갑골문이 발견되지 않았던 이전에 상나라의 역사는 전설로만 여겨졌다. 그러나 이 지역에서 1899년 처음으로 발견된 갑골문으로 하여 상나라는 더는 전설이 아닌 실재한 역사로 존재하게 되었다.

그때 그 시절 조대가 멸망, 교체할 때마다 제일 비참한 것은 왕실이었다. 특수한 귀족 계급으로 있던 왕실의 무당(법사)도 머리에 떨어지는 참화(慘禍)를 피할 수 없었다. 그게 천운(天運)이었고 천명(天命)이었다. 왕조의 교체와 변경은 거개 왕실 무당(법사)의 교체와 변경을 초래했다. 또 왕실을 터전으로 삼고 있던 궁정의 무술(巫術) 그리고 이에 따른 부호문자의 실전과 단층의 결과를 낳았다. 근대 과학의 급속한 발전도 오히려 무술의 전승인을 갈수록 세상에서 소외되게 만들고 있다. 더구나 궁정의 무술과 이를 기록하기 위한 부호문자는 애초부터 훈민정음처럼 백성을 상대한 게 아니었다. 계통적인 민간의 전승, 유전(遺傳)은 시초부터 거의 불가능했다. 궁정의 무술과 부호문자는 종국적으로 단층이 생기고 멸종되는 위기를 자초한 것이다.

지금까지 세상에 분포된 갑골문 소장품은 약 16만개의 도합 4300여자이며 와중에 판독된 내용이 공인된 갑골문은 1700자 정도이다. 갑골문은 발견된 후 100여

신지글자

번개무늬거울

청동교예장식품

조롱박형단지

청동방울

조선단대사(북한출판)에 기록된 신지글(神誌字, 왼쪽 상단) 16자.

55

밝은 명혈을 밝힌
갑골문자,
우리가 알고 있는
기존의 내용과 전
혀 다르다.

년 동안 한 달에 겨우 한 글자씩 읽어낸 셈이다.

"잠깐만요" 하고 김씨 총각이 이즈음에서 또 미심쩍은 듯 이렇게 묻고 있었다. "갑골문은 무당이 만들고 또 그들만 사용했던 문자라고 하는데요, 무당이 다시 태어나지 않았거나 전승인이 없다면 원문의 내용을 어떻게 읽는 거죠?"

갑골문의 진실한 의미와 독법은 기실 2천년의 세월 속에 이것저것 닳아 떨어지고 원형을 잃을 수 있다는 것이다.

실제로 이날 김씨 총각이 실례로 찾은 것은 우리에게 너무나 낯익은 상형부호의 갑골문이었다. 이 부호는 한자(漢字) 초학자라도 대뜸 태양 일(日), 뫼 산(山) 등등 쉽게 읽을 수 있었다. 그러나 김씨 총각이 읽은 갑골문은 태양과 산만 눈앞에 떠올리는 게 아니었다.

김씨 총각의 비전(秘傳) 독법을 따른 판독 내용을 이 자리에 적는다.

"광명(光明)의 혈이 있으니, 혈의 형상은 교룡(蛟龍)일지라."

흰미디로 말하면 땅이 혈, 무덤 자리라는 것. 산의 이름난 명혈(名穴)을 가리키는데 하늘의 빛이 내리는 복 받은 자리라는 것이다.

그뿐만 아니었다. 부호에는 하늘의 신이 새처럼 사푼 내려앉고 있었다.

김씨 총각이 옛 부호에서 읽어낸 천신의 이름은 태일(太一)이었다. 태일은 상고시대 우주의 원기와 별자리를 대표하는 신기(神祇)이다. 중국 한(漢)나라의 황실에서 최고의 신으로 봉양했는데, 그때 제사를 지내던 전통적인 축제의 날이 바로 오늘날의 명절 원소절(元宵節, 보름날)이다.

현대 한자는 옛날의 갑골문으로부터 우리에게 익숙한 오늘날의 글자 모양을 갖추는데 무려 1500년의 시간을 들였다. 나중에 모양은 물론이고 소리도 보다 서로의 소통에 편하도록 개진되었지만, 현재 판독할 수 있는 문자의 소리와 뜻은 더는 그제 날의 옛것 그대로 답습할 수 없게 되었다.

단순한 문자가 아닌 점술부호라면 더구나 그러하다. 점술부호는 열쇠 같은 암호가 따로 있고 또 글을 조합하여 새로 만든 글을 읽어야 했다. 따라서 점술부호를 개개의 단일 문자로만 해석하여 읽는 데는 한계가 있다.

"옛날 백성은 물론이고요, 무당이라도 다 읽을 수 있는 게 아니었다고 하는데요."

김씨 총각은 가족에 전하는 옛 부호문자의 비사(秘史)를 이렇게 말했다. 옛날 부호문자를 읽고 쓰는 사람은 무당 계급에서도 정상급의 몇몇이었다는 것이다. 왕실의 국사 급별의 큰무당이었고 부족에서는 수령이었으며 가족에서는 전승인이었다.

하긴 부호문자는 위로는 하늘의 뜻을 전하고 아래로는 인간의 어제와 오늘, 내일을 기록, 예언하는 등 가족과 부족 지어 나라의 최대의 비밀로 되고 있었다. 일반 백성은 부호문자를 읽기는커녕 눈으로 볼 수조차 없었다. 누군가 부호문자를 눈으로 보았다는 게 발견되면 그의 눈알을 도려냈다고 한다.

그러나 인간계는 물론이고 위로는 천상계, 아래로는 지옥계와 다 잇닿는 부호문자의 유혹은 너무나 컸다. 부호문자를 빼앗으려고 다른 나라와 부족, 가족에서 서로 싸움을 벌였고 부호문자를 훔치려고 첩자를 파견하였으며 미인계를 쓰기도 했다.

"첩자를 발견하면… 부족에서 다 모여들어 악착스럽게 처형을 했다고 하는데요." 김씨 총각은 잠깐 숨을 고른다. 인간을 살육하는 현장은 20대를 넘도록 그의 시야에서 살갗을 찢고 피를 튕기고 있었다.

"사람들이 첩자를 둘러싸고 화살 등속으로 마구 찔렀다고 합니다. 온몸이 쑥대밭으로 되는 거지요."

부지중 황하유역의 반파(半坡) 유적에서 발굴된 7천 년 전의 고분이 떠올랐다. 고분의 주인은 약 17세 나이의 여성이다. 그녀의 몸은 35곳의 상처가 있었는데 사지의 골격이 모두 단열되고 엇바뀌어 있었다. 화살촉과 계(笄, 비녀), 골차(骨叉)를 비롯하여 갈아 만든 흉기가 사용되고 있었다.

흉기는 여러 방향으로 찍혀있는데, 일부 흉기는 뼈에 꽂혀 뽑을 수 없을 정도였으며 또 4점은 음도에 깊숙이 박혀 있다.

현지 사학자들은 시신의 몸에 찔린 부위와 숫자로 보아 수십 명의 공격을 받았으며, 음도에 꽂은 흉기로 미뤄 성 금기(禁忌) 때문이라고 추정한다. 그러나 단체적인 무차별의 살육을 받을 정도였다면 그 무슨 원한을 온 부락에 사무치게 했을지 그냥 큰 미스터리로 남고 있다.

김씨 가족의 이야기는 고분 여주인의 잔혹한 타살 원인을 밝히는데 또 하나의 가능성을 열어준다. 여주인은 사실상 부호문자를 훔치기 위해 부락에 미인계를 사용한 첩자였다는 것이다. 아니라면 젊은 여인이 부락 모두에게 철천지(徹天之)의 원수가 된 것을 해석하기 어렵다.

날이 가고 달이 가면서 많은 역사는 뒤안길에 사라졌다. 그 역사를 기록하는 문자도 해가 가면서 일부 변형되거나 없어졌다. 계승과 발전을 하면서 또 새로운 글자가 만들어지기도 했다.

김씨 총각은 갑골문의 적지 않은 글자는 내용 자체가 그가 알고 있는 것과 사뭇 다르다고 했다. 그러면서 김씨 총각은 갑골문의 글자 몇 개를 사례로 삼아 읽었다. 무당의 신들린 마당에서 들을 수 있던 그런 기이한 소리가 금방 허공에 울리고 있었다. 일명 신의 소리 즉 신음(神音)이라고 부른다고 김씨 총각이 설명했다. 그의 가족에 비전(秘傳)하는 고대 비술(秘術)의 하나라고 한다.

신음으로 읽는 갑골문은 소리부터 통념에 있던 그 갑골문이 아니었다. 김씨 총각의 특이한 독법(讀法)과 판독 내용은 갑골문의 기존의 개념과 체계를 송두리째 뒤엎고 있었다.

열심히 김씨 총각의 육성을 녹음하다가 저도 몰래 물음을 땅에 연신 떨어뜨렸다.

"잠깐요, 신음이라는 게 도대체 뭡니까? 부호문자 하나에 담긴 내용은 하나가 아니고 여러 개나 되는 것 같은데요, 그걸 어떻게 다 읽어내는 거죠?"

제3장

천기를 누설한 비밀의 부호문자

손자가 제일 먼저 수련한 것은 기공이었다. 단전호흡이 아닌 이 기공은 고대의 토납 술법이었는데, 할아버지는 그 이름을 토납술(吐納術)이라고 부르고 있었다. 수련을 시작한 반년 만에 손자의 토납술은 3단계의 수준에 이르렀다. 그러자 이번에는 손자에게 버들잎을 입에 물리고 아주 특이한 발성 연습을 시켰다. 이 발성법은 몽골족의 후메이(呼麥)와 일맥상통한다는 게 후문이다. 후메이는 자연과 하나로 어울리는 소리라고 몽골족에게 전하지만, 실은 신과 하나로 소통하는 소리라고 할아버지가 손자에게 알려주고 있었다.

할아버지는 또 손자를 데리고 날마다 종이위에 부호문자를 익혔다. 부호문자는 부적처럼 개개의 모양새가 유달랐고 읽을 때의 독법의 음성도 부호의 생김새처럼 아주 괴이했다.

이 부호문자를 손자는 구구단을 외우듯 달달 외웠다. 아침 밥상에 앉기

전에 반을 읽었고 저녁 밥상에 수저를 올리기 전에 남은 반을 읽었다. 하나라도 틀리게 읽으면 종아리에 할아버지의 따끔한 회초리가 날아왔다.

읽는 소리로 신과 소통할 수 있다면서 할아버지는 부호문자를 '신음자(神音字)'라고 부른다고 알려줬다.

"도합 3650자인데요, 각자 다른 부호문자로 구성되었습니다. 한 줄에 보통 8자씩 배열해서 적는데요, 앞의 4자는 양둔(陽遁)으로 천도(天道), 뒤의 4자는 음둔(陰遁)으로 지도(地道)를 의미합니다."

부호문자는 개개가 각기 오음(五音)으로 되어 있다. 이 오음의 각각의 음절을 읽을 때 저음과 고음의 음양 두개 성부를 후메이처럼 동시에 가창(歌唱)해야 한다.

김씨 총각은 설명을 하다말고 종이 위에 부호 하나를 그렸다. 일자형으로 금을 하나 내리 긋고, 길쭉한 금의 양쪽에 각기 세 개의 방점을 찍었다. 이 부호는 주역(周易)에서 감괘(坎卦)를 뜻하며 갑골문에서는 물 수(水)를 가리킨다. 신음자의 경우 원앙 원(鴛)을 뜻하는데, 이를 다시 천지인(天地人)과 음둔(陰遁), 양둔(陽遁)의 오음 '극, 치, 스, 프, 까'

감괘(坎卦), 물(水)의 부호로 해석하는게 통론이지만 김씨 가족은 원앙(鴛)이라는 의미의 신음자로 읽는다.

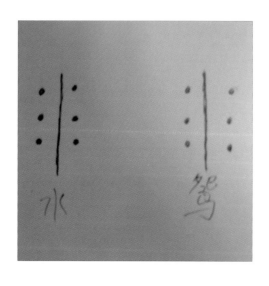

로 각기 읽는다고 했다. 이 오음은 또 음절마다 각기 음의 저음과 양의 고음으로 나뉘며, 각각의 음절을 읽을 때 음의 저음과 양의 고음을 동시에 뽑아내야 한다는 것이다.

김씨 총각은 소리를 내어 신음자를 읽었다. "이렇게 말이죠, 각각의 음절을 읽고 소리로 뽑으면 부호 내용의 글자가 금방 환등(幻燈)처럼 눈앞에 쭉 떠올라요."

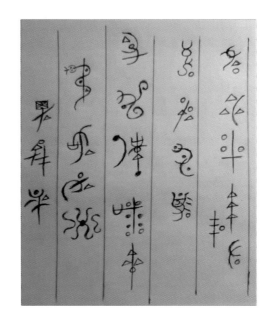

신과 소통한다고 하는 부호문자 신음자의 일부.

부호 원(鴛)은 하나이지만 다섯 속성(屬性)의 각기 다른 정보를 담는다. 오음의 개개의 음절은 음양끼리 조합되며 5의 배수로 거듭 증식(增殖)이 가능하니, 신음자 3650자가 궁극적으로 담는 내용은 어림잡아도 수백 수천 자 심지어 수만 자의 문자 분량을 훌쩍 넘어선다.

"부호문자마다 내용을 판독할 수 있지만요, 그렇다고 해서 누구나 그 무슨 이야기를 다시 부호문자로 만들 수 있는 건 아닙니다."

설사 부호문자를 배웠더라도 정상급 큰무당의 수준에 이르지 못한다면 판독만 가능할 뿐이며 기록이 전

혀 불가능하다는 얘기였다. 슈퍼컴퓨터처럼 복잡하고 정교한 이 부호문자
는 과연 돌을 깨고 갈아서 도구를 만들던 상고시대의 인간이 창제할 수 있
었을까 하는 생각이 갈마들었다.

1절 토기에 숨겨둔 암호를 풀어라

내몽고 동남부의 옹우특기(翁牛特旗) 석붕산(石棚山)에서 약 5천 년 전의 옛 토기 하나가 발굴된 적 있다. 기이한 부호가 여럿이나 새겨진 이 토기는 대뜸 사학계의 열점으로 떠올랐다. 부호 토기는 홍산문화와 전후의 계승관계를 갖고 있는 소하연(小河沿)문화의 하나의 상징물로 되었다.

홍산문화는 1935년 내몽고 적봉(赤峰)에서 처음 발견되어 지은 이름이다. 상고시대의 이 문화는 대륙의 고대문명에 피어난 또 한 송이의 화려한 꽃이었다.

"아니, 홍산이라면 옛날 동이(東夷)와 북적(北狄)이 살던 곳이 아니던가요?"

홍산문화는 중원의 황하(黃河)문명보다 더 오래되고 더 발달된 문화였다. 황하문명은 오랫동안 중화문명의 발원지로 보았다. 그런데 황하문명보다 시기도 더 앞서고 발전수준도 더 높은 문화가 장성 밖의 만주 땅에서 문득 나타난 것이다. 그리하여 중화문명의 기원은 한 곳이 아니라고 하는 이른바 '다(多)기원론'이 출현하고 갈수록 득세하고 있다.

"홍산문화는 시기적으로 중원문화보다 훨씬 더 발전하지 않았나요? 또 이 두 문화는 서로 엄청 다르다고 말하잖아요?"

그러나 기득권 학자들은 기어이 서로 다른 문화의 두 문자 접합의 점을 찾는다. 홍산의 부호문자는 나중에 중원 문화의 문자요소와 융합되었다는 것. 상나라 때의 상형문자라고 하는 갑골문은 그 기저(基底)에 홍산의 부호

옛 부호가 그려 있
는 홍산의 토기.

문자가 있다는 것이다.

그렇다면 홍산 토기의 부호문자를 과
연 어느 정도 판독할 수 있을까… 현지
의 적봉 박물관에 소장된 옛 토기의 부
호를 사학자들은 이렇게 설명하고 있다.

"토기 기물의 표면에는 도합 7개의 부
호가 새겨졌는데, 동일한 토기에 있는 이
부호들은 내재적 연계가 있는 집합을 뜻
한다. 7개의 부호는 완정한 의미를 표현
하며 이때 언어 전달의 기능을 갖췄다는
것을 말한다."

궁극적으로 7개의 부호가 문자라는 것을 승인하지
만 문자의 의미를 하나도 읽어내지 못한다. 홍산의 선
민(先民)들이 토기에 기록한 내용은 그냥 5천년의 미스
터리로 남고 있는 것이다.

인터뷰 와중에 홍산의 토기 부호 사진을 찾아 탁상
에 올려놓았다. 약 10년 전 적봉박물관을 견학하면서
내가 개인 메모리칩에 특별히 보관했던 사진이다.

이야기를 하고 넘어갈 부분이 있다. 나는 20여 년
동안 홍산 등 대륙의 여러 지역을 답사하면서 유적에
있던 미스터리의 옛 부호들을 일일이 카메라에 담았었
다. 그렇다고 해서 이런 옛 부호들이 언제인가 입을 열

게 되리라고 귀신처럼 점을 친 게 아니다. 역사에 숨긴 5천 년의 비밀을 지척으로 가까이하고 선민들의 숨결을 늘 피부로 느끼고 싶었을 따름이다.

그런데 상고시대의 부호를 판독할 "기회는 바로 너의 곁에 있었다."

김씨 총각은 사학자들이 아직도 홍산 토기의 옛 부호를 읽지 못하는 원인을 한마디로 콕 짚고 있었다.

"이건 갑골문자와 전혀 다른 계통의 부호문자인데요. 모양새도 그렇지만 계통 자체가 서로 다른 부호문자입니다."

김씨 총각에 따르면 홍산 토기의 부호는 자물쇠를 하나 걸어놓고 있었다. 암호열쇠를 찾은 후 가족의 비술로 부호를 읽을 수 있다고 했다. 토기의 부호가 두세 개 아니어서 내용을 대충 읽으려해도 시간이 한참 걸린다고 했다.

그날부터 닷새가 지난 저녁이었다. 김씨 총각이 번역문을 위쳇(중국의 카카오톡)으로 보내왔다. 각기 거미줄 모양의 77자, 네모 모양의 85자, 좌표 모양의 74자 도합 236자의 이

홍산(紅山)토기의 부호를 판독한 74자 부호의 좌표 모양의 그림.

상한 부호 그림으로 이뤄지고 있었다.

김씨 총각은 번역문의 부호그림을 위쳇의 음성 서비스로 부연 설명을 하고 있었다.

"토기의 부호문자를 '삼식(三式)'으로 열었고요. 신음자(神音字) 등으로 번역한 후 다시 이걸 판독했습니다. 이 번역문을 읽으면 토기 부호문자의 내용을 알 수 있습니다."

삼식은 고대의 3대 비술(秘術)인 기문둔갑(奇門遁甲)과 태을(太乙), 육임(六壬)을 이른다. 고대의 술수(術數)로 황제(黃帝)시대에 인간 세상에 나타났다고 전한다. 홍산 토기의 암호열쇠는 바로 5천 년 전의 이 비술에 있었던 것이다.

판독 후의 토기 내용은 복잡한 부호그림을 그리고 있었지만 아직도 1차적인 번역문일 따름이었다. 후속적으로 또 신음자를 이용한 2차, 3차의 번역문이 따라야 한다고 했다.

"부호에 담긴 정보량은 정말 어마어마합니다. 오음의 음마다 각기 5개의 부호로 발전하고 이런 부호가 각기 또 다른 5개의 부호로 발전하는 이런 순환을 하는 거지요."

문양 부호문자의 내용을 전부 뽑으면 도합 1180자의 부호가 나오며 최종 6만여 자 정도의 한자(漢字)가 만들어진다고 한다. 홍산의 토기에는 무려 75세트의 이야기가 기록되어 있다는 것이다. 김씨 총각은 닷새 동안 겨우 17세트의 내용을 대충 정리했다고 한다. 그 가운데서 쉬운 부분을 군데군데 읽은데 따르면 옛 부호에는 여섯 부락의 전쟁, 이주 과정 그리고 부락의 생산과 생활 양상이 씌어져 있었다.

5천 년 전의 신화의 그 세계에는 벌써 계급관계가 있었다. 토기의 기록에 따르면 신이 새처럼 부락에 강림하고 있었고 또 노예가 소처럼 부림을 당하고 있었다. 인간이 남의 소유물로 된다는 게 잔인하지만, 노예는 필경 석기시대와 구별되는 노예사회의 상징이다.

석기시대에 부족의 성원들은 대개 지위가 평등했다. 설사 신분이 족장 혹은 무당이라고 해도 배분되는 음식물의 양은 평민들과 마찬가지로 별 다름이 없었다. 신석기시대 말, 탐욕과 점유욕이 생기면서 일부는 강권으로 부족의 공공자원을 강점하고 나아가 부족을 인솔하여 다른 부족의 자원을 약탈하였다. 노예가 출현하면서 인간은 원시사회가 아닌 노예사회 즉 왕조시대에 들어서게 된다.

그때 그 시절의 이야기는 기실 부호문자로 다 기록되고 있었다. 대륙 앙소(仰韶)문화 유적지의 채도(彩陶) 역시 옛 부족의 이야기를 적고 있단다. 홍산문화의 부호문자 판독 사례를 잇따른 발견이다. 앙소문화는 황하 중류 지역에 있었던 대표적인 신석기시대의 문화이다. 이번에는 홍산의 토기 부호나 삼성퇴의 옥기 부호와 별개의 다른 그림문자이다.

옛 부호문자는 우리가 알고 있는 갑골문의 범주를 떠나 여러 종류가 있다는 것이다.

각설하고, 황하 중류의 하남성(河南省) 삼문협(三門峽) 앙소촌(仰韶村) 일대에서 펼쳐졌던 그때의 생활 정경을 잠깐 상상의 화폭으로 눈앞에 펼쳐보자.

"여러 부락의 근처에는 크고 작은 강이 얼기설기 그물처럼 엉키고 있다. 잉어와 붕어, 메기가 수초를 넘나들고 희귀종인 철갑상어가 싯누런 물살을 가른다. 선민들은 낚시를 드리고 작살을 뿌리며 그물을 쳐서 물고기를 잡는다."

뼈로 만든 낚시, 물고기 작살, 돌과 토기로 만든 그물추는 앙소문화의

유적지에서 다수 발견되었다. 그때 그 시기 부락의 채집과 어렵은 인간의 생활에서 아주 중요한 자리를 차지하고 있었다. 발굴된 유물로 볼 때 각 부락은 점토의 선택과 조형 제작, 가마에 넣고 굽기 등 많은 기술과 회화 공예를 상당수 장악하고 있었다.

채도에서 지금까지 발견된 기하 도형의 부호와 그림은 20여종이나 된다. 끈 무늬, 선 무늬, 송곳 무늬가 있고 또 자줏빛과 붉은빛이 있으며 인면(人面), 물고기, 사슴, 식물 등 상생(象生)의 얼굴과 삼각형, 원형으로 구성되었다. 그러나 점토를 사용한 조형 제작은 아직도 수제(手製) 단계였으며 많은 기물은 여전히 손으로 직접 빚어 만드는 간단한 방법을 사용하고 있었다.

"앙소문화의 채도에는 그물 무늬와 물고기 그림이 늘 나오는데요, 부족민들이 어로 활동을 벌인 진실한 그림이라고 할 수 있겠죠."

사학자들에 따르면 옛 채도에 그려있는 물고기 그림은 선민들의 어렵생활 그리고 물고기의 왕성한 생명력에 대한 그들의 숭배 의식(意識)을 표현하고 있다는 것이다. 이 정도의 해석은 홍산 토기 부호의 소개문과 어지간히 비슷하다. 채도의 그림을 단지 그림으로만 읽은 내용이다.

"인제 우리의 생각을 바꿀 필요가 있는 것 같습니다. 옛날 토기나 돌에 새긴 그림을 단지 자연에 대한 감정을 표현한 인간의 실용예술이라고 보아야 할까요?"

훗날 사학자들과 만나 옛 부호를 이야기하면서 거듭 화제에 올렸던 부분이다.

옛 토기의 부호와 그림은 결코 도공(陶工)이 낙서처럼 함부로 그렸을 수 없다. 부호와 그림을 새기고 그린 토기라면 거개 귀족을 상대한 물품이었으며 대개 제사에 공양하는 귀중품인 경우이었다. 토기의 부호와 그림의 궁극적인 진의(眞意)를 읽고, 그 내용을 유추할 수 있는 대목이다.

실제로 김씨 총각이 그날 읽은 채도의 인간과 물고기 그림은 단순한 실용예술이 아니었다. 상고시대의 부호(그림)문자의 일종이었다. 채도의 그림에 있는 여러 가지 색깔과 무늬, 선은 비밀의 코드를 심고 있으며 홍산 토기의 7개의 부호에 못지않게 방대한 분량의 이야기를 담고 있다는 것이다.

"사실은요, 채도의 그림은 부락에서 신에게 공물로 옥 기물을 바쳤다는 이런 내용인데요."

신은 옥 기물을 받은 후 옥 기물을 공봉한 부족을 여러 가지로 도와줬다고 한다. 그리하여 부족은 수렵, 어렵에서 곡물 생산으로 발전할 수 있었고

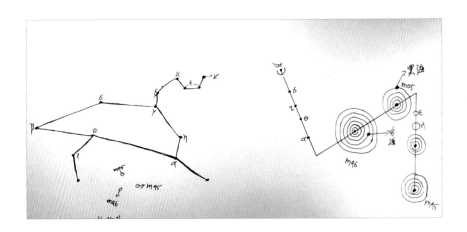

김씨 총각이 밝힌 사자리의 음양도(阴阳图) 의 일부이다. 흑둔(黑盾, 블랙홀)과 백둔(白盾, 화이트홀)이 표기되어 있다. 공둔(空盾)은 왼쪽 상단의 천체이이다.

외과와 내과 시술 기술이 모두 상당한 수준에 이르렀다는 것이다.

"이 신은 머리에 뿔이 두 개 달렸다고 하는데요, 사람의 얼굴 모양이지만 몸에 비늘이 달렸고 물고기처럼 물에서 살았다고 합니다."

신의 이름과 별자리가 채도에 그림으로 밝혀져 있었다. 신의 이름은 '츄'라는 발음으로 읽히는데, '벌레를 기른다'는 의미로 한다. 이 신의 고향별은 김씨 가족의 성도(星圖)에 그려져 있는데, 하늘의 사자리에 위치한단다. 이름자는 단자(單字)의 한자 모양인데, 바람 풍(風)의 안에 벌레 충(虫)이 세 개나 들어있다. 사전에서 찾아 볼 수 없는 괴이한 회의자(會意字)였다. 이런 회의자는 부족시대의 전설적인 이야기와 더불어 김씨 가족에 기록된 가계도에도 상당수 등장하고 있다.

그보다 이해할 수 없는 부분은 부족이 신에게 공물

로 바친 옥기물이라고 김씨 총각이 말한다.

"신이라면 그들의 기술수준으로 옥을 쉽게 채집하고 가공할 수 있었겠는데요, 하필이면 세공(細工)을 필요로 하는 이토록 어려운 작업을 아직도 원시생활을 하고 있는 부족민들에게 맡겼을까요?"

옥 기물이 왜서 신에게 그토록 필요했는지는 몰라도 선민(先民)들의 제사 등 행사에는 으뜸의 '예기(禮器)'였다. 예로부터 제사는 가족이나 부락 나아가 왕실의 대사였다. 죽음은 탄생과 더불어 인간에게 경외(敬畏)와 신비 그 자체였던 것이다. 그리하여 3천 년 전의 갑골문의 내용을 보더라도 제사와 제사의 일자, 제물의 종류와 수, 바람과 천둥과 관련된 기후, 전쟁, 수렵에 관한 내용이 많다. 또 5천 년 전 홍산의 유적지에서 발굴된 유물에는 옥기와 제단, 신전, 무덤이 상당수이며 이러한 것들은 석기시대에 벌써 제사가 있었다는 것을 말해준다.

만주의 홍산 토기 부호나 황하의 앙소 채도 그림은 무엇보다 석기시대에 분명히 부호문자가 있었다는 것을 시사한다. 토기에 새긴 부호와 그림 그리고 이런 부호와 그림의 독법, 해석문은 부호문자가 석기 시대에 상당히 발달한 수준에 이르렀다는 결론을 짓게 된다.

초기 왕조의 문자는 석기 시대의 부호를 계승, 발전한 결과물이다. 그렇다면 대륙의 첫 왕조 하(夏)나라 때의 것이라고 하는 옛 부호문자도 판독이 가능하지 않을까.

이번에는 구루비(岣嶁碑)의 글 사진을 김씨 총각에게 내놓았다. 이 비석은 2007년에 호남성(湖南省) 형산(衡山)의 구루봉에서 발견되었다. 9행, 77자의 구루비 비문은 갑골문이나 종정문(鐘鼎文)과 달리 제멋대로 얽힌 전자(篆字) 모양이다. 일부 학자는 구루비의 비문 부호를 도가의 부적으로 주장하기도 한다.

갑골문처럼 한자의 옛날의 형태로 주장하는 학자들이 있다. 기어이 비문의 부호와 1:1 대응하는 한자를 찾아 판독한다. 이에 따르면 구루비의 비문은 '대우공덕비(大禹功德碑)'라는 것이다.

대우공덕비의 완역본이라고 하는 이 77자를 그대로 싣는다.

承帝夏脉, 魅痌僕御, 州痛永殲。
禹破渊门, 脊躬娄沙, 北置弇甴,
奠取汲溉, 为舞岳麓。昶泉去,
操丧见发, 瑶来求附。家弃祀离,
崇率姒, 裹盛桴徒, 葬稽堂祈羕。
南蜀莽盲, 久质畏苗, 焕册莫罪,
宁朋永非(疑)!

"하(夏)나라 임금의 혈맥을 계승하니 귀신을 쫓아내어 구주(九州)의 아픔을 영원히 없애고…"로 시작한 이 글은 "촉(蜀)의 남부는 미개하고 황량한 곳이니, 묘인(苗人)이 구실을 삼아 사단을 만들까 우려되어 이곳에 비문을 세우고 사람들의 이의(異議)를 없앤다."고 구구히 설명한다. 대우의 치수 내용은 엉뚱하고 앞뒤가 서로 맞지 않는다. 그건 그렇다 치고 비문의 부호문자는 1:1로 대응한다는 77자의 한자와 모양부터 천양지차이다.

실제로 대륙의 한자와는 아무런 연관도 없다고 김씨 총각이 말한다. 그는 구루비의 비문을 태양역문(太陽易文)이라고 부르고 있었다. 김씨 가족에 유전(遺傳)하는 옛 부호문자의 일종이라고 한다. 1행 9자씩으로 되어있는 오른쪽의 8행은 서로 다른 여덟 계통의 부호문자로 되어 있으며 행마

74

다 마지막 글자는 그 계통의 독법과 판독 방법을 알려준다고 했다. 이 8행은 모두 아래로부터 위로 읽는다. 마지막 4행의 부호는 또 시간대와 좌표를 기록하고 있다. (책 마지막 부분의 귀문 판독 사례 참고)

완역한 77자의 주인공은 분명히 이 부호문자를 판독하지 못하고 있다. 그런데 비문을 판독한 글에는 대우의 사적(事績)을 기술한다. 김씨 총각은 '그것'이 알고 싶다고 했다. 대륙의 이 학자는 비문에 대우의 사적이 있다는 걸 어떻게 알게 되었을까…

"비문에는 정말로 대우의 치적(治績)을 적은 게 상당수 있거든요. 이것만 보면 '대우공덕비'라고도 말할 수 있겠죠."

이날 김씨 총각이 판독하여 들려준 것은 대우의 치수 부분이었다. 그러나 그가 읽어낸 것은 대륙의 학자가 판독한 글에는 전혀 없는 내용들이었다. 진산(鎭山), 진수(鎭水)의 솥과 신수(神獸)만 해도 스물아홉이나 된다고 했다.

"대우시대의 왕실의 제단, 능(陵)을 매장한 산굴이 적혀 있구요. 제례의 솥(鼎, 정)과 신수(神獸)를 구주(九州)의 용맥에 파묻었다고 합니다."

2절 신지글(神誌字), 지구의 1만년의 예언서

전하는 바에 따르면 대우(大禹)가 홍수를 다스린 후 그의 공덕을 치하하여 구루비의 비문을 만들었다고 한다. 대우는 치수의 공으로 순(舜) 임금으로부터 왕위를 물려받아 국호를 하(夏)라고 정하고 하나라의 시조로 되었다는 것이다.

대우는 김씨 총각의 읽는 비문에 황제(黃帝)의 현손으로 되어 있었다. 그러나 세 오누이의 막내이고, 두 누님이 다른 부족의 족장에게 시집을 간 후 치수 비용을 냈다는 이런 내용은 기존의 문헌 기재에서 읽을 수 없던 것이다. 또 『사기(史記)』에 따르면 곤(鯀)은 홍수를 다스리려다가 실패하고 이 때문에 순(舜) 임금에 의해 추방당하여 죽었다. 김씨 총각이 판독한 공덕비에 곤의 이름은 '鹽繩'이며 요(堯)와 순(舜)이 선후 50년에 걸쳐 치수를 했고 그들의 뜻을 대우가 계승하였다고 기록되어 있다.

비문에 따르면 대우의 치수 과정은 결코 순탄하지 않았다. 무당이 악귀 열셋을 불러 극구 대우를 방애했다고 한다. 나중에 천녀(天女)가 강림하여 이 악귀를 잡아서 다스리며 이리하여 대우가 마침내 치수를 끝내게 되었다.

"악귀들은 구척의 장신이고 눈은 세 개나 되었다고 글에 묘사하고 있습니다."

구루봉의 비문은 구주의 용맥에 파묻은 신수(神獸)도 묘사한다. 공교롭게 2013년 초 사천성(四川省)의 성도(成都)에서 8톤의 거대한 돌짐승이 발견되면서 용맥의 '신수' 존재를 견증한다. 또 『촉왕본기(蜀王本紀)』에 이르기를, "강물이 해를 막기 위해 태수 이빙(李氷)이 돌 서우(犀牛) 다섯 개를 만들었으니, 두 개는 관청에 넣고 한 개는 다리 아래에 놓았으며 또 두 개는 물귀신을 진압하고자 강에 넣었더라."

에피소드가 있다. 그해 여름, 사천성의 대부분 지역에 일시에 큰물이 났다. "진수(鎭水)의 신수를 파갔기 때문에 물난리가 일어났다."는 설이 파다히 퍼졌다. 신수를 제자리에 갖다 놓아야 한다고 시민들이 떠들었다. 당연히 관방은 이에 과학적인 도리가 없다면서 소문을 잠재우느라고 법석을 놓았다.

이때 발굴된 돌 서우는 구루봉의 비문에 나오는 신수가 아니라고 김씨 총각이 거듭 말한다. 대우가 구주의 용맥에 파묻었다고 하는 신수는 일명 '쉰'이라고 부르는 괴이한 동물이라고 한다.

김씨 총각은 구루비의 비문을 암호열쇠로 연 후 신음자(神音字)로 번역하고 읽어냈다. 이 무렵 그가 적은 신음자에 아주 낯익은 부호가 몇몇 들어 있다는 사실을 발견할 수 있었다. 천만 놀랍게도 신지글(神誌字)의 일부가 이 신음자에도 나타나고 있었다. 솔직히 민족 고대사의 큰 수수께끼인 신지글을 여기에서 또 만날 수 있으리라고곤 꿈에도 생각지 못했다. 신지글을 해명할 열쇠를 김씨 총각이 들고 있다는 믿음은 비가 온 뒤의 땅처럼 점점 굳어지고 있었다.

의문도 차츰 덩어리로 굳어지고 있었다. 하긴 신지글과 창힐글을 각기 김씨 총각에게 내놓은 적 있었던 것이다. 그런데 왜서 이 부호문자 역시 판독이 가능하다고 즉각 밝히지 않았을까…

"이건요, 할아버지가 사망 직전에야 저에게 암호열쇠를 알려준 부호문자인데요, 존재 자체를 천겁의 재난이라고 하시면서 속인들에게 알리면 안 된다고 거듭 말씀하셨습니다."

신지글은 한(조선)민족 언어사의 최대의 미스터리로 되고 있다는 이야기를 듣고 김씨 총각은 몇 달 동안 숙고를 했다고 한다. 그러다가 판독 기술을 제외한 대부분의 내용을 세상에 밝히기로 작심한 것이다.

김씨 가족이 간직하고 있던 반만년의 비밀은 마침내 문을 빼꼼히 열고 있었다.

신지글 아니 창힐글은 1만년의 예언서이다. 기실 도가의 최고의 기이한 서적이라고 하는 『추배도(推背圖)』와 유사한 내용이었다. 『추배도』는 당(唐)나라 태종(太

宗) 이세민(李世民)이 국운을 추정하기 위해 당시의 유명한 두 도사 이순풍(李順風)과 원천강(遠天罡)을 시켜 쓴 글이다. 이 책은 역학과 천문, 시, 수수께끼 같은 글, 그림을 일체화하고 있다. 도합 60점의 그림과 이에 따른 글로 당나라 이후 발생할 역사 사건을 예언하고 서술한다.

1만년의 예언서는 밀기(密記)의 도참서(圖讖書)였다.

"현재 알고 있는 창힐의 글 28자는 예언서의 전부가 아닙니다. 각각 28자씩 도합 4개 부분으로 되어 전하는데요, 이걸 다 합치면 112자가 됩니다."

28자씩의 4개 부분으로 되어있는 부호문자는 각기 28수(宿, 별)와 4개 계절을 뜻한다는 것이다.

미구에 김씨 총각이 내놓은 신지글 즉 창힐글의 전부의 원문은 한 줄에 10글자씩 12행으로 도합 120자였다. 한자(漢字)에 소전(小篆)과 대전(大篆)의 서체(書體)가 있듯 그가 내놓은 신지글 120자 역시 약간 변형된 쉬운 서체이다. 문장의 주체는 112자이며 마지막의 8자는 예언서의 독음(讀音)과 읽는 방법을 설명한 글이라고 한다. 예언서를 제외하고 또 2개의 작은 내용을 망라하고 있단다. 하나는 천신이 인간을 도와 재난을 극복한 것이며 다른 하나는 단체제사(公祭)라는 것이다. 이 부호문자는 대륙과 반도의 여러 군(郡, 고을)에 널렸는데, 그 가운데의 일부가 신지글 혹은 창힐의 글로 세상에 유전되고 있는 것이다.

1만년의 예언서를 여는 암호열쇠는 청룡(靑龍), 백호(白虎), 주작(朱雀), 현무(玄武) 등 사상(四象)에 있다. 112자의 부호문자는 최종적으로 신음자의 오음을 통해 예언서와 기타의 내용을 일일이 읽는다. 참고로 사상은 초기의 대륙 문화에서 '역경(易經)'의 노양(老陽), 소음(少陰), 소양(少陽), 소음(少陰)을 가리켰으며 또 4계절의 천연적인 기상(氣象)을 가리켰다. 훗날 별자리 신앙의 청룡, 백호, 주작, 현무를 일렀으며 각기 동서남북 네 개 방향의 별들을 가리켰다.

"1만년 예언서는 염문(炎文) 계통인데요. 이런 부호문자를 쇄문(鐵文)이라고 부릅니다. 쇄문은 예언과 재난, 하늘의 뜻 등을 기록합니다."

김씨 총각의 말에 따르면 예언서는 개개의 부호는 연결, 조합하는 방법에 따라 의미가 달라지고 또 이에 각기 다른 내용을 숨기는 기능이 있다. 그래서 개개의 부호를 각각의 단자(單字)의 개별 한자로 읽을 경우 엉뚱하게 앞뒤가 이어지지 않는 이상한 문장이 된다는 것이다.

창힐 글 28자도 이렇게 특수한 방법으로 연결, 조합한 후 최종적으로 신음자로 번역하고, 다시 신음을 이용하여 판독한단다. 와중에 중심 부분의 부호 2개는 각기 천룡(天龍, 별자리)과 지룡(地龍, 지맥)으로서 부호 조합의 방법과 규칙을 밝히며 주변의 다른 부호 26개는 각기 시간과 이름, 좌표, 내용을 표시한다.

뒤미처 김씨 총각이 그의 손바닥에 올려놓은 것은 웬 둥근 모양의 작은 기물이었다. 기물은 흙을 구워서 빚었는데, 가운데에 동그란 구멍이 있었고 주변 둘레에 시계바늘 방향으로 톱니가 세 개 있었다. 몸체에는 또 선 모양의 줄을 여러 개 긋고 있었다. 김씨 총각은 기물의 구멍에 까만 실을 넣고 영롱한 옥구슬을 꿰어 곱게 장식하고 있었다.

"할아버지가 애용하던 기물입니다 예전에 언제나 몸에 지니고 계셨어요."

사실상 이와 유사한 모양의 기물은 일찍 1978년 산동성(山東省)의 등현(騰縣)에서 발굴된 적 있다. 『상서(尙書)』에는 '재선기옥형(在璇璣玉衡)'이라고 기록하는데, 저울 같은 천문의 의기로 회전을 할 수 있다는 뜻이다.

재미있는 이야기가 있다. 우물 정(井)자가 바로 북두칠성의 선기옥형(璇璣玉衡)라는 것이다. 북두칠성의 제1성에서 제4성까지를 선기(璇璣), 제5성부터 제7성까지를 옥의 모난 구슬이라는 의미의 옥형(玉衡)이라 한다. 선기는 천체를 관측하는데 쓰는 기계를 말하며 옥형이란 옥으로 만든 저울대를 의미하니 결국 선기옥형은 옥으로 만든 별을 관측하는 천체 관측기를 뜻한다는 것이다. 한마디 더 한다면 북두칠성은 한(조선)민족이 자별나게 사랑하는 별자리이다. 옛날 조상들이 우물가에서 칠성을 비는 것은 우물에 칠성이 비추기 때문이다. 산꼭대기처럼 사방이 훤한 곳에 칠성단(七星壇)을 차리는 것도 마찬가지의 이치라고 한다.

어찌되었거나 대륙의 사학자들은 기물의 이름을 '옥선기(玉璇璣)'라고 달았다. 그러나 기물의 용도는 제각기 나름으로 해석한다. 산동 지역의 특유한 옛 예기(禮器)라고 하거나 천체를 관측하는 의기, 혼천의(渾天儀)를 이룬 바퀴모양의 기계라고 말한다. 심지어 투척용 병기라고 하거나 패물 모양의 장식물이라고 추측하는 사람도 있다.

김씨 가족의 흙 기물 역시 천체를 관측할 때 사용된다고 김씨 총각이 밝힌다. 가운데의 하늘처럼 둥그렇게 뚫어진 구멍에 북두칠성의 주성(主星) 북극성을 맞춰 넣고 이 별을 기준으로 기물을 톱니의 방향으로 돌린다고 한다.

그리고 여느 기록에 없는 특이한 용도가 김씨 가족에 따로 유전되고 있었다.

"쇄문 같은 옛 부호문자를 읽으려면 이걸 꼭 사용해야 하는데요, 여러 부호를 조합해서 문자로 만듭니다."

김씨 총각은 창힐 글 28자의 그림에 이 기물을 맞춰놓고 시계방향으로 뱅뱅 돌리고 있었다. 변두리의 톱니 모양과 몸체의 선의 방향에 있는 부호를 합체했다. 톱니와 선이 만나는 부호는 또 다른 부호문자를 조합하고 있었다. 부호 3~5개가 합체되어 또 하나의 기이한 부호문자를 만들고 있었다.

신지글이나 창힐글로 불리던 부호문자의 내실이 드디어 밝혀졌다면 지금까지 옥선기라고 불리던 옛 기물의 참모습도 마침내 김씨 가족에 의해 실체를 드러나고 있었다.

"우리 가족은 옛날부터 이걸 괴항(磈恒)이라고 불러 왔는데요, 별이나 글은 모두 이름 괴(磈)와 항(恒)처럼 불변하는 돌무더기를 이루지 않아요?"

천문기술과 옛 부호문자는 모두 세월이 흐르면서 곡절과 변화, 발전을 가져왔다. 이에 따라 여러 부족에 전승된 괴항은 크고 작은 변형을 이뤘으며 각기 톱니의 모양과 숫자가 얼마씩 다르게 되었다. 이번에는 전승 과정에 단절이 생기면서 기물의 옛 이름마저 뒤안길로 가뭇없이 사라졌던 것이다.

보조 기물을 사용하는 쇄문 즉 신지글이나 창힐 글은 부호문자가 벌써 석기시대에 상당히 발달한 고급 단계였다는 것을 시사한다. 홍산(紅山)의 토기 문자와 앙소(仰韶)문화의 채도 그림, 하(夏)나라의 석각 비문과 더불어 이런 부호문자는 오히려 최초의 문자로 일컫는 상(商)나라의 갑골문 보다 시기와 수준을 모두 앞지르고 있다.

사람들은 통상 문자의 사용 이전과 이후로 역사시대를 구분한다. 신화시대와 전설시대는 문자가 만들어지기 전의 선사(先史)시대이며, 반면에 문자가 쓰인 글이나 책 같은 기록물에 의해 과거를 알 수 있는 시대 즉 신사(信史)시대라고 한다.

"신석기시대 말기를 전설의 시대라고 하는데요, 많은 전문가들이 하(夏)

나라를 한낱 전설로만 주장하는 것은 그때의 확실한 문자기록 등 증거물을 전혀 발견하지 못했기 때문이지요."

중국의 역사는 약 3천년 전의 상나라 때부터 정식으로 신사시대에 들어선다. 상나라는 사상 처음으로 같은 시기의 진실한 문자기재가 있는 것으로 인정되고 있는 왕조이다.

그런데 누군들 믿겠는가. 토기의 부호와 그림, 석각 비문은 기실 각각의 옛 문자로서 전설 나아가 신화의 잃어버린 그 세계를 기록한다. 상고시대의 부호문자는 기존의 대륙 문자 역사를 다시 쓰고 있는 것이다.

"우리의 법술은 세상에 부정행위를 하는 게 아닐까요? 누설하지 말아야 할 천기(天機)를 제멋대로 인간에게 미리 밝히는 것 같아요." 인터뷰 도중에 김씨 총각은 그가 지금까지 배우고 깨닫고 알고 있는 사실들을 세상에 드러내는 게 두렵다고 거듭 말했다. "할아버지가 저에게 마지막으로 알려준 내용은 모두 역천(逆天)의 역사인데요, 우리가 알고 잇는 역사와 문화 전부를 왕창 뒤엎고 있습니다."

옛 부호문자는 시간적으로 어제와 오늘, 내일을 적고 있었고 공간적으로 하늘과 땅, 위와 아래, 앞과 뒤를 그리고 있었다. 대륙의 동서남북에 있는 토기와 돌에 남긴 부호문자, 비문의 모양새는 각기 둥근 하늘과 네모난 땅처럼 서로 달랐고 그 무슨 연관을 찾기 힘들었다. 그러나 김씨 총각은 일단 입을 열기만 하면 이런 부호문자들을 마치 한 줄에 꿰어놓은 구슬처럼 거침없이 줄줄 읽었으며 술술 뜻풀이를 하고 있었다.

신화시대의 인간사를 담은 부호문자와 그 판독 방법, 세상만사의 변화를 서술한 역서(易書)는 모두 2천 년 전의 가락국 때에야 비로소 김씨 가족에 전수된 비술일까…

이즈음 김씨 총각은 그동안 깊숙이 숨겼던 많은 사실을 하나둘 밝히기 시작했다. 이때는 달이 지나고 해가 바뀌면서 길고 많은 대화가 오간 후였다. 그동안 김씨 총각은 가족의 비사를 꺼내놓으면 터무니없는 허황한 이야기로 여길까 두려워서 내내 입을 다물고 있었다고 한다.

실제로 주변의 지인들에게 상고시대 전설적인 인물의 가계를 밝힌 적 있었다고 한다. 김씨 가족의 옛날의 점술사 이야기를 했으며 고대 점술의 기묘한 술법을 설명하려 했다. 그러자 지인들은 다들 김씨 총각을 몹시 이상하게 보는 눈치였다고 한다. 그가 어릴 때부터 괴상한 점술 공부를 하면서 결국 머리가 돌아버린 것 같다는 것이었다.

김씨 총각은 어이없다는 듯 쓴 웃음을 짓는다. 하긴 시골 총각이 구술하는 신화 같은 이야기를 누군들 한 켤레라도 귀담아 들을 수 있었겠는가. 하물며 김씨 총각이 떠올리는 신화는 우리가 알고 있던 기존의 역사를 송두리째 뒤엎고 있음이랴!

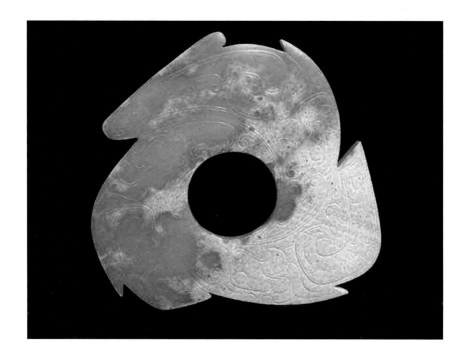

"부호문자는 정말로 천신(天神)이 옛날 우리 인간에게 준 선물입니다. 할아버지가 말씀하시는데요, 이 부호문자를 곰부족이 제일 먼저 전수 받았다고 합니다. 곰부족은 천신의 천맥(天脈, 신의 혈맥)을 전승했거든요."

그때 하늘에서 문득 신이 하나 내려왔다고 한다. 그는 인간이 아닌 괴물의 신이었다. 곰부족과 범부족이 각기 이 천신에게 공주를 바치며, 천신은 나중에 곰부족의 공주와 혼인을 했다고 한다.

김씨 가족에 구전하는 이 이야기는 실제상 단군신화(檀君神話)의 또 다른 판본이었다.

산동성에서 발굴된 이 기물은 옥선기(玉璇玑)라고 부른단다. 사학자들은 아직 용도를 분명히 밝히지 못하고 있다.

제4장

신도(神圖)에 출현한 족장 단군(檀君)

괴물 신이 강림했다는 그 고장은 마침 곰부족과 범부족의 경계 지역이었다. 이 성지(聖地)를 할아버지는 손도장으로 지도에 꾹 찍어주었다. 지도는 일명 세축도(世祝圖)라고 부른다고 했다. 상고시대의 8대 부족의 옛 지도라고 할아버지가 손자에게 일러줬다.

김씨 가족에 대대로 전승되고 있는 비서(秘書)이다.

"여러 부족과 부락의 이름이랑 위치랑 다 지도에 적고 있는데요. 부족과 부락의 이야기도 있으니 지도이자 기록이라고 말할 수 있겠죠."

어린 손자는 날마다 지도를 반복해서 그렸다. 그림을 조금이라도 비뚤게 그리면 당장 벌을 받아야 했다. 할아버지는 거칠고 두둑한 손가락으로 손자의 몽글몽글한 손바닥을 딱 소리가 나도록 튕겼다. 그러면 하얀 밀반죽 같은 애기 손은 곧 능금처럼 빨갛게 익었고 손자는 볼따구니에 금방 눈물을 그렁그렁 달았다.

세축도(世祝图), 빨간점은 천신이 강림한 그곳이라고 하는데 지금의 북경 근처이다.

"지도를 생각하면요, 당금 손바닥이 또 얼얼하게 아파지는 것 같습니다."

바람에 슬픈 꽃잎이 떨어져 땅바닥에 눈물을 흘린다. 어린 기억에 도저히 지울 수 없는 그림이다. 그리하여 세축도는 언제나 집 마당의 나무처럼 눈에 환하게 보이고 소의 영각소리처럼 귀에 생생히 울린다.

이날 김씨 총각은 세축도를 종이 위에 단번에 썩썩 그려냈다. 중국 대륙이 있었고 한반도가 있었으며 바다 건너 일본 열도가 있었다. 전설 같은 8군(八郡)이 동서남북에 나타나고 있었다. 동군과 동쪽의 이웃한 강동군(江東郡), 서군과 서쪽의 이웃한 목서군(木西郡), 남군과 남쪽의 이웃한 성원군(星元郡), 북군과 북쪽의 이웃한 수해군(水海郡)… 그리고 8군에 있던 여덟 부족이 마치 하늘의 구름처럼 뭉게뭉게 그림에 떠오르고 있었다.

그리고 바다 복판에 웬 섬이 출현하고 있었다. 전설에 나오는 그 선도(仙島)라고 했다.

선도에는 정말로 신선이 살고 있다고 할아버지는 손자에게 곱씹어 말했다. 이 이야기는 어린 손자의 머리에서 늘 물고기처럼 헤엄을 쳤다. 선경(仙境)이 자주 눈앞에 떠오르고 신선의 목소리가 그 무슨 주문처럼 늘 귀에 들렸다.

"섬에는 희귀한 약재가 자라고 있는데요, 예쁜 선녀도 있다고 해요. 또 맛있는 과일이 달려있다고 해요. 기회가 되면 꼭 신선의 섬에 올라가 구경하라고 늘 말씀하셨어요."

그러나 세축도에만 등장할 뿐이다. 선도는 하늘의 신선처럼 어디론가 종적을 감추고 있다. 바다 복판의 웬 대륙도 감 쪽 같이 종적을 감추고 있다. 이 대륙도 신선처럼 신기한 부족이 살고 있었다고 한다.

손자는 할아버지가 이젠 노망(老妄)이 들어 있다고 생각했다. 잃어버린 섬과 대륙은 기실 할아버지가 그려낸 환상의 그림이라고 생각했다. 아니, 예닐곱 살의 어린 손자를 달래느라고 아흔 살의 할아버지가 거짓말을 꾸며낸다고 생각했다.

훗날 김씨 총각은 자료들을 찾아 읽다가 몹시 놀란다. 세축도의 그 신비한 섬과 대륙은 옛 문헌에 분명히 기록되어 있었다. 또 바다와 대륙의 여기저기에서 전설의 옛 유적은 예전부터 다다소소 발견되고 있었다. 그들은 허망한 몽상이 아니라 진실한 존재였다.

세축도는 그야말로 하늘과 땅, 신과 인간, 어제와 오늘을 하나로 잇는 신도(神圖)였다.

1절 꼬리 달린 천신이 강림한 마을

단군신화는 한(조선)민족의 국조(國祖)신화이다. 족원(族源)을 밝히는 이 최초의 신화는 일찍 민간에서 구비로 전해 내려왔다. 가장 오래된 기록은 13세기 말 승려 일연(一然)의 『삼국유사(三國遺事)』의 제1권 고조선 조(條)에 실려 있다.

먼저 『삼국유사』에 기록된 내용을 읽어보자.

「고기(古記)에 이르기를, 옛날 환인(桓因)-제석(帝釋)을 이른다-의 서자(庶者) 환웅(桓雄)이 천하에 자주 뜻을 두고 인간 세상을 몹시 바라고 있었다. 환인이 아들의 뜻을 알고, 삼위(三危)와 태백(太伯)을 내려다 보매, 홍익인간(弘益人間)을 할 만하였다. 이에 천부인(天符印) 세 개를 주고 내려가서 이곳을 다스리게 하였다.

환웅은 무리 삼천 명을 거느리고, 태백의 산꼭대기에 있는 신단수(神檀樹) 아래로 내려와 이를 신시(神市)라 일렀다. 그가 환웅천왕이다. 풍백(風伯), 우사(雨師), 운사(雲師)를 거느리고 곡식, 수명, 질병, 형벌, 선악 등을 주관하면서, 인간의 360가지의 일을 맡아 인간 세계를 다스리고 교화하였다.

때마침 곰 한 마리와 범 한 마리가 같은 굴에서 살았는데, 늘 신에게 사람 되기를 빌었다. 이때 환웅이 신령스런 쑥 한 타래와 마늘 스무 개를 주면서 말하였다.

"너희들이 이것을 먹고 백 일 동안 햇빛을 보지 않는다면 곧 사람의 모습을 얻게 될 것이니라."

곰과 범은 이것을 얻어서 먹었다. 삼칠일(三七日, 21일)동안 기(수련)를 하여 곰은 여자의 몸이 되었다. 그러나 범은 기를 하지 못했으므로 사람의 몸을 얻지 못하였다. 웅녀(熊女)는 자기와 혼인할 사람이 없었으므로 항상 단수(檀樹) 밑에서 애기를 배도록 해달라고 빌었다. 환웅은 이에 잠시 사람으로 변하여 그와 혼인하였더니, 웅녀는 임신하여 아들을 낳아 이름을 단군(檀君)이라 하였다.

단군왕검(王儉)은 요(堯) 임금이 왕위에 오른 지 50년인 경인년(庚寅年)-요임금의 즉위 원년이 무진(戊辰)이면, 50년은 정사(丁巳)지 경인은 아니다. 경인이라고 한 것은 사실이 아닌 것 같다.-에 평양(平壤) 성에 도읍을 정하고 비로소 조선(朝鮮)이라고 일컬었다. 또 다시 도읍을 백악산(白岳山) 아사달(阿斯達)로 옮겼다. 그 곳을 궁홀산(弓忽山)-'弓'을 달리는 방'方'이라고도 쓴다-또는 금미달(今彌達)이라고 한다. 그는 1500년 동안 나라를 다스렸다.

주(周)나라의 무왕(武王)이 왕위에 오른 기묘년(己卯年)에 기자(箕子)를 조선에 봉하매, 단군은 장당경(藏唐京)으로 옮겼다. 후에 아사달에 돌아와 숨어서 산신(山神)이 되었는데, 그 때 나이가 1908살이었다.」

환웅은 천제 환인의 명을 받아 하늘을 내려왔다. 이름자의 환(桓)은 환하다, 밝다, 광명의 뜻으로 하늘 또는 태양을 가리키며, 따라서 환웅의 이름은 천신 혹은 태양신을 뜻한다는 게 일반적인 설이다. 이에 따르면 수컷 웅(雄)은 글자 자체가 수컷으로 두목을 나타낸다는 것이다.

환웅은 생긴 모양을 알 수 없으나 인간이 아닌 괴물인 것만은 분명하다. 그래서 '잠시 사람으로 변하여 그(웅녀)와 혼인'하였던 것이다.

김씨 가족의 부족전설에 나오는 신 역시 괴물이다. 이때 단군신화와 마찬가지로 곰과 범도 나란히 부족전설에 등장한다. 그러나 괴물의 이름은 더는 환웅이 아니며 곰과 범도 짐승이 아니라 인간의 부족 토템의 이름으로 등장하고 있다.

그날 할아버지는 손자의 머리맡에 앉아 자장가처럼 이 옛말을 들려주었다.

"그때 그 시절 부족끼리 늘 전투를 벌였단다. 이 부족과 저 부족이 싸움을 했고 또 이 부족과 저 부족이 합쳐 다른 부족과 싸웠단다. 식량을 빼앗고 노예를 빼앗고 땅을 빼앗기 위해 다른 부족을 공격했단다.

어느 날 하늘에서 문득 별똥이 떨어졌어. 면바로 여덟 부족의 여덟 부락 복판에 내려앉았단다. 별똥에서 신이 나왔어. 훗날 곰부족이 그들의 토템으로 삼은 태양신이었단다.

태양신은 깃에 검고 흰 색깔이 뒤섞였는데 햇빛처럼 반짝반짝 빛났어. 엉덩이에는 꼬리가 달렸는데 범꼬리처럼 유달리 길어서 땅에 척 드리울 정도였단다.

그때 범부족과 곰부족은 각기 족장의 딸을 태양신에게 바쳤단다. 그러자 태양신은 웅녀(熊女, 곰부족의 공주)와 호녀(虎女, 범부족의 공주)에게 먼저 숙제(宿題)를 냈단다. 웅녀에게는 쑥을 주고 호녀에게는 나무껍질을 주었단다. 그들이 제각기 이걸 먹게 했단다. 웅녀는 쑥을 씹어서 입에 넣었지만 호녀는 나무껍질을 도무지 목구멍으로 넘길 수 없었단다.

결국 호녀는 범 부락으로 돌아갔고, 웅녀가 태양신과 혼인을 했단다."

김씨 총각은 태양신의 형상을 흰 종이 위에 그림으로 그렸다. 머리에 박히도록 어릴 때 수십 번이고 그렸다고 한다. 태양신은 눈이 세 개였으며 빨간 머리에 큰 혹이 하나 달려 있었고 날개가 여섯 개였으며 손이 좌우 양쪽에 각기 두 개씩 네 개였고 발이 두 개였다. 또 꽁무니에는 긴 꼬리가 달렸다. 인간 모양의 날아다니는 괴물이었다.

김씨 가족의 부족전설에 따르면 이 괴물의 태양신은 숙촉조(夙燭僬)라고 불린다.

"태양신은 만물에 생명을 갖다 주고 또 만물의 생명을 가져갈 수 있는 신이니라." 할아버지는 어린 손자에게 이렇게 알려주고 있었다. 손자가 막 세상을 알기 시작한 여덟 살 무렵이라고 한다. "태양신께서 발을 한번 구르면 재난이 내리고 두 번 구르면 만물이 숯불로 되느니라. 두발을 함께 구르면 숯 더미에서 만물이 새로 생성하느니라."

동화 같은 전설 이야기는 손자의 잠자리에 솜이불처럼 포근하게 펼쳐지고 있었다.

숙촉조의 고향별은 귀청두(鬼靑斗)라고 한단다. 쌍둥이자리의 오른쪽 목 부분에 위치하는데, 태양의 형제별이라고 했다. 숙촉조는 실은 태양신의 자식이라고 김씨 가족에 전하고 있다.

8대 부락의 중심에 내린 천신 숙촉조(爇燭鱎), 눈이 세개이며 날개가 달리고 꼬리가 드리웠다.

"태양신의 고향별은 둥근 달을 멀리 지나야 한다고 할아버지가 말씀하셔요. 손전등을 켜면 그 빛이 닿는 데 여러 해나 걸린다고 해요."

아주 오랜 후에야 김씨 총각은 할아버지의 이야기를 알아들을 수 있었다. 항성의 거리를 재는 단위인 광년(光年)의 개념을 알게 되었던 것이다. 별 귀청두는 지구와 무려 4,5광년이나 떨어져 있다.

김씨 총각은 귀청두와 지구를 종이의 양쪽에 각기

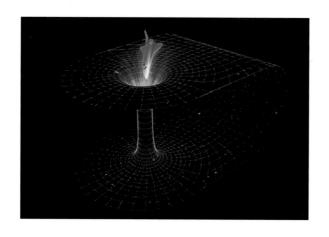

둥근 점으로 그렸다. 이어 그들 둘을 입맞춤하듯 한데 포개놓았다. 아래위로 비틀린 공간은 쌍둥이자리와 태양계 두 항성계 사이에 초

천체 사이의 공간을 비틀어 우주의 초고속 통로를 만든다.

고속 여행의 터널을 하나 만들고 있었다.

"태양신은요, 귀청두와 지구 두 별의 공간을 이렇게 한데 이어놓았다고 합니다. 그래서 숙촉조는 하루 반 만에 우리 지구로 날아올 수 있었다고 해요."

단군신화와 김씨 가족의 부족전설은 마침내 시공간을 뛰어넘어 한데 포개지고 있었다.

그때 그 시절 대륙에는 멧돼지, 곰, 호랑이, 늑대, 고래, 독수리, 오소리, 사슴 등 도합 8대 부족이 살고 있었다. 시초에 제일 크고 강대한 부족은 멧돼지부족이었다고 한다. 그래서 멧돼지부족을 제일 앞에 놓은 것이다. 김씨 가족이 전하는 부족지도 세축도(世祝圖)에 기록한데 따르면 여덟 부족은 선후로 동서남북에 네 개의 큰 군(郡)과 그 변두리의 네 개의 작은 군 도합 여덟 개의 군에 크고 작은 부락을 이뤘다. 부족마다 족장의 아들이 분가하면서 또 다른 촌락을 형성했다.

서군이 제일 작은 고을이었고 북군과 동군이 크게 발달하고 있었다. 현재 획분된 지역을 기준으로 한다면 호북성(湖北省)의 서쪽 지역이 서군이었고 호북성부터 만주 일대까지 동군이었다. 곰부족은 동군의 서부 지역에서 부락을 이루고 있었고, 범부족은 곰부족의 바로 서쪽에 이웃하고 있었다. 늑대부족은 범부족과 곰부족의 바로 아래쪽에 위치하는데, 이곳은 지금의 산동성(山東省) 서부와 하남성(河南省)의 동부 일대로 추정된다.

최초에는 10대 부족이 대륙과 반도의 8군(八郡)에 흩어져 각기 크고 작은 부락을 이루고 있었다고 한다. 와중에 독수리부족이 딱따구리와 까마귀 두 부족을 병탄하면서 8대 부족으로 되었고 또 훗날에는 귀신(鬼) 부족이 생기면서 9대 부족으로 되었다. 부락도 없어졌다가 생겼고 줄어들었다가 또 늘어났다.

"할아버지가 노상 하시던 말씀인데요, 우리의 인간사는 이합집산(離合集散)이고 생멸멸이(生滅滅已)이지요."

한때 범부족이 사슴부족, 멧돼지부족과 손을 잡고 오소리부족과 크게 싸웠다고 한다. 이 전쟁에서 오소리부족이 대승하였고, 그 후 오소리부족의 후예는 범부족과 사슴부족, 멧돼지부족의 토템을 과녁으로 만들었다. 봄과 가을에 한 번 씩 토템 과녁을 활로 쏘아 명중하는 게 일장 명절놀이로 되었으며 차츰 오소리부족의 전통으로 되었다.

토템은 표지(標識)이며 부족마다 각기 다르다. 그러나 독수리부족은 종국적으로 태양신을 토템으로 삼았다고 한다. 곰부족과 전쟁에서 패한 후 독수리부족은 곰부족과 통혼하면서 이 토템을 함께 쓰게 되었다는 것이다.

"곰부족은 원래 대성(大成)한 부족이었지요. 부족대전에서 패한 후 한때 크게 쇠락했다고 합니다."

이때 곰부족은 부득불 서남쪽으로 이동, 종당에는 중원지역에 이주했다. 생존과 성장을 위한 이동이었다. 미구에 천신의 도움으로 곰부족은 기적처럼 재기하였다. 그들은 대륙에서 제일 강대한 계급으로 거듭났고 황하(黃河)유역에 그들의 부족국가를 세웠다.

한족(漢族)이 그들의 시조로 섬기는 황제는 기실 곰부족의 수령이다. 그는 도읍을 유웅(有熊, 지금의 하남성 북부)에 정했으며 이에 따라 유웅씨라고 불리기도 한다. 황제의 많은 후손은 지명을 성씨로 삼아 웅씨(熊氏)라고 했다고 전한다. 사실상 그들은 곰부족의 족칭의 이름을 그대로 이어받은 것이다. 웅씨는 중국에서 제일 오랜 성씨의 하나로 백가성(百家姓)에서 68번째로 된다. 부족은 대대로 번창하여 역대로 많은 명인이 속출하였다. 선후로 72개의 망족(望族)이 있었다.

단군신화는 '신단수(神檀樹)'에 환웅(신)이 강림하면서 막을 열고 있다. 신이 내린 단수(檀樹, 박달나무) 즉 신단수는 부족수령 단군(檀君)의 이름을 만들기에 이른다.

단군신화를 최초로 기록한 문헌인『삼국유사』는 신의 단수(檀樹, 박달나무)로 생긴 이름 단군(檀君)을 제단의 군주라는 의미의 단군(壇君)이라고 밝힌다. 환웅(신)이 강림한 그 자리는 신령스런 제단의 나무가 있었다는 의미의 신단수(神壇樹)라는 것이다. 제단에 있는 나무가 박달나무의 단수(檀樹)라고 해석할 수 있다.

실제로 신단의 나무를 박달나무로 적으며 또 박달나무 아래의 제단에 오른 웅녀의 아들을 '박달(밝은) 임금' 즉 '태양신의 후손'이라는 의미의 단군(檀君)으로 기록한다. 고려시대의 다른 역사책인『제왕운기(帝王韻紀)』가 바로 그러하다.『제왕운기』의 저자 이승휴(李承休)는 문신(文臣)으로 원(元)

나라 때 대륙 땅을 두발로 밟은 사람이다.

『제왕운기』에 의해 신단수는 뿌리가 내리고 잎이 피어나며 가지가 뻗어 나가는 등 살아있는 나무로 탈바꿈을 한다. 햇빛 아래에 숨을 쉬는 박달나무는 신령스런 제단에 땅의 생명을 불어넣는다. 신령스런 제단의 나무는 드디어 신령스런 나무의 제단 신단수(神檀樹)로 되는 것이다.

김씨 가족의 부족전설에는 신단수가 등장하지 않는다. 그러나 이 나무가 단군의 이름과 연관된다는 것만은 분명하다.

김씨 총각이 말이다.

"단군은 단목(檀木) 같은 임금이니, 부족을 박달나무처럼 단단하게 뭉친다는 의미라고 합니다. 또 박달나무가 풍기는 향기처럼 흥성하여 만방에 이름을 떨친다는 뜻을 갖고 있다고 하는데요."

옛날 신령스런 박달나무는 그 고장에 큰 수림을 이루고 있었다. 바로 세축도(世祝圖)에 할아버지가 일부러 손도장을 찍은 곳이다. 이 고장은 북경 동북쪽의 밀운현(密雲縣) 현성 부근에 위치한다. 현지 사람들은 울창한 수림을 자랑하는 그 산을 백단산(白檀山, 흰 박달나무의 산)이라고 부르며 산 근처에 있었던 그 촌락을 백단촌(白檀村, 박달촌)이라고 작명했다. 일찍 한(漢)나라 때 벌써 이렇게 불렸다고 하북성(河北省)의 옛 지명지(地名志)가 전한다. 백단촌의 주변 지역에는 또 고조선과 고구려의 유적이 다수 발견되었다. 백단촌은 현재 도시의 음영에 묻혀 밀운의 지역사회인 백단구(白檀社區)로 변신했다.

언제인가부터 흰 박달나무의 수림도 종적을 감췄다. 그러나 분명한 건 옛날에는 밀운현 자체가 박달나무의 고을이었다는 것이다. 수·당(隋·唐) 시기에는 박달나무의 단(檀)을 넣어 단주(檀州)라고 불렸다고 한다. 단주의

이 이름은 아직도 단성(檀城)이라는 이름으로 밀운에 잔존한다. 전국(戰國)시기 음양오행가 추연(鄒衍)이 여기에서 수련했고, 고구려의 명장 연개소문(淵蓋蘇文)이 이 지역에 군대를 주둔한 적 있다. 이곳에서는 또 황제(黃帝)시대의 공공성(公工城) 유적이 발굴되기도 했다. 공공씨는 부락의 이름인데 원래는 대륙 복판의 중원에 있었다.

그러나 이보다 기이한 이야기의 도읍지 이름은 흡사 뿌리 없는 용처럼 김씨 총각의 기억에 각기 똬리를 틀고 앉아있었다.

2절 뿔이 없는 천년의 도읍은 그곳에 있었다

"옛날 범부족이 살던 그 도읍을 교이성(蛟彝城)이라고 불렀다고 합니다."

뱀은 백년을 수련한 후 교룡(蛟龍)으로 되고 천년을 수련한 후 용으로 되어 하늘에 날아오른다고 전한다. 땅을 기는 교룡은 네 발 걸음을 하는 뱀과 같다고 한다. 이(彝)는 고대 선민들이 제사 때 술을 담던 그릇 제기(祭器)을 말한다.

그러고 보면 교이성은 아직 용으로 되지 못한 이무기를 예기(禮器)로 삼은 국도의 성읍이다. 어쩌면 범부족은 그들이 나중에 교룡처럼 하늘로 날아오를 수 있다고 꿈을 꾸고 있었고 또 그 꿈을 그릇에 담아 하늘에 기원하고 있었을지 모른다.

전설 같은 신기한 이야기는 또 있다. 이 이야기는 마치 물위의 배처럼 김씨 가족의 옛 부족지도 세축도(世祝圖)에 두둥실 떠오른다.

대륙과 한반도, 일본을 이웃한 바다 가운데 난데없는 큰 섬이 그려있었다. 그 섬이 바로 유명한 '봉래의 신선의 섬(蓬萊仙島)'라고 한다. 봉래섬은 옛날부터 방사(方士)들에게 우레처럼 불리던 명산이다.

"봉래섬은요, 5백 년 동안 수면 아래에 잠겨 있는데요, 또 5백년이 지나면 다시 수면 위에 떠오른다고 합니다. 바다에서 부침(浮沈)을 번복하는 신선의 섬이라고 해요."

섬은 수면에 떠오른 후 '반포' 정도 머무르고 다시 수면 아래로 가뭇없이 자취를 감춘다. 반포는 달포의 반을 이르는데, 달포는 한 달이 조금 넘는 기간을 말한다.

신선의 이 섬을 만나고자 진시황(秦始皇)은 서기전 219년에 발해(渤海)의 기슭을 장장 3개월이나 머물렀다고 한다. 발해의 동쪽에 신선의 섬이 있으며 이 산에 장생불로약이 있다는 이야기를 들었기 때문이었다. 그러나 진시황은 신선을 만나지 못한 채 순유(巡遊)를 하던 도중에 창졸히 숨졌다. 진시황이 그의 칭호처럼 천세만세를 연속하려던 진나라 왕조도 뒤미처 멸망되었다.

선산(仙山)의 섬은 도가의 전적(典籍)인 『열자(列子)』에 최초로 나타난다. 이에 따르면 바다에는 대서(坮嶼), 원교(員嶠), 봉래(蓬萊), 방장(方丈), 영주(瀛洲) 등 다섯 개의 신선의 산이 있었다. 이 산은 파도를 따라 흘렀으며 무시로 자리를 움직이고 있었다. 그러다가 산은 귀허(歸墟) 부근에 이르렀다. 귀허는 끝을 모를 바다의 협곡을 말하는데, 발해의 동쪽에 위치한다고 『열자』가 기록하고 있다. 이때 천제의 명을 받아 큰 자라 열다섯 마리가 세 마리씩 각각 다섯 산을 등에 업었다. 그러나 산의 신선 같은 표류는 이로써 끝난 게 아니었다. 용백국(龍伯國)의 거인이 마침 바다에서 낚시를 했다. 자라 여섯 마리가 대뜸 먹이로 되어 거인의 큰 배를 채웠다. 그리하여 대서와 원교 두 산은 닻을 잃은 배처럼 그냥 북극으로 흘러갔고 나중에 바다에 침몰되었다. 바다위에는 결국 봉래와 영주, 방장만 남게 되었다.

다른 아홉 마리의 자라도 거의 다 어느 거인의 먹이로 되어버린 듯하다. 나중에 할아버지가 지도에 그린 신선의 섬은 웬 일인지 봉래 하나뿐만 남아있었다.

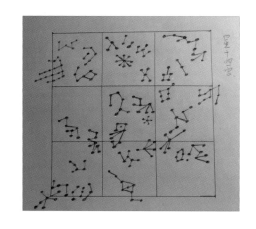

대서양에 있었다고 하는 귀명성(鬼冥城)은 아예 바다 밑에 영영 사라졌다. 귀명성은 이름처럼 귀명부족이 살던 도성이라고 한다. 귀명부족은 산을 마음대로 움직일 수 있는 신선 같은 초능력자였다. 그들은 보석과 납(鈉) 등으로 여러 가지 기구를 만들었고, 그걸 주변의 다른 부족의 쌀과 천으로 바꿨다고 한다.

천신이 전수한 성도(星图) 88궁도(宫图)의 14번째 궁도(宫图).

"전설에서 말하는 아틀란티스가 바로 이 귀명성이라고 하는데요, 우리 가족의 세축도(世祝圖)를 보면 지중해의 바로 서쪽에 위치합니다."

김씨 총각이 내놓은 세축도의 큰 지도는 서쪽으로 유럽과 아프리카, 대서양을 망라하고 있었다.

아틀란티스의 최초의 서술은 고대 그리스의 철학자 플라톤이 남긴 두 편의 『대화록』에 의해 전해지고 있다. 이에 따르면 아틀란티스는 해신(海神)의 아들이 구축한 고도의 문명 대륙이다. 이 옛 대륙은 1만 2천 년 전 아테네인들에게 정복된 후 화산과 지진에 의해 바다 속으로 사라졌다. 21세기 초 고고학자들은 대서양의 바다 밑에서 피라미드를 발견했는데 이 피라미드가 바로 아틀란티스의 유적이라고 추정하고 있다.

　　대서양에 아틀란티스의 전설이 있는 것처럼 저쪽의
태평양에도 '잃어버린 대륙'의 전설이 있다. 인류는 4
천 년 전에 비로소 청동기시대에 들어섰다는데, 암석
층에 매몰되었던 1억 4천만 년 전의 웬 쇠망치가 미국
텍사스주에서 발견되기도 했다. 이 망치는 96% 이상
의 순철, 2%의 염소, 1%의 유산으로 구성, 세심한 조
정과 정제를 거쳤다는 결론이다. 쇠로 만든 억년 전의
인공 기물은 미국에서 또 한 번 나타난다. 오클라호마
주의 한 공장에서 가마솥을 석탄 속에서 발견했던 것
이다. 이 석탄은 인근 석탄층에서 캐왔는데, 석탄층은
3억 2천 5백 년 전의 것으로 드러났다.

　　연대 추정이 맞는다면 현세의 우리 인간이 나타나

기 전의 공룡 시대에 문명은 벌써 지구에 존속하고 있었다.

"현세의 문명은 일곱 번째 문명이라고 한답니다. 우리 같은 이런 사람들이 있기 전에 다른 문명이 여섯 번이나 있었다는 겁니다."

할아버지의 이야기는 다른 세상의 기이한 소설처럼 들렸다. 어린 손자의 머리에 똬리처럼 틀고 앉아 종내 풀 수 없는 응어리로 되었다. 김씨 총각은 나이가 들어서 세상에 눈과 귀가 뜨자 짬만 나면 컴퓨터 앞에 앉아 사이버의 세계를 헤집고 다녔다. 정말로 비슷한 이야기를 찾아 읽을 수 있었다.

세상에 소실된 또 다른 문명의 이야기는 바티칸시국에 보존된 고대 멕시코의 필사본에 적혀 있었다.

"지구에는 선후로 4대의 인류가 출현하였다. 제1대의 인류는 거인으로 이곳의 주민이 아니라 하늘에서 왔다. 그들은 기아에 의해 훼멸되었다. 제2대의 인류는 큰 화재에 의해 훼멸되었다. 제3대 인류는 원인(猿人)인데, 서로 자기편끼리 살육하면서 훼멸되었다. 후에 또 제4대 인류가 출현하였다. 그들은 태양과 물 단계의 인류이다."

부족의 부침(浮沈)은 김씨 총각의 가족사 기록에도 생기고 있었다. 멧돼지부족은 뜻하지 않은 난리와 역병(疫病), 전란을 만나 대량 몰살되고 크게 쇠락했다. 그리하여 나중에 다른 부족에게 부족 수령의 자리를 빼앗기게 되었다. 범부족은 전쟁을 일삼다가 천벌을 받아 거의 멸종되다시피 했다.

그러고 보면 천신은 범부족을 아니꼽게 여기고 애초부터 쑥이 아닌 나무껍질을 일부러 내렸을지 모른다.

곰부족은 그야말로 복을 받은 부족이었다. 신이 강림한 후 곰부족은 신부의 도장(흔적)인 '천부인(天符印)'를 받았다. 단군신화에 따르면 천부인은 세 개(3종)이며 환웅(신)이 인간 세상을 다스리기 위한 것이었다. 김씨 가족은 이 천부인을 천신 숙촉조의 고향 이름을 빌어 귀청문(鬼靑文)이라고 부른다. 또 귀청문의 신기(神技)의 능력을 '태양의 힘'이라고 전하고 있다. '태양의 힘'을 갖고 있는 귀청문은 말 그대로 하늘이 곰부족에게 내린 상서로운 징조였다. 그런데 복은 뭐가 잘못되었는지 인차 화로 바뀌었다. 부족의 이 비밀이 어찌어찌해서 외부로 새어나갔던 것이다.

이에 앞서 여러 부족은 각자 비전(秘傳)하는 법술을 따로 갖고 있었다. 훗날 거의 멸종된 범부족과 졸지에 쇠락한 멧돼지부족을 제외하고 모두 이런 법술로 각 부족의 정상급의 제일 위대한 시기를 맞이했었다. 미구에 여러 부족은 모두 높은 계급이 되었거나 지어 국가를 세웠다고 할아버지가 손자에게 알려줬다.

부명(符命)은 명령을 받은 제왕에게 하늘의 신표를 예시하는 것이라고 『한서·양웅전찬(漢書·揚雄傳贊)』이 서술한다. 일명 귀청문이라고 부르는 '태양의 힘'은 천신이 인간에게 부여한 자격이었고 권리였으며 능력이었다. 급기야 '태양의 힘'을 빼앗아 차지하기 위한 부족끼리의 큰 싸움이 일어났다. 이번에는 대륙의 8대 부족이 다 살육전에 뛰어든 상고시대의 '세계대전'이었다.

'세계대전'을 주도한 인물은 늑대부족의 수령이었다. 다름이 아닌 김씨 가족의 선조였다.

참혹한 전쟁은 핏빛의 기억을 후손의 유전자에 심어주고 있다. 김씨 총각은 늘 비몽사몽간에 시체더미를 헤매고 다니다가 소스라쳐 깨어난다고

한다. 지금도 김씨 총각은 거의 밤마다 온몸이 식은땀으로 흠씬 젖는다고
한다. 사연을 모르는 어느 한의사는 신장이 약한 탓이라면서 김씨 총각에
게 엉뚱한 약 처방을 하더란다.

"그때 시체와 뼈다귀가 산과 들에 산더미를 이뤘다고 합니다. 부족마다
많은 희생을 겪었다고 하는데요, 강탈과 살인 같은 인성의 제일 어둡고 더
러운 부분이 이때 남김없이 폭로되었다고 해요."

그러나 전쟁은 시작이 아니었고 끝도 아니었다. 부족끼리의 전쟁은 얼
마 후 또 일어났다. 이 전쟁은 나중에 전설로 구전되었으며 그 후 다시 문
자로 기록되었다. 바로 황제(黃帝)와 치우(蚩尤)의 대전이다.

전쟁이 일어날 때마다 부족들은 산지사방으로 숨고 도망하고 이주했다.
한때 여러 부락을 인솔하여 곰부족을 진공, 약탈했던 늑대부족도 결국 고
향을 떴다. 그들은 대륙의 한쪽 귀퉁이로 멀리멀리 이주했으며 궁극적으
로 반도의 모서리에 자리를 잡았다. 자의든 타의든 인간 족속은 격변의 이
동과 분산을 맞이하는 것이다.

하필이면 『성경』의 창세기에 나오는 '바벨탑'의 한 대목을 새삼스럽게
머리에 떠올리게 한다.

그때 그 시절 인간들은 하늘을 한 지붕으로 삼고 땅위에 함께 어울려 살
고 있었다. 온 땅은 '언어가 하나요, 말이 하나였다.' 그들은 '성읍과 탑을
건설하여 그 탑 꼭대기를 하늘에 닿게 하여 우리 이름을 내고 온 지면에
흩어짐을 면하고자' 했다.

그러나 상제(上帝, 하느님)는 인간의 무리가 한 족속이요, 언어도 하나이
므로 이 이같이 시작하면 앞으로는 인간의 하고자 하는 일을 막을 수 없다
면서 탑을 쌓는 일에 기어이 쐐기를 박는다.

"자, 우리가 내려가서 거기서 그들의 언어를 혼잡하게 하여 그들이 서로 알 아듣지 못하게 하자. 하시고 여호와께서 그들을 온 지면에 흩으셨으므로 그들 이 그 도시를 건설하기를 그쳤더라. 그러므로 그 이름을 바벨이라 하니 이는 여 호와께서 거기서 온 땅이 언어를 혼잡하게 하셨음이니라. 여호와께서 거기서 그들을 온 지면에 흩으셨더라."

세상에 부동한 언어와 종족이 출현한 것을 해석하는 『성경』의 이야기 이다.

3절 천부(天符)의 새 주인 흑랑 족장

김씨 총각이 꾸며놓은 가게의 진열장에 자꾸 눈길이 쏠렸다. 좀처럼 보기 힘든 특이한 기물이 있었다. 윤기가 도는 검은 색의 돌을 뾰족하고 날카롭게 잘라서 만들었는데, 새끼사슴의 뿔을 손잡이처럼 삼끈으로 꽁꽁 동여매고 있었다. 위쪽의 돌은 칼 모양이었고 아래쪽의 뿔은 송곳 모양이었다.

할아버지가 이런 기물을 일부러 여러 번 만든 적 있다고 한다. 김씨 총각은 어릴 때 장난감처럼 늘 손에 갖고 놀았다고 했다.

"말인(鱻凶)이라고 부르는데요, 옛날에는 선조님이 이렇게 만들어서 몸에 소지했다고 전합니다."

김씨 총각이 이렇게 설명을 했다.

검은 색의 돌은 유리질의 화산암인 흑요석(黑曜石)이었다. 석기시대의 인간의 정교한 솜씨를 쉽게 볼 수 있는 석기가 바로 이 흑요석이다. 흑요석은 돌 따위의 가벼운 타격으로 예리한 날을 만들 수 있고 가공하기 편하다. 흑요석은 백두산 일대에서 대량 산출되고 있는데, 가공 공장(工場)은 벌써 1만 년 전의 석기시대에 있었다. 흑요석으로 만든 타제(打製) 석기와 석편(石片), 창끝 등 기물은 십여 년 전에 연변조선족자치주 화룡현(和龍縣)에서 무려 1만여 점이나 발굴되었다.

김씨 총각은 이날 강가에서 주은 차돌로 흑요석을 잘게 깨어 갈아서 돌칼을 만드는 시범을 보였다.

부족시대의 김씨 가족 선조가 사용하던 돌칼의 모양, 김씨 총각이 흑요석과 녹각으로 다시 만들었다.

"말(䂨)은 돌칼의 위쪽 날카로운 칼날을 이르는데요, 죄인을 처결하거나 벌을 줄 때 사용합니다. 인(凶)은 돌칼의 뾰족한 모서리를 말하는데요, 탯줄을 끊거나 산모의 복부를 절개하여 분만할 때 메스처럼 찢고 베는 겁니다."

돌칼의 자루를 만든 사슴뿔은 남다른 용도가 하나 있었다. 자르면 또 자라나는 사슴뿔은 신령스러운 존재로 환골탈태의 신비한 힘을 뜻한다. 옛날 만주의 샤먼의 모자가 사슴뿔의 모양이었고 신라시대의 왕의 금관도 신목(神木)과 사슴뿔 모양의 장식이었다.

"손잡이를 만든 새끼사슴의 뿔은 도(鞱, 칼집)라고 하는데요, 뾰족한 끝머리로 인간에게 영혼을 주입하고 방출하는 등 재생과 환생에 쓰이는 법기(法器)입니다."

돌칼 자체는 물론이요, 손잡이도 신기한 이름으로 불리고 신비한 용도로 쓰인다. 석기시대의 이 특이한 유산은 그때 그 시절의 기이한 역사를 전한다. 석기 하면 단순히 돌로 만든 생활도구로만 알고 있던 기존의 상식을 뒤엎어버리고 있는 것이다.

석기시대의 돌칼은 훗날 청동으로 벼린 칼, 적동(赤銅)의 구리로 만드는 칼로 탈바꿈하며 그 후 다시 철기의 칼로 발전한다. 법기의 이름도 바뀌어 민간에서는 일명 참혼도(斬魂刀)라고 불린다. 역시 혼을 베고 귀신을 쫓는데 사용되지만 말인과는 달리 인간과 연결을 끊는 역할만 할 뿐이다. 또 악령과 귀신을 쫓는 방울이 생기고 방울은 미구에 청동방울로부터 다시 구리방울과 은방울 등으로 변화와 발전을 거듭했다. 무당의 손에는 또 전문적인 법장(法杖)의 곤회(困魄)가 출현한다, 곤회는

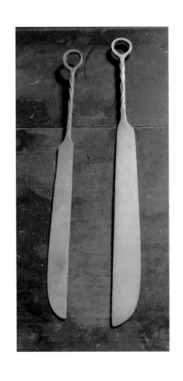

방울 덩어리를 손잡이의 끝머리에 달고 있는 법기를 이르는 옛 칭호이다. 큰무당의 곤회는 지팡이처럼 길거나 금으로 만드는 등 일반 무당의 법기와 유별했다.

무당이 사용하던 구리 칼, 참혼도(斬魂刀) 즉 혼을 베는 칼이라고 부른다.

법기 말인에는 실제상 김씨 가족 선조의 남다른 복수의 신분이 새겨져 있다. 그는 부족의 관리를 주관한 족장이고 제사 등을 담당한 무당이었을 뿐만 아니라 또 부족의 형벌과 의술, 등을 담당한 법관이요, 의사이었다.

옛날 무당은 무엇보다 신을 섬기고 제사 등 행사를 주관하는 부족의 정신 수령이었다. 그는 신령, 악령과 소통하는 신비한 능력을 갖고 있었다. 부족 사람들의

소망을 신에게 전하고 또 신의 뜻을 사람들에게 전달하였다.

　무당의 신변에는 언제나 법기가 그림자처럼 따라다닌다. 그렇다고 해서 김씨 가족의 선조가 소지하던 돌칼과 사슴뿔의 말인처럼 꼭 손으로 직접 만드는 게 아니었다. 신이 나타나 그들에게 직접 선물하기도 했으며 이 법기로 인간의 삶을 관리하게 했다.

　단군신화에 따르면 천제 환인(桓因)은 아들 환웅(桓雄)에게 역시 신기한 법기를 주어 인간계에 내려가서 세상을 다스리게 했다. 이 법기를 천부인(天符印)이라고 하며 도합 세 개(3종)이었다고 『삼국유사(三國遺事)』가 기록한다. 천부인은 이처럼 『삼국유사』에 기록을 처음 보이지만, 웬 일인지 그 능력과 형태를 드러내지 않고 있다. 『삼국유사』의 기이편(奇異篇)에는 부명(符命)과 도록(圖錄)으로 나오며 이에 따라 하늘의 부명(符命)과 신부(神符), 도장 인(印)을 각각 다른 의미와 기능의 별개의 존재로 파악하는 사람도 있다. 일각에서는 또 검과 거울, 방울의 3가지의 무구(巫具)나, 천(天), 지(地), 인(人) 삼재(三才), 원(圓), 방(方), 각(角) 삼묘(三妙) 등의 표상으로 추정하기도 한다. 유형이든 무형이든 모두 천부인을 하늘이 내린 징표로 해석하는 데에는 별 이의가 없는 것 같다.

　김씨 가족의 부족전설은 흡사 단군신화의 복제판을 방불케 한다. 전설에 신화를 대입하면 천제의 아들 환웅은 바로 천신 숙촉조(孰燭僬)이고 환웅이 세상에 갖고 내린 천부인은 곧 숙촉조가 곰부족에게 선물한 귀청문(鬼靑文)으로 된다.

　김씨 총각은 천부인 아니, 귀청문의 실체를 한마디로 밝히고 있었다.

　"귀청문은요, 정말로 천서(天書, 신선이 쓴 글)인데요. 귀문(鬼文)과 신음자(神音字), 연음자(蓮音字) 이 세 개(3종)의 부호문자를 아우르는 말입니다."

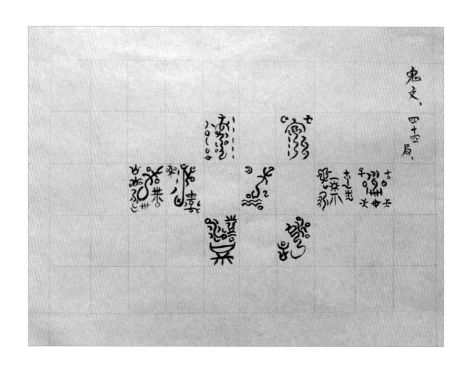

귀청문은 옛날에는 신령스런 사슴의 가죽에 그림과 부호문자로 빼곡하게 그려 있었다고 김씨 가족에 전한다. 귀문은 서군(西郡)으로부터 동군(東郡)에 이르는 대륙과 반도 그리고 일본 열도를 아우른 44국(局)의 계통, 132개 방계(傍系, 분파)의 옛 부호(그림)문자이며 고대 부족의 역사와 그들의 천문과 농업, 의학 기술, 제조술 등을 기록한다. 신음자는 이런 기록문을 시간과 좌표를 밝혀 해석한다. 연음자는 귀문과 신음자의 내용을 설명, 기록하고 점복과 부적, 주문을 전하며 또 귀신을 쫓고 술법을 부리는 방법을 알린다. 이에 따라 천기(天機)를 예시한 성도(星圖)가 출현하고 뒤미처 세축도

귀(鬼)와 혼(魂), 정(青)을 아우른 귀문 44국. 정(青)은 하늘의 정수(精髓) 즉 신의 육신이라는 의미이다.

(世祝圖) 등 땅위의 지도(地圖)가 나타난다. 더불어 하늘의 별과 천신, 땅의 산과 물, 성읍, 마을, 부족을 아우른 한 세상을 그리고 있다. 그야말로 귀청문은 부호문자만이 아닌 신기(神奇)의 '태양의 힘' 그 자체였다. 귀청문을 숙지하면 어제와 오늘, 내일 그리고 천문과 인화(人和), 지리를 통달하고 판독할 수 있었다. 『삼국유사』에 서술했듯 (환웅처럼) 곡식, 생명, 질병, 형벌, 선악을 맡아 하늘 아래의 360가지의 일을 통달, 판독하고 관리, 교화할 수 있었다.

옛날의 인간에게는 천하제일의 백과서전이요, 교과서였다. 금산으로도 바꿀 수 없는 세상의 둘도 없는 보물이었다.

사실상 늑대부족도 그들의 역사가 있었고 기술이 있었지만 시초에는 거의 기억으로만 전승하였다. 별자리나 산, 위치, 도구 등 일부는 부득불 돌에 새기고 기와처럼 굽은 흙에 적어서 후손에게 남기고 있었다. 그러나 문자기록이 없는 그림에는 한계가 있었다. 와중에 귀청문의 존재가 하늘에 걸린 찬연한 무지개처럼 시야에 떠오른 것이다.

먼저 선망이 일어났고 이어 흑심이 생겼다. 흑심은 유혹의 시작이었다. 드디어 음모를 꾸몄다. 궁극적으로 전쟁이 발발했다.

늑대부족은 여타의 부족을 인솔하여 곰부족과 사투를 벌였다. 그들은 마침내 신기한 귀청문을 강탈했다. 그렇다고 해서 곰부족이 갖고 있던 '태양의 힘' 그 전부를 점유한 건 아니었다. 천부(天符)의 부호문자는 결코 누군가 빼앗는다고 해서 그림처럼 다 읽을 수 있고 쉽게 이해할 수 있는 어린이의 동화책이 아니기 때문이다. 그러나 이때 다른 부족에게도 적지 않게 새어나갔고 그들에게 다다소소 전수되었다. 피비린 쟁탈전을 선두에서 지휘하고 이끌었던 늑대부족 족장이 제일 많이 차지하였으며 단연 쟁탈전의 부족전쟁에서 최대의 승자로 되었다.

전쟁의 유인(誘因)은 번마다 혹간 달랐고 혹간 같기도 했다. 얼마 후 부족들은 또 다시 전쟁을 벌이고 하늘과 땅을 핏빛으로 홍건하게 물들였다. 이번에는 상대방의 수중에 장악된 구리(銅) 광물의 자원을 독차지하기 위한 것이었다. 인간은 청동기를 사용하면서 석기시대를 지나며 새로운 문명 시대를 꽃피우게 된다. 구리 광물을 둘러싼 이 부족전쟁이 바로 세상을 들썩케 한 황제(黃帝)와 치우(蚩尤)의 대전이다. 나중에 황제는 치우를 처형했고 치우와 동참했던 많은 부족과 부족의 수령을 여기저기로 유배를 보냈다. 웅녀와 딸, 아들도 이때 각기 산지사방으로 흩어졌다. 일부 부족은 또 자의든 타의든 옛 고향을 떠나 대륙 오지의 벽지(僻地)로 이주를 했다.

대륙 서남부의 묘족(苗族)과 이족(彝族), 두룽족(獨龍族) 등등 많은 족속은 이때 유배된 치우 구족(九族)의 일족(一族)이다. 구족은 또 『단군세기(檀君世紀)』에서 구환(九桓)의 군대 즉 구환지사(九桓之師)라고 부른다.

대전이 끝난 후 여러 부족은 자의든 타의든 부족끼리 이합과 집산을 했고 산지사방으로 대이동을 했다. 늑대부족도 두 갈래로 흩어졌고 각기 대륙 귀퉁이의 외딴 곳으로 이주했다. 늑대부족의 일파인 목랑(木狼)종족은 대륙 서남쪽의 곤륜산(崑崙山) 기슭으로 이주했고 다른 일파인 흑랑(黑狼)종족은 동북쪽의 만주로 이주했다. 와중에 흑랑종족의 일부는 내몽고 지역으로 이동했고 또 일부는 족장과 함께 흑룡강성(黑龍江省)의 목단강(牡丹江) 일대로 이주했다.

곤륜산은 발해 동쪽의 봉래선산과 더불어 대륙 2대 신화 계통의 연원으로 된다. 또 1만 년 전의 '비행기' 모형의 암벽화가 발견되는 등 상고시대의 제일 신기한 고장으로 알려지고 있다. 이 암벽화는 실은 옛 부호(그림문자)이다. 희생된 부족 영웅들의 영혼을 무당(법사)가 천계로 인도하던 기이한 내용을 담고 있다. '비행기'는 옛날 무덤 부근에 제단을 설치한 마을의 제당(祭堂)을 그린 그림이다.

목단강은 한때는 사슴부족이 살던 지역이었는데 역시 아주 신기한 곳이라고 전한다. 하늘과 땅을 잇닿은 이 수림의 바다에는 기화요초가 만발했고 사슴부족은 약재와 향초로 유명했다. 전란에서 만신창이 된 늑대부족은 이 때문에 그들의 첫 도피지로 목단강 일대를 선택했는지 모른다.

더구나 목단강 지역은 대륙 동북부, 시베리아, 극동지역과 일본 열도를 잇는 또 하나의 '실크로드'였다. 약 1만 5천 년 전 대륙 동북부에 형성된 이 '실크로드'는 현지의 고대 유적에서 대량 발굴된 문물에 의해 실증되고 있다.

대륙의 암석화(부호문자) 분포도, 이 그림에는 한반도와 일본열도 두 곳이 빠졌다.

中国岩画（岩刻）分布示意图

'실크로드'는 백두산을 지나 남쪽의 한반도를 쭉 종단하고 있었다. 백두산은 한반도의 머리에 떠인 제일 높고 밝은 산이다. 대륙 동쪽의 동서남북 어디서나 방향과 위치를 가늠할 수 있는 표지물이다. 흑랑종족은 미구에 백두산을 지나 계속

남쪽으로 이동하며 나중에 한반도의 귀퉁이에 잠적했다. 그곳은 김해와 경주의 사이에 있는 편벽한 산골이었다.

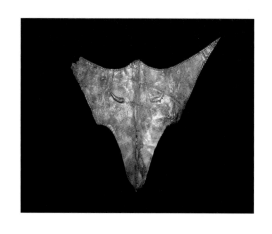

언제인가 경주 분지에는 늑대의 '탈'을 지명에 올린 낭산(狼山)이 출현한다. 옛날 선인(先人)들은 산 이름을 아무런 의미가 없이 함부로 짓지 않았다. 실제로 낭산은 원래 나림(奈林)이라고 불렸으며 혈례(穴禮), 골화(骨火)와 함께 신라의 호국신(護國神)이 있었다고 『삼국유사』가 기록하고 있다. 낭산은 경주의 진산(鎭山)으로 되며 신라의 도읍지에서 제일 신성한 산으로 된다. 또 늑대 관식(冠飾)이 신라 왕족의 능으로 추정되는 경주의 황남대총(皇南大冢)에서 발굴된 것 역시 우연한 것으로 보기 힘들다.

경주에 나타난 늑대는 신라의 옛 주인공을 이해하는데 단서를 제공한다. 일부 학자들은 대륙의 초원문화를 상기하고 늑대를 투르크인들과 연계를 짓고 있다. 초원지역의 종족 가운데서 투르크인들은 전설을 통해 그들을 늑대의 후손이라고 생각한다는 것이다.

실제로 늑대 토템은 대륙 서북부에서 나타나고 있다. 알타이(阿爾泰)에서 살던 고대 돌궐 계통은 '늑대 시조의 신화'를 전하고 있다. 칙륵(勅勒)종족은 그들이 아름다운 공주와 늑대의 후대라고 하며 오손(烏孫)종족은 선조가 버린 애기와 어미늑대의 후대라고 말한다.

성씨의 원류는 씨족시대까지 거슬러 올라간다. 씨족의 가계가 바로 족보인 것이다. 부족시대에 이르러 성씨는 더 세분화된다. 부족 족칭은 본적(本籍)이고 종족 족칭은 부족에서 나뉜 계열의 명칭인 것이다. 멧돼지부족의 좌계(左階)와 우계(右階) 두 종족은 이름처럼 동성동본의 멧돼지부족에서 좌우로 갈라졌다. 흑랑종족과 목랑종족 역시 늑대부족 이 동성동본에 뿌리를 두고 있는 두 분파이다.

현재의 성씨는 토템과 부족, 족칭으로부터 발전, 변화한 결과물이다.

이쯤하면 구태여 더 설명할 필요가 없으렷다. 늑대부족의 일맥(一脈)인 흑랑종족이 바로 경주(慶州) 김씨의 모태를 이뤘던 것이다. 이에 앞서 늑대부족은 족칭으로 다른 부족과 가족을 분류하고 별자리의 이름을 달아서 각자를 구별하고 있었다.

옛말에 '등잔 밑이 어둡다'고 했다. 신라의 도읍지에서 나타난 늑대는 기실 경주 김씨의 본연의 실체를 드러내고 있는 것이다.

오늘날 우리가 쓰고 있는 성씨는 한국에서 고대 국가의 형성기부터 나타났다. 가야국(伽倻國)의 시조 수로왕(首露王)이 황금알에서 태어나 (김해) 김씨라 하였다고 전하듯 신라(新羅)에는 (경주) 김씨를 제외하고 또 박씨와 석씨(昔氏)씨의 전설이 있다. 대륙 문화의 유입이 본격화하면서 성씨(姓氏)의 사용이 확산된 것으로 학계에서는 분석하고 있다. 이러한 성씨들은 시초에는 주로 왕족이나 귀족들에게 사용되고 있었다.

경주 김씨가 그들의 본관 즉 시조의 출처지를 성씨에 밝힌 것은 신라

경순왕(敬順王) 김부(金傳, ?~978)의 3남 명종(鳴鐘)과 4남 은열(殷說) 때라고 한다. 경주 김씨는 나중에 대종 5파의 108개 분파를 이룰 정도로 숲처럼 크게 번성했다.

주역 풍수 八字命盤 香術 卦爻

寒月卦鋪

그러나 이때는 상고시대의 부족의 흔적이 더는 나타나지 않고 있다. 김씨 총각 가족은 아예 경주 김씨의 분파의 이 세계(世系)에 기어이 나타나지 않는다. 그들의 가족은 가락국을 거쳐 신라의 왕궁에서도 무당, 법사로 있었지만 애초부터 늑대부족의 흑랑종족 족장의 특수한 혈맥으로 홀로 가계를 잇고 있었기 때문이다. 더구나 그들은 한때 왕궁을 떠나면서 그때부터 족보를 만들지 않고 있었다.

김씨 총각은 이번에는 그의 가족의 남다른 비밀을 밝히고 있었다. "우리 가문은 특이한 분파처럼 대대로 전하는 신호(神號)가 있는데요, 그 이름을 한월(寒月)이라고 합니다."

김씨 총각 가족의 분파는 '한월 경주 김씨'라고 한다는 것이다.

김씨 가족의 신호에 하필이면 달 월(月)을 쓰는 까닭이 있었다. 시초부터 늑대부족은 늑대 신을 공봉하고 있었다. 이 늑대 신은 곧 달의 신이었다. 달의 신은 음기를 위주로 한 신으로 어두움과 살기(煞氣), 한빙(寒氷), 냉담 등을 관장한다. 그래서 김씨 가족의 선조는 단군시대부터 무당이나 법사라고 부르지 않고 월사(月師)라고 존칭하고 있었다. 최초로 가야국에 입궁한 김씨 가족의 선조 역시 월사라고 불렸으며 제1대 월사의 이전에는 점성가라는 의미의 성사(星師)라고 불렸다고 한다.

일설에 신호는 경주 김씨의 분파가 나타났던 고려시대에 생긴 명칭이라고 전한다. 빼어난 자연을 신격화하여 붙인 옛 이름이라는 것이다. 하지만 속인이라면 별호(別號)에 이 이름을 언감 사용할 수 없었다. 신을 섬기는 무당이나 법사일지라도 법명(法名)이나 법호(法號), 도호(道號)를 받아 불렸을 따름이다.

신호(神號)는 기실 이름 그대로 신의 칭호라는 의미이다. 실제로 김씨 가족은 신호의 앞에 신의 일족이라는 의미의 '신종(神宗)'을 달고 있다. 신종의 신호는 종국적으로 흑랑종족 족장과 그의 가족 특이한 신분을 밝히는 별호로 되고 있다.

"신을 부르고 신과 소통할 때 먼저 신종의 어느 신호 아무개라고 통성명을 합니다."

김씨 총각의 말이다.

한편 곤륜산 기슭을 향해 이동한 목랑종족은 종국적으로 행방불명이다. 그들이 어떤 성씨로 되었는지는 더구나 모른다. 할아버지는 늑대부족의 이 혈맥을 절대 잊지 말라고 어린 손자에게 여러 번 부탁했다고 한다.

"언제인가는 목랑종족이 꼭 우리 가족을 찾아 올 거다. 그들은 서쪽의 멀리에서 마치 흰 구름인양 갑자기 날아올 수 있단다."

정말 그럴 수 있을까 하고 김씨 총각은 반신반의한다. 목랑종족이 대륙에서 종국적으로 무슨 민족으로 불렸는지 그리고 현재로선 어떤 성씨를 갖고 있는지 아무도 모르고 있기 때문이었다. 할아버지의 얘기처럼 늑대 부족의 혈맥이 반만년이라는 세월을 지나 다시 이어질 수 있을까…

하긴 신처럼 믿던 할아버지의 이야기에도 의문을 가질 법 한다. 동쪽으로 바다를 건넜다고 하는 청호(靑狐)부족도 결국은 세상에 가뭇없이 자취를 감추고 있었다. 청호부족은 훗날 흑랑종족의 동쪽이주를 선행(先行)했던 대륙의 선대(先代) 주민이다.

청호부족은 현재의 산동성(山東省) 서남부의 하택(菏澤) 일대에 있었다. 태고(太古)시절 이곳은 청구(靑丘)라고 불렸다. 이곳에 살던 옛 부족에게 여우 이름이 달린 데는 그럴만한 이유가 있는 듯하다. 선진(先秦)시기의 고서 『산해경(山海經)』의 「남산경(南山經)」, 「해외동경(海外東經)」등에는 청구의 산에 짐승이 있으니, 그 모양이 여우같고 아홉 개의 꼬리가 달렸으며 소리가 마치 애기 같았다고 기록한다. 송(宋)나라의 유서(類書) 『태평어람(太平御覽)』도 청구국의 여우에게는 아홉 개의 꼬리가 있었다고 기술하고 있다.

청호부족은 대륙을 횡단하여 동북쪽의 목단강에 이른 후 또 반도에 이르렀고 다시 바다를 건너 멀리 일본에 이주했다. 부족의 이름에서 읽을 수 있듯 그들의 토템으로 되고 있는 구미호(九尾狐)는 청호부족이 살던 지역과 경유하던 고장, 이주지에 신화와 전설로 파다히 유전되고 있다. 이야기는 이런저런 다양하지만, 이 여우가 신통한 능력을 가졌으며 불사(不死)의 존재라는 데는 대체적으로 입을 모으고 있다.

청호부족은 그들의 이주경로를 부호문자로 적어 놓았다. 그리하여 수천년이 지난 후 늑대부족 등 일부 부족은 이 경로를 따라 대륙 오지에서 동쪽으로 이주할 수 있었다.

길은 이렇게 다녀서 생긴 것이다. 또 수천 년이 지나자 이번에는 발해인(渤海人)들이 다시 선인(先人)의 옛길을 걸었다. 발해국(渤海國, 698~926)은 한반도 북부와 만주, 연해주에서 존속했던 해동성국(海東盛國)이다. 발해국에는 그들이 동쪽의 일본에 사신을 보낸 경로의 '일본도(日本道)', 서쪽의 당나라로 가는 조공도(朝貢道), 북쪽의 거란으로 가는 거란도(契丹道), 남쪽의 반도의 신라로 가는 신라도(新羅道)가 있었다. 이런 통로는 상당 부분 청호부족을 뒤따랐던 늑대부족의 옛 길을 답습하고 있다.

정말이지 누누(屢屢)한 세월 속에서 거듭 재생되고 있는 역사 영상물을 방불케 한다.

"청호부족은 적지 않은 기록을 바위 속에 넣어 숨겨 있다고 하는데요, 이런 기록은 때가 되면 세상에 다시 출현된다고 합니다."

김씨 총각이 부언하는 말이다.

청호부족은 거석을 합치고 산을 움직일 수 있는 신기한 능력의 소유자였다는 것이다. 전설처럼 전하는 대서양 아틀란티스의 귀명(鬼冥) 부족이 다시 산을 넘고 강을 건너 대륙에 현신(現身)하고 있는 듯 한다.

실화라고 믿기 어려운 전설은 놀랍고 진실한 이야기로 회귀(回歸)하고 있었다. 대륙 서쪽의 신강(新疆) 천산(天山)에서 이런 기이한 사건이 발생했다. 쿠차(庫車) 대협곡의 암벽 일부가 폭우로 붕괴되면서 암벽 속에 숨어있던 상고시대의 비천(飛天) 조형의 벽화가 문득 발견되었던 것이다. 마침 김씨 총각의 인터뷰를 정리하여 글로 옮기고 있던 그해(2019) 여름에 있은 일이다. 참고로 쿠차는 옛날에 '귀자국(龜玆國)'이라고 불렀다고 한다. 귀자국은 고대 서역의 대국이다. 한때 당(唐)나라의 궁정에 흥성했던 연무(燕舞) 귀자무(龜玆舞)는 바로 이곳에 기원을 두고 있다.

그건 그렇다 치고, 암석에 글을 숨긴 소설 같은 이야기는 아주 오래 전부터 등장하고 있다. 대우(大禹)는 치수할 때 선인(仙人)의 도움으로 호남성(湖南省)의 형산(衡山)에서 바위를 깎아 금간자(金簡子)의 옥서(玉書)를 얻었으며 이 글에서 치수의 방법을 얻었다고 한다. 대우의 치수 사적을 적었다고 하는 석비는 구루봉(岣嶁峰)에 세워졌기 때문에 일명 구루비(岣嶁碑)라고 부른다.

제5장

귀문(鬼文)아 마법을 풀어라

열두 살을 잡던 그 무렵 김씨 총각은 점복(占卜)을 시작했다. 점을 쳐서 길흉을 확인하고 괘를 해석했으며 풍수를 보았다. 마법의 점술 세계에 소년 하나 등장한 것이다.

시간과 공간 그리고 거기서 살고 있는 인간들이 마치 머릿속의 환상처럼 조각조각 나타나고 있었다. 음과 양의 괘상(卦象)이 송이송이 꽃처럼 피어났고 천상의 별무리가 비처럼 쏟아졌다. 짜개바지에 입혔던 옛 기억들이 눈앞에 하나 또 하나의 그림을 그리고 있었다.

제일 큰 그림은 물음표였다. 그림은 언덕 위에 굴린 눈덩이처럼 갈수록 덩치를 불렸다.

(역을 배우고 별자리를 익히면 점을 칠 수 있는데… 왜서 부호문자를 외워야 했지?)

옛 부호문자를 잘못 외우면 금방 날아들던 회초리가 다시 눈앞에 떠오르고 있었다. 그때마다 주름진 얼굴에 찬바람을 쌩쌩 일구던 할아버지가

연변 현지의 옛 산성의 위치를 맨손 관측을 통해 확인하고 있는 김씨 총각. 일부 지역은 자석의 영향으로 나침판을 통한 방향, 거리, 위치가 실제와 어긋난다고 한다.

정말 야속하고 얄미웠다.

"하긴요, 하늘의 별자리를 익히고 땅의 위치를 밝히려면 신음자(神音字)가 필요하겠죠. 그리고 점복이나 기술, 방법을 기록하고 전달하려면 연음자(蓮音字)를 사용해야 하겠죠. 그런데 하필이면 점술 부호도 아닌 귀문(鬼文)을 기어이 익혀야 했을까요?"

쉽게 말하면 귀문은 성모(聲母)를 분류하여 작성한 개개의 자모표였다. 이런 귀문은 44국 132개의 방계로 만자천홍(萬紫千紅)처럼 각각의 글 모양새를 이루고 있다.

세계 속의 정보의 바다는 인제 인터넷에 연결되어 아무 때든지 헤엄칠 수 있다. 어릴 때 귀가 아프도록 들었고 입이 닳도록 읽었던 옛 부호문자들을 다시 만날 수 있었다. 이런 부호문자는 천 년 전의 갑골(甲骨)과 골기(骨器), 도기(陶器), 옥기(玉器)에 나타나고 있었으며 억년이 가도록 썩지 않는 바위에 새겨져 대대로 전하고 있었다.

이번에는 개개의 자모들이 조합되어 각각의 문장을 이루고 "누가, 언제, 어디에서, 무엇을, 어떻게, 왜"의 질문에 대답하고 있었다. 김씨 가족이 전승하고 있는 1만 년의 예언서 신지글(神誌字)이 바로 그러했다.

신화와 실화의 세계는 부호문자에서 하나로 아우르
고 있었다. 책에서 나오던 신화인물은 실화인물로 등장
하고 있었다. 허망한 꿈이 아니었고 허무한 가상이 아
니었다. 아니, 상상조차 할 수 없던 별다른 세상이었다.

"귀문에는 '신의 빛'이라는 부호가 출현하는데요,
이걸 현재의 글로 해석하면 '전기(電氣)'가 됩니다. 그
런데 석기시대에 벌써 전기가 있었다고 하면 누군들
믿을 수 있겠어요?"

상고시대 문명을 기록, 전승한 것은 큰무당이었다.
큰무당이 부호문자를 장악했고 그가 특정 장문인(掌門
人)에게 이를 승계했다.

문자의 출현은 선사(先史)시대의 종결을 의미한다.
문명의 역사는 실제상 우리가 알고 있는 기존의 시공
간을 훨씬 뛰어넘고 있다. 문명은 태양계 밖의 다른 천
계에도 있었으며, 부호문자를 통해 다다소소 지구의

사천성 양산(涼山)
박물관에 소장된
옛 골기, 남색으
로 점을 찍은 윗쪽
의 부호문자는 신
의 불빛이라는 뜻
이다.

인간에게 전해졌다. 지구라는 이 행성에서 문명은 생성과 변화, 소멸의 과정을 여러 번 거듭했다. 여러 문명의 각이한 기록은 쉽게 소실되지 않고 있었다. 단군신화에 나오는 환웅(桓雄)이 바로 다른 천계의 '신'이었으며, '신'은 이런 기록을 판독, 사용할 수 있는 천부인(天符印)을 현세의 인간에게 전달했던 것이다.

과연 몽환(夢幻)의 숲 같은 그 세상에는 도대체 무슨 이야기가 담겨 있을까.

1절 하마야(破魔箭)의 궁수(弓手)와 가림토(加臨土)

그믐날의 곧 해가 질 무렵이다. 가족의 연장자는 궁수로 되어 동쪽을 향해 만궁(彎弓)을 당긴다. 하늘을 쏘는 이 화살을 김씨 가족은 파요전(破妖箭)이라고 부른다. 제일 먼저 화살을 주은 사람은 파요전을 베개머리의 아래에 감춰 넣는다. 그러면 화살의 주인공은 일년 한해를 무사히 보낼 수 있다는 것이다.

"우리 가족의 오랜 유습(遺習)인데요, 옛날 청호 부족에게 있었던 유존(遺存)을 전승했다고 합니다."

파요전처럼 화살을 쏘아 악마를 쫓는 옛 풍습은 바다 저쪽의 일본에도 있다. 하마야(破魔箭, 파마전)는 옛날부터 일본 중부의 교토(京都) 츠루가오카 하치만구우(鶴岡八幡宮)의 신사의 복물(福物)로 되고 있는데, 신기(神器)의 화살로 액신(厄神)의 '귀문(鬼門)'을 제압한다는 것이다. 일본인들은 일본 신년에 사찰이나 신사에서 복을 기원한 후 축복의 장식물을 받게 되는데, 이때 하마야를 하마유미(破魔弓, 파마궁)와 함께 한 세트의 복물로 받는다. 일본의 전통적인 대장(大將) 복식의 장난감 인형도 모형 활과 살을 소지하는데, 일본인들은 이 활과 살을 각기 하마야, 하마유미라고 부르고 있다.

일본 신사의 패루인 토리이(鳥居, 입구대문)는 김씨 가족에 부적으로 출현한다. 이 부적은 신사의 토리이처럼 운수가 열려 만사형통하라는 의미의 개운부(開運符)라고 불린다. 토리이의 머리 가운데에 박혀 있는 작은 네

일본 교토의 신사
패루 토리(鳥居).

모기둥은 지고무상의 태양의 힘을 의미한다고 한다.

"신의 힘으로 복을 받으라는 건데요, 개운부와 똑 같은 의미가 되는 거죠."

하마야로 과녁을 쏘았던 최초의 궁수는 선사(先史)시대의 청호부족이다. 그들은 처음에는 일본 서부의 규슈(九州) 연안의 수역에 있다가 중부의 혼슈(本州) 일대의 수역에 이주했으며 다시 북부의 홋카이도(北海道) 남쪽 수역에 자리를 옮겼다.

일본의 역사상 벼농사의 시작을 열어놓았다고 전하는 도래인(渡來人)도 이처럼 한반도의 남부를 거쳐 먼저 일본 열도의 가장 남쪽에 있는 규슈에 도착하였다. 그러나 이 도래 시기는 서기전 3세기 무렵의 '야요이(彌生) 시대'로서 청호부족이 바다를 건넜던 그때에 비해 적어도 1만년의 세월을 뒤떨어지고 있다.

이변(異變)은 청호부족이 일본 열도에 도착한 후에

도 계속 일어나고 있었다. 족장의 여동생이 일부 부족을 인솔하여 멀리 남부의 오키나와로 분가(分家), 이주했다. 그들이 살던 성읍은 나중에 태평양의 수중에 침몰했다고 한다. 족장의 본 부족이 살던 섬도 이 무렵 깊은 바다에 소실되었다.

청호부족은 배를 타듯 이쪽 섬에서 저쪽 섬으로 여러 번이나 움직였다. 부족의 자취는 큰 섬의 오지에도 적지 않게 흔적을 남겼다. 그들이 사용했던 일부 옛 부호와 문자는 아직도 일본 열도의 여기저기에 유전되고 있다.

옛 부호 '가다가무나(ㄲㄲㄴ)'는 바로 청호부족이 열도에 남긴 유물이다. 이 부호는 마침 일본어의 48자, 48음과 숫자가 일치하며 이 때문에 현지의 적지 않은 학자들에 의해 일본어 문자의 원형으로 해석하기도 한다.

기실 문자가 아니라 부호일 따름이라고 김씨 총각이 밝힌다. "이건 악보인데요. 각기 오른손과 왼손으로 북을 치는 박자를 기호(記號)로 표기한 겁니다."

'가다가무나'는 구호고과(九狐鼓戈)라는 이름으로 김씨 가족에 전승되고 있었다. 구미호(九尾狐)는 청호부

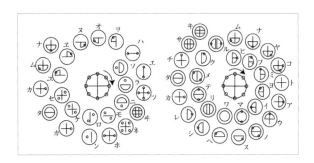

족이 살던 청구국의 상징물인데, 이때 부족의 악보 곡명(曲名)으로 얼굴을 빠끔히 드러내고 있는 것이다.

열도의 '가다가무나'가 일본어 문자의 원형으로 잘못 해석되듯 반도의 가림토(加臨土)는 한(조선)민족이 단군시대에 만든 문자인 것으로 틀리게 알려지고 있다.

『환단고기(桓檀古記)』(한뿌리·북캠프 출판, 2010년)의 단군세기(檀君世紀) 편에 따르면 3세 단군인 가륵(嘉勒)이 재위 2년(BC 2181)에 삼랑(三郎) 을보륵(乙普勒)에게 명하여 정음(正音) 38자를 만들게 한다.

「경자(庚子)」 2년, 아직 풍속이 하나같지 않았다. 지방마다 말이 서로 다르고 형상으로 뜻을 나타내는 참글(眞書)이 있다고 해도 열 집 사는 마을에도 말이 통하지 않는 경우가 많고 백 리 되는 땅의 나라에서도 글을 서로 이해하기 어려웠다. 이에 삼랑 을보륵에게 명하여 정음 38자를 만들어 이를 가림토라고 하니…」

실제로 가림토는 모양새가 훈민정음의 자모음과 비슷하거나 동일하다. 가림토에서 10자를 빼면 훈민정음 28자의 원형으로 된다고 말할 수 있을 정도이다. 가림토를 연구하고 있는 한국의 모 단체는 심지어 가림토를 읽는 법을 이하와 같이 제시하고 있다.

| 가림도 | ㄱ ㄴ ㅿ ㄹ ㄲ ㅁ ㅍ ㅅ ㅇ ㅈ ㅊ |
| 읽기 | ㄱ ㄴ ㄷ ㄹ ㅁ ㅂ ㅅ ㅇ ㅈ ㅊ |

『세종실록(世宗實錄)』 세종 26년 2월의 기록은 언문(諺文, 한글)이 본디 옛 문자였다는 것을 분명히 밝히고 있다. 훈민정음은 세종 때에 와서 없던

것을 새로 만든 게 아니라 있었던 옛 문자에서 만들어 졌다는 것이다.(諺文皆 本古字 非新字也) 그러고 보면 훈민정음을 만든 이 옛 문자를 가림토라고 하는 주장은 무턱대고 그릇된다고 말하기는 어렵다.

정작 가림토를 최초로 기록한 『환단고기』는 위서(偽書) 시비가 많으며 따라서 가림토는 거개 가상의 문자로 간주되고 있는 현 주소이다. 적지 않은 학자들은 가림토를 상기 한글의 독법으로 읽는다거나 실제로 사용되었다는 근거는 없다고 주장한다. 『환단고기』도 옛 부호문자가 백산(白山), 흑수(黑水), 청구(靑丘), 구려(九黎) 등 지역에 널리 씌어졌다고 하면서 이런 옛 부호문자가 가림토인 것 같다고 추정할 뿐이다.

곡명 '구호고과'처럼 이 '가림토'를 김씨 가족은 대대로 전승하고 있다. 김씨 총각은 '가림토' 자모표의 전부를 어릴 때부터 눈을 감고도 줄줄 외울 수 있도록 머리에 기억하고 있었다. 그러나 김씨 총각이 읽는 '가림토'는 명칭이나 내용에서 모두 『환단고기』와 많은 차이를 보이고 있었다.

'가림토'의 원문은 단군시대의 을보륵이 만들었다고 하는 정음 38자보다 12자가 더 많은 도합 50자이다. 진실한 이름은 가림토가 아니라 정확히 귀문(鬼文) 44국(局)의 제

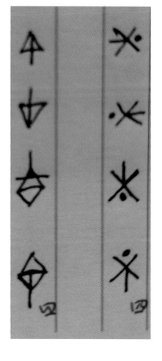

가림토라고 알려진 여문의 조합법과 독음법 8자.

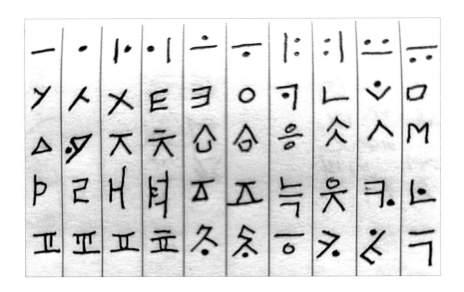

—

가림토라고 알려
진 여문, 도합 50
자로 되어 있다.
이외 조합법 8자
가 더 있다.

11국 요문(堯文) 계통의 여문(鴌文)이라고 부른다.

가림토 38자와 여문 50자는 배열 순서부터 다르다.
여문의 발음도 한글의 자모음 발음과 대응하지 않는
다. 오히려 청호부족이 이주했다는 열도(列島)의 일본
어 발음과 근사하다.

"여문 50자를 익히면 청호부족과 소통이 가능하다
고 하는데요."

여문의 ' - '는 띄어쓰기를 뜻하며 '크'로 발음하고
'ㆍ'는 전음(轉音)을 뜻하며 '키'로 발음한다. 그리고 한
글 'ㅏ / ㅑ / ㅓ / ㅕ' 보양의 부호는 긱기 '기/네/와/기'
로 읽는다고 한다. 50자의 자모표에서 동그라미 부호
가 달린 12자는 또 암음법(暗音法)의 4자와 음법(音法)
의 4자에 의해 각각 조합될 수 있으며, 이런 합성체는

다시 문자나 암호부호로 구성된다. 대체로 가림토에 나오는 38자를 이용하여 요문 계통의 엽문(靨文)을 해석할 수 있다. 그러나 이 정도의 부호문자로는 여문으로 기록한 천상(天象)과 제사의 복잡한 내용을 판독하려면 기타의 12자가 더 있어야 한다.

솔직히 명칭 자체에서 여문의 신기한 기능을 어느 정도 읽을 수 있을 것 같다. 이 명칭을 만든 세라락메추기의 여(鷅)는 실은 쥐가 변하여 생긴 신조(神鳥)를 이르는 말이라고 김씨 가족에 전한다. 쥐는 날개가 다 자란 후 새로 변하는데, 이 새는 나중에 천 가지나 만 가지의 기능을 가지는 신기한 새로 된다는 것이다. 이와 비슷한 새는 옛 문헌에 분명히 기록되어 있었다. 『산해경(山海經)』의 「북산경(北山經)」에 이르기를, "북차(北次) 삼경(三經)에 짐승이 있으니 쥐의 대가리에 토끼 모양이며 잔등에 날개가 있으며 비서(飛鼠, 나는 쥐)라고 부른다."

다시 『환단고기』의 서술을 상기하자. 일명 '가림토'라고 불리고 있는 여문은 옛날 구려와 청구, 흑수, 백산 지역에 쓰였다고 전하는데, 이 지역은 청호부족의 이주 경로와 놀랍게 일치한다. 청호부족은 바로 이 지역을 경유하여 반도에 도착하며 종국적으로 일본에 이주했던 것이다.

실제로 여문처럼 한글의 모양새를 갖춘 부호문자는 일본에도 있다. 상고시대의 옛 부호문자라고 전하는 신대문자(神代文字)에 한글의 옛 모양이 등장한다. 신대(神代)는 기기(記紀, 고사기와 일본서기)에서 말하는 신들이 살던 시대로서 한마디로 유사(有史) 이전을 가리키는 말이다.

일각에서는 신대문자가 기실 일본사람들이 중·근대에 비로소 새로 만든 가짜 문자라고 주장한다. 문자가 없는 옛날의 역사가 창피해서 일본사람들이 일부러 문자 역사를 지어냈다는 것이다.

일명 아비루문자
라고 하는 이 부호
는 귀문의 일종으
로 도합 44자이며
초등문(草藤文)이
라고 불린다. 다다
소소 일본어와 비
슷한 발음이다. 태
양신에게 물려받
은 부호이며 청호
부족을 따라 일본
열도에 넘어갔다
고 한다.

"일본 열도에는 구니(國)라고 불리는 최초의 나라들이 생긴 후 서기전 1세기에 100여개 나라로 늘어나고 다시 30여개 나라로 줄어드는데요, 이런 탄생과 이합(離合) 과정 전반에 누구든지 독자적으로 문자를 만들어서 썼다는 역사기록은 전무합니다."

일본어를 표기하는 문자는 중국의 한자(漢字)에서 그 일부분만을 취하거나 변형하여 일본어의 한 음절에 해당하는 부호를 만든 것으로, 한자를 마나(眞名·眞字)라고 하며 이에 대하여 일본 문자를 카나(假名·假字)라고 한다. 일본(민족)이 진작부터 문자를 갖고 있었다면 이처럼 외래 문자를 도입해서 사용할 필요가 없다는 것이다.

이번에는 많은 혐한(嫌韓) 학자들이 한글은 일본 열도의 신대문자의 모양을 따라서 만든 문자라고 주장한다. 이에 대응하여 적지 않은 혐일(嫌日) 학자들은 오히려 신대문자야말로 반도의 한글의 모양을 따서 새로 만든 문자라고 어성을 높인다.

이 이야기에 등장하는 신대문자는 아비루(阿比留)문자를 말한다. 아비루문자는 신대문자의 일종의 변형이라고 하는데, 실제로 일부분을 제외하면 조합한 가림토와 흡사하며 정말로 훈민정음과 거의 동일한 생김새를 보이고 있다.

사실상 아비루문자는 여문 즉 가림토처럼 청호 부족이 사용하던 옛 부호문자이다. '구호고과'처럼 청호 부족을 따라 바다를 건넜고 궁극적으로 일본에 나타났던 것이다. 신대문자는 가짜가 아니라 실존했던 옛 문자라는 얘기이다. 명칭처럼 애초부터 '신'들이 살던 그 시대에 사용되었던 문자였다.

"아비루문자는요, 판독 규칙과 방법을 서술한 겁니다. 요문 계통의 엽문을 판독하려면 여문(가림토)이 꼭 필요한 것과 마찬가지인데요."

김씨 총각이 일일이 해석하는 말이다.

김씨 가족의 옛 기록에 따르면 아비루문자는 신대문자의 또 다른 변형이라고 일컫는 호츠마(秀眞)문자

위로부터 첫 글자는 '기'라고 읽으며 산의 바람과 강물 흐름의 소리를 표시할 때 쓴다. 두 번째 글자는 '구'라고 읽으며 동물과 벌레를 표시할 때 사용한다. 세 번째 글자는 '하'라고 읽으며 형체 있는 모든 물체에 사용하는 부호이다.

의 판독 방법을 적고 있다는 것이다. 호츠모문자는 귀문의 44국 부호문자의 일부인데, 이때는 등락문(藤洛文)이라고 불린다.

신대문자 역시 여타의 귀문처럼 부호와 글자가 단순하게 1:1로 대응하는 것이 아니다. 일본 열도와 한반도에 이런저런 형태로 다다소소 출현하고 있지만, 일본어 문자는 물론이고 반도의 한글과는 전혀 다른 문자체계이다. 결론부터 말하자면 신대문자를 일본어 문자나 한글로만 판독하려는 시도부터 틀렸다는 얘기이다.

군계일학(群鷄一鶴)은 통합지상(統合之象)이라고 했다. 전대의 신대문자는 열도와 반도에서 인간의 추앙을 받게 되며, 이에 따라서 후대의 문자 생성과 발전에 끼친 영향을 배제하기 어렵다. 대륙의 한자(漢字)가 바로 옛 부호문자 갑골문(甲骨文)에서 생성했으며 그로부터 3천년의 여러 변화의 단계를 겪은 결과물이라고 하지 않는가. 갑골문은 지금까지 발견한 제일 이른 한자의 형태로 전하는데, 상(商)나라 때의 거북이의 껍데기에 새긴 부호문자에 연원을 두고 있는 것으로 알려져 있다.

사실상 갑골문은 상나라 때

하남성 무양(舞陽)의 가호촌(賈湖村) 고분에서 출토된 갑골문자, 귀문(鬼文) 44국의 혼문(魂文)이다.

비로소 생긴 게 아니다. 1987년, 하남성(河南省) 무양(舞陽)의 가호촌(賈湖村) 고분에서 출토된 옛 부호문자 역시 거북이의 껍데기와 골기 등에 새겨져 있었다. C14의 감정에 따르면 이 갑골문은 7762년(±128) 전의 기나 긴 역사를 자랑한다. 가호촌 갑골의 부호문자는 귀문의 일종으로 혼문(魂文)이라고 하는데, 혼의 배웅(送魂)과 영접(迎魂)의 기술, 방법을 서술하고 있다. 혼문은 대륙 오지의 삼성퇴(三星堆)와 유럽의 법술서(法術書)에도 각기 다른 부호와 그림으로 나타나 동일한 내용을 표현한다.

귀문은 대륙이나 반도, 열도에 국한된 게 아니다. 또 태고(太古) 적의 공룡시대부터 벌써 존속하고 있었다. 호남성(湖南省) 형산(衡山)의 구루비(岣嶁碑) 비문 등 옛 부호문자가 이런 역사를 기록하고 있다. 이에 따르면 인간은 거대한 공룡을 마치 소나 말처럼 사육하고 있었다고 한다.

아니, 공룡이라면 벌써 중생대의 말기에 멸종하고 인간은 그 후의 신생대의 끝머리에 비로소 출현하지 않던가. 공룡과 인간은 무려 6500만년이라는 세월을 사이에 두고 있다. 그렇다면 누군가 제멋대로 시간선(時間線)의 가운데를 뭉텅 끊어버리고 과거와 오늘을 한 공간으로 이어놓았을까…

그야말로 역천(逆天)을 뛰어넘어 역리(逆理)이다.

2절 수중에 잠적한 구미호(九尾狐)

공룡은 현생 인류가 눈으로는 직접 만날 수 없는 동물이다. 용(龍)은 더 구나 상상의 세계에만 존재한다. 그런데 옛 문헌에는 피와 살이 움직이는 생물로 등장하고 있었다.

하(夏)나라 때의 군주(君主) 공갑(孔甲)은 황하(黃河)와 한수(漢水)에서 각기 용 한 마리씩 얻었다고 선진(先秦)시기의 고서(古書)『죽서기년(竹書紀年)』이 기술한다. 그 후 한(漢)나라 때의『사기(史記)』는 이 두 마리의 용이 기실 하늘에서 공갑에게 내린 것이라고 밝힌다. 공갑은 천제를 존봉했으며 이에 천제는 특별히 용을 내려 차를 끌게 했다는 것이다. '진룡천자(眞龍天子, 황제가 될 사람)'라는 이름은 이렇게 유전된 것이라고 한다.

정말이지 공룡을 사육했다는 부호문자의 기록처럼 신화의 한 토막을 방불케 한다.

"인간의 창조 능력을 증명하는 거지요. 자연계에 존재하지 않은 사물이나 이야기를 상상으로 창조할 수 있다는 겁니다."

호모 사피엔스(智人)는 예술형식으로 그들의 추상 사유를 전달할 수 있다는 실례라고 과학자들이 주장한다. 호모 사피엔스는 마지막 빙하기가 끝날 무렵 등장하며 이때부터 현생 인류는 드디어 계급사회와 문명시대로 진입하게 된다.

실제상 지구상에서 가장 오래된 인류의 '예술작품'은 일찍 4만 년 전에

출현한다. 인도네시아 동부의 술
라웨시 섬에서 2017년 12월에 발
견된 이 암석화는 세계적으로 제
일 유명한 학술 전문지 『네이처
(Nature)』에도 게재된 적 있다. 암
석화에는 멧돼지와 물소 그리고
창과 밧줄을 쓰는 사냥꾼이 등장
한다. 이해하기 힘든 '예술창작'
은 이때 나타나고 있다. 수렵도에
나타나는 여덟 사냥꾼은 입에 새

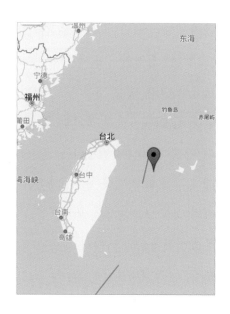

옛 문자부호에 의
해 판명된 대만
부근의 오키나와
해저 피라미트의
위치.

의 주둥이를 하고 있는가 하면 꽁무니에 긴 꼬리를 달
고 있다. 이 반인반수(半人半獸)의 사냥꾼들은 부지중
반인반사(半人半蛇)의 석척인(蜥蜴人) 복희(伏羲)와 여
와(女媧)를 상기시키고 있다.

인간의 원시적 기억에 남고 있는 시조는 대개 이런
'예술창작'의 형상으로 출현한다.

김씨 가족의 옛 기록에도 복희와 여와는 반인반수
(半人半獸)의 형상으로 등장한다. 복희와 여와는 천궁
(天穹) 씨족의 첫 머리에 놓여있다. 소전(少典)의 부족
은 지궁(地穹) 씨족으로 시작하는데, 그들의 시조는 반
인반신(半人半神)의 형상이다. 늑대부족의 선조는 창궁
(倉穹) 씨족의 계열이며 동물의 형상이다. 시조는 낭황
(狼皇)으로 완전한 늑대의 모양을 하고 있다. 삼태성 부

근의 별자리에 있던 '신'으로 김씨 가족에 공봉 되고 있다.

대륙에 등장한 3대 씨족의 세계(世系)는 김씨 가족에 옛 부호문자로 기록되어 있다. 이 부호문자는 대개 원과 삼각, 선으로 이뤄졌는데, 여타의 귀문(鬼文)과는 달리 골기와 옥 기물, 토기에 나타나지 않는다. 김씨 가족이 반만년을 이어 전승하는 '신음자(神音字)'가 바로 이 부호문자이다. 본래 지구 밖의 천계의 '신'이 사용하던 문자이며, 이 '신'이 단군시대에 인간에게 내린 선물이라는 것이다.

귀문의 44국(局) 역시 현생 인류가 만든 게 아니라고 김씨 총각이 강조한다.

"귀문은 '신'이나 다른 문명이 전한 것이라고 말할 수 있지요. 우리 인간은 부호문자를 만들지 못했고 이걸 사용하고 있을 따름입니다."

한자(漢字)의 원형이라고 하는 갑골문도 마찬가지라는 것이다. 이 부호문자는 최초로 은허(殷墟)에서 발견되었다고 해서 상(商)나라 때 비로소 만들었거나 사용했다고 말할 수 없으며 단지 한자(漢字)의 초기 형식으로만 해석하려고 해서는 올바른 판독을 할 수 없다. 그리고 갑골문을 판독하는 데는 지식은 물론 상당한 상상력이 필요하다.

"공룡의 화석이 범의 굴에서 발견되었다고 한들 옛날에 범이 공룡의 알을 낳았다고 말할 수 없겠죠."

갑골문은 시간적으로 상나라의 시대를 5천년이나 앞선 '가호계각(賈湖契刻)'으로 하남성(河南省) 무양(舞陽)에서 출토되기도 한다. 갑골문의 이런 부호문자는 또 공간적으로 바다를 건넌 아메리카 대륙의 마야(Maya) 문명에도 나타난다.

갑골문 하면 상나라 때의 부호문자인 것으로만 간주하고 있는 현 주소이다. 이에 따라 대륙의 일부 학자는 이른바 '예술창작'의 작품을 만들어내고 있다. 멕시코의 마야 유적지에서 발견된 갑골문 부호문자는 기실 상나라 이민들이 남긴 흔적이라는 것이다. 마침 상나라가 멸망될 무렵 대외정벌에 나섰던 10만 명의 군사가 행방불명이 되었는데, 이 군사들이 태평양을 건너 아메리카 대륙에 이주했다고 한다.

진(秦)나라의 방사(方士) 서복(徐福)도 그렇게 반도에 나타나서 발자국을 찍는다. 서복은 불로불사(不老不死)의 불로초를 얻기 위해 동쪽으로 떠났다가 역시 어디론가 행방불명이 되었던 것이다. 경상남도 남해의 거제(巨濟) 갈곶리에 옛 부호문자가 있는데, 현지인들은 이를 서복의 흔적이라고 전하고 있는 것이다.

"술사(術士)의 유적이라고 하는데요, 이곳을 다녀간 옛 술사는 서복뿐이라고 해요."

방사 서복에게 진시황(秦始皇)은 불로초를 구해오라는 명을 하며, 서복은 동남동녀 3천명과 선단(船團)을 이끌고 긴 여정에 나선다. 그는 나중에 중국과 한국, 일본 3국에 걸쳐 많은 전설을 남겼다. 이때 서복은 불로초를 구하기 위해 남해의 해금강(海金剛)에 찾아왔으나 불로초를 구하지 못하고 사냥만 즐기다가 떠나면서 자신들의 발자취를 후세에 남기기 위해 우제봉(雨祭峯)의 절벽에 이 글을 새겼다는 것이다. 이 남해 바위문자의 뜻인즉 서복이 이곳을 지났다는 의미의 '서불과차(徐市過此)'라는 것이다. 서불은 서복의 다른 이름이다.

김씨 총각은 내가 내놓은 남해의 바위문자를 보고 한껏이나 머리를 갸우뚱했다. "한자의 다른 형태로 생각하고 1:1로 맞춰 대입, 번역한 것 같은데요. 숫자부터 엄청 틀립니다. 4자가 아니고 7자인데요, 그리고 무당(法師, 법

한국 남해 바위문
자, 빨간 동그라미
로 표시한 부호는
생명과 복제의 뜻
이다.

사)이 쓴 글은 맞지만 진나라 때의 기록이 아닙니다."

남해의 바위문자는 실은 귀문의 제13국 예문(鱧文)인데, 천성(天星)의 소륜부문(小輪符文)으로 기록하고 있다는 것이다. 바위문자에는 시간과 장소, 위치 확인이 가능한 신음자(神音字)가 한데 섞여 있다. 바위문자여타의 귀문에 비해 읽기 쉽지만 고대 오음(五音)으로 판독해야 해석이 가능하단다.

미구에 김씨 총각이 판독한 남해 바위문자는 한자(漢字)로 기록하면 저그만치 일곱 자리 수의 내용인 것으로 나타났다.

"이 기록은 '교인국(鱎人國)'의 역사를 서술하고 있습니다. 짧으면 1만 6천 년 전부터 8천 년 전까지, 길면 약 2만 년 전부터 1만 년 전까지 이르는 고대 성읍의 이야기입니다."

남해의 바위문자에 따르면 양융운(穰肜雲)은 교인국의 다른 이름이다. 교인국의 도읍이 있던 곳은 입반(霋盤)이라고 부른다. 입반의 위치는 바위문자에 밝힌 별자리를 읽으면 금방 판명할 수 있다. 바위문자의 제일 왼쪽에 홀로 무리에서 떨어진 부호그림은 천랑성(天狼星)을 측정하여 장소를 밝힐 시간대를 밝히고 있다. 천랑성은 김씨 가족이 그들의 성도(星圖)에 치묵(癡墨)이라고 기록하고 있는 별이다.

그날 김씨 총각은 새벽 2시 반에 일부러 한적한 시교를 찾아 천랑성을 만났다.

"바위문자에는 또 다른 별도 여럿 있어요. 이런 별들을 다 읽으면 교인이 움직인 여러 장소와 시간이 나옵니다."

하늘의 별자리에 투영, 대응하는 지상의 경위도(經緯度) 좌표를 계산하는 방법은 김씨 가족에서 청조술(靑鳥術)이라고 한다. 고려 혹은 조선 시대에 김씨의 선조가 일갑자(一甲子) 60년의 측정과 확인 등을 거쳐 만든 술법이다.

청조술을 이용하여 판명한 입반의 위치는 「E123.00, N24.27」이다. 지도를 찾아 경위도를 확인했다. 갑자기 손끝이 떨렸다. 그곳은 일본 오키나와의 요나구니(與那國) 섬 수역이었다. 섬 근해에는 지진이 자주 일어나는 것으로 알려지고 있다. 그보다 이 수역은 해저의 '피라미드'의 발견으로 세상에 유명한 곳이다. 이곳에는 인공적으로 가공한 거석이 무리로 등장한다. 바다 밑에는 층층이 쌓은 거석의 계단이 있고 수십 미터 높이의 거석의 담이 있다. 거석 사이로 통로와 문이 나타나고 배수로가 출현하며 또 무늬조각의 석판이 드러나고 있다.

분가한 후 오키나와 일대에 이주했다는 청해부족의 자매부족은 드디어 실체를 드러내고 있었다. 남해의 바위문자는 교인국의 큰무당(대법사)이 3차에 걸쳐 기록하고 보완한 교인국의 옛 역사였다.

방불히 태평양의 바다위에 전설의 '보물선'이 불쑥 떠오르고 있는듯했다.

그날 김씨 총각은 집에 도착하자마자 금방 연락을 해왔다. 전화 저쪽에

남해 바위문자를
판독한 부호의
일부.

서 몹시 흥분된 목소리가 허공을
가르고 들려오고 있었다.

"우리 가족의 기록에는 없는
건데요. 청호부족의 자매부족 고
향을 찾았습니다."

"바위의 부호문자에는 정말
너무도 많은 이야기가 기록되어
있습니다."

"교인(鮫人)들의 문명의 기원
과 소멸이 있어요. 그리고 만물의 생성과 복제 기술, 장
생불로의 묘약(妙藥)과 시술 방법이 있습니다. 또 힘의
원천인 역량천(力量泉)을 서술하고 있습니다."

"생명도 복제할 수 있다고 하는데요. 이때 기알(驥
鸄)이라고 하는 물건을 이용한다고 해요. 본체가 죽으
면 2년 후 복제물도 생명을 잃는다고 합니다."

"거울 같은 형체에 자연의 여러 가지 힘을 모아 넣
습니다. 다시 그 힘을 교인의 몸에 받아 넣을 수 있다
고 합니다."

"시간선(時間線)을 앞뒤로 움직일 수 있다고 해요."
……

청호부족은 김씨 가족사에 기록하고 있는 7대 문명
의 하나를 장식한다. 그들의 일맥인 교인은 이름에 올
린 물고기처럼 태평양 서부 수역을 종횡하고 있었다.

교인은 언제부터인가 해상의 패주로 군림하고 있었다.

교인의 형상은 대륙의 가장 오래된 지리서『산해경(山海經)』의 「해내남경(海內南經)」에서 드러난다. 이 지리서에서 교인은 정말로 인어(人魚)로 묘사되고 있다. 물고기의 몸뚱이에 인간의 얼굴과 수족을 한 괴물이라는 것이다. 그들의 존재는 또 적유(赤鱬)라는 이름으로 청구(靑丘)에서 살고 있었다.

『산해경』의 「남산경(南山經)」에 담긴 옛 기록을 읽어보자.

"다시 동쪽으로 3백리 되는 곳에 영수가 청구산에서 나와 남쪽으로 즉익의 습지에 흘러든다. 그 속에는 적유가 많이 서식하는데 생김새는 물고기와 같으나 사람의 얼굴을 하고 있고 소리는 원앙새와 같다. (又東三百里, 曰靑丘之山… 英水出焉, 南海注于即翼之泽, 其中多赤鱬, 其状如鱼而人面, 其音如鸳鸯.)"

인어는 『산해경』에 여러 번이나 거듭 언급된다. 인간처럼 사족(四足)이며 물고기처럼 온몸에 비늘이 덮였고 죽은 후 부활할 수 있는 신력(神力)의 소유자라고 한다. 이런 이야기는 구미호의 전설과 더불어 청호부족과 그 자매부족 이주지의 여러 지역에 널리 분포한다. 인면어신(人面魚身)의 교인은 반인반사(半人半蛇)의 석척인(蜥蜴人) 복희와 여와처럼 역시 고대 선민(先民)들의 제일 원시적인 옛 기억의 하나였다.

교인들에게 예시한 천상(天象)에 따르면 입반은 미구에 해저에 침몰된다. 이 무렵 대서양 저쪽의 귀명성(鬼冥城)도 바야흐로 바다 밑에 소실되고 있었다. 두 문명은 각기 비슷한 시기에 모두 천재(天災)의 큰 지진과 해일에 의해 멸망되는 것이다.

교인국의 주민들은 선후로 8차에 걸쳐 대륙으로 이주를 단행한다. 그들은 먼저 한반도의 남해 지역에 도착한 후 다시 수로와 육로를 거쳐 대륙의 서쪽 오지로 이동했다. 그곳에는 대륙의 용맥이 시작된다고 하는 곤륜산(昆崙山)이 있었다. 곤륜산에는 천계(天界)로 통하는 통로가 있다고 옛 지리서 『산해경』이 밝히고 있다.

3절 태양무덤의 옛 주인

"교인(鮫人)들의 이주지는 두 곳인데요. 대륙의 고린산(辜麟山)과 압국산곡(鰪鞫山谷)이라고 합니다."

이건 어디지? 처음 듣는 괴이한 지명이다. 청조술(靑鳥術)은 요지경처럼 금방 산과 골짜기를 비춘다. 경위도의 좌표는 대뜸 형체를 드러내고 있었다.

고린산: 「E88~92, N39.5~41.5」, 압국산곡: 「E89.55.22, N40.29.55」.

대륙 서부의 뤄부호(羅布泊)가 지도위에 아침의 태양처럼 불끈 떠올랐고 그 변두리에 옛 성읍 누란(樓蘭)이 새별처럼 반짝이고 있었다.

뤄부호는 옛 지리서 『산해경(山海經)』에도 기록되어 있는데, 옛날에는 '유택(幼澤)'이라고 불렸다. 대륙의 제일 긴 내륙 하천인 타림강(塔里木河)이 뤄부호에 흘러든다. 지명 뤄부호는 바로 몽골어로 여러 갈래의 물이 흘러들어 모인 호수라는 의미이다. 대륙의 5대 수맥의 하나인 공작하(孔雀河)의 종착역도 이 뤄부호이다. 옛 성읍 누란은 뤄부호의 서북쪽 모서리에 위치, 공작하의 남쪽 기슭에 자리한다.

아아한 곤륜산(昆崙山)이 마치 병풍처럼 뤄부호의 서남쪽을 떡 막아서고 있다. 곤륜산에는 신선이 살고 있고 또 신물(神物)을 저장하는 창고가 있다고 전한다. 이에 따라 인면수신(人面獸身)의 4대 수호신이 산을 지키고 있다고 『산해경』이 밝히고 있다.

김씨 총각은 지도를 찾아보다가 부지중 감탄을 했다. "교인(鮫人)들이

누란(樓즈)의 태양
무덤 발굴 현장.

참말로 풍수의 귀지(貴地, 보배로운 땅)를 찾아왔네요."

그러다가 김씨 총각은 잠깐 말을 끊고 하염없이 뭔
가의 생각에 잠긴다. "우리네 목랑(木狼)종족은 옛날
곤륜산에 이주했다고 전하는데요. 바로 이 고장이 아
닐까요?"

그럴 법 한다. 상고시대 뤄부호는 소와 말떼가 구름
처럼 흐르고 푸른 나무들이 바자처럼 호수를 둘러선
생명의 오아시스였다. 한때는 대륙의 버금가는 내륙호
였는데, 지름이 수백 킬로미터에 달해 그야말로 일망
무제한 바다를 연상케 했다. 실제로 옛날에는 바다라
는 이름을 달아서 '뇌란해(牢蘭海)'라고 불렸다고 옛 하
천지 『수경주(水涇注)』가 밝힌다. 누란(樓蘭)은 이 뇌란
의 중국어 동음이의어인데, 옛 국명으로 전하고 있다.
서역 36개 나라의 하나였으며 고대 실크로드의 경유

지였다. 뤄부호를 사막의 복판에 떠있는 섬이라고 한다면 누란은 섬에 박혀있는 보석을 방불케 한다.

사실상 고린산은 대륙의 '바다'에 세운 '교인국'이었고 압곡산곡은 이 '교인국'의 도읍 '입반'이었다.

뤄부호가 황량한 사막으로 퇴화된 것은 불과 반세기 전의 일이다. 기후 변화, 수리공정 등 원인으로 물량이 급격히 줄어들었던 것이다. 곤륜산을 영생의 땅이라고 한다면 뤄부호는 죽음의 바다로 몰락했다.

교인국의 옛 이주민은 한때는 배를 타고 뤄부호를 누비고 다녔다. 뤄부호는 드디어 사막으로 변했고 뤄부호의 옛 주민도 차츰 기억 속에서 황막해진다.

뤄부호 옛 주민들의 최초의 기록은 약 2천 년 전의 한(漢)나라 때이다. 그러나 그들은 이때 벌써 신원미상의 신비한 인물로 되고 있었다. 서역에 사절로 파견된 장건(張騫, BC 164—BC 114)이 그의 글에 기술한데 따르면 뤄부호의 토착민들은 눈의 확이 깊고 코가 높았으며 그들끼리 주고받는 말은 대륙의 중원(中原) 언어와 전혀 달라서 좀치도 알아들을 수 없었다고 한다.

뤄부호의 토착민은 서기 448년 누란 고국이 멸망된 후 갑자기 종적을 감췄다. 실체의 인물이 등장한 것은 그때로부터 1500년의 오랜 세월이 지난 후였다. 그들은 1980년대 공작하의 옛 물길 북쪽 기슭의 무덤 떼에서 미라로 발견되었다. 대표적인 인물은 약 3800년 전의 '누란 미녀'이다. '누란 미녀'는 눈의 확이 오목했으며 코등이 높고 날카로우며 피부가 약간 홍갈색이었다. 장건이 문자로 기록했던 뤄부호 현지의 주민처럼 대륙 중원의 황인종과는 분명히 다른 형상이었다.

대륙의 학자들은 지금까지 축적한 지식을 몽땅 동원해서 이렇게 추정한다. "누란의 토착민은 서역에 이주한 유럽의 후대가 아닐까요?"

누란 고분의 주인공 즉 뤄부호의 토착민은 서방과 동방 인종의 혼합체라는 것이다. 실제로 이 지역에서 출토된 미라는 서방의 유전 특성이 있는가 하면 또 동방의 유전 특성이 있다고 한다. 그러나 그들이 실은 태고 적의 대륙의 원주민이었으며 그 후 바다의 섬에 살던 '인어'였다는 사실은 서술은커녕 가설도 적혀있지 않다.

상고시대의 옛 기억은 세월이 흐르면서 이런저런 단층이 생기고 있으며 현세에 투영된 후 다다소소 실존, 굴절되고 있는 것이다.

청호의 본 부족 역시 누란의 토착민처럼 신원미상의 인간으로 되고 있는 현 주소이다. 그들의 대부분은 일찍 침몰된 섬과 더불어 일본의 바다 밑바닥에 가라앉았다. 일부는 사람들은 다행히 홋카이도에 상륙했지만 찬란한 고대 문명은 일조일석에 물거품처럼 사라졌다.

그러고 보면 귀명성(鬼冥城)이 대서양에 침몰하고 교인이 오키나와 부근에 잠적한 역사는 열도의 홋카이도에서 반복, 재현된 것이다.

훗날 혼슈(本州)의 일본인들은 열도에 선주(先住)한 청호의 본 부족에게 이민족이라는 차별의 의미를 달아 에조(蝦夷)라고 불렀다. 서부의 오키나와 일대에 이주한 자매부족의 이름 교인을 상기케 하는 대목이다. 그들은 부족의 새 이름처럼 확실히 바다에 살던 옛 부족이었다. 에조 사람들이 아이누(Ainu, アイヌ)라는 민족의 명칭으로 보편적으로 쓰이게 된 것은 근대의 메이지(明治)시대부터이다. 아이누는 '인간'을 나타내는 아이누어의 말이다.

아이누의 언어는 세계 어디의 민족 언어와도 비슷한 데가 없다. 그리하여 언어상에서 아이누인이 도대체 어디에서 왔는지 아직도 판단을 선뜻 내리지 못하고 있는 것이다. 아이누인이 실은 현생 인간과 다른 계열의 청호 부족의 후예라는 사실은 서술은커녕 가설도 적혀있지 않다.

일본의 학자들은 지금까지 축적한 지식을 몽땅 동원해서 이렇게 추정한 다. "홋카이도의 아이누족은 일본에 이주한 서방의 후대가 아닐까요?"

한마디로 말하면 백인종과 몽골족의 혼혈이라는 것이다. 한때는 유럽인 종에 기원을 두고 있다는 '아이누 백인설'이 대두했다. 심지어 일각에서는 외계인이 창조한 인간으로 주장되기도 했다.

아이누족은 대체로 눈이 깊고 코가 오똑하며 피부색이 밝은 갈색이다. 유럽과 몽골 인종의 일부 특색을 동시에 구비하고 있는 것이다. 정말이지 대륙 뤄부호의 토착민이 바다 건너 일본 열도의 모퉁이에 다시 나타나고 있는 것 같다. 그러나 누군들 대륙 오지의 뤄부호를 중뿔나게 열도 모퉁이 의 홋카이도와 하나로 연결할 수 있었을까…

아이누족이 홋카이도의 '원주민'으로 일본정부에 인정된 것은 근년의 일 이다. 그러나 그들의 선조가 오키나와와 일본열도에 정착하여 조몬(繩文, 꼰무늬 문자) 문화의 주역이 되었다는 데는 다들 이의가 없는 듯하다. 조몬이라 는 명칭은 이 시대의 토기에서 볼 수 있는 꼰무늬의 한자어(漢字語) 승문(繩文)에서 비롯되었다. 조몬시대는 일본의 선사시대 속의 BC 1만 3천 년경부 터 BC 300년까지의 기간을 말하는데, 마지막 빙하기가 끝나고 일본 열도 가 대륙과 단절되어 현재의 모습으로 변하는 시기에서 시작되고 있다.

아이누족은 1만년의 역사를 자랑하지만, 홋카이도에 상륙한 후 더는 번 창하지 못한다. 부족의 전승은 그 무슨 사연으로 인해 연결 고리가 문득 단 절되었다는 얘기가 된다. 2019년 현재 홋카이도 지역의 전체 인구는 현재 5 만 여명이며, 이 가운데서 아이누족은 10년 전에 비해도 절반이나 줄어든 1

만 3천 명 정도로 집계되고 있다.

홋카이도는 최초의 개척자인 아이누족의 흔적이 간직되어 있다. 지명은 거개 아이누족에 뿌리를 두고 있다. 홋카이도라는 지명은 아이누족이 '북쪽 바닷길'이라는 뜻의 '카이'라고 부른 데서 연유하고 있으며 도청 소재지 삿포로(札幌) 역시 마찬가지로 아이누족의 말로 '건조하고 넓은 땅'이라는 의미란다.

아이누족의 말에는 순 우리말이라고 하는 단어도 출현한다. 울타리는 터전이라는 이미지로 연결되어 포근함을 주는 단어인데, 우리말로 '풀이나 나무 따위를 얽거나 엮어서 담 대신에 경계를 지어 막는 물건'을 뜻한다. 그런데 아이누족은 스스로를 아이누어로 '친척, 동족'을 뜻하는 우타리(ウタリ)'라는 말로 나타낸다.

옛날 한반도를 경유했던 청호부족의 이주사를 다시 머리에 떠올리게 된다. 일명 '가림토'라고 하는 청호부족의 옛 부호문자는 그렇게 한반도에 유전되지 않았던가.

청호부족의 옛 역사는 최종적으로 난파선처럼 깊은 바다에 자취를 감췄다. 시작된 '탄생'은 소멸의 '죽음'에 이르지만 그 존재에는 이유가 있다. 청호부족이 존숭했던 최고의 신은 마침내 뤄부

동그라미로 표시한 곳들은 청호부족이 일본열도에서 선후로 이주했던 위치이다.

호에 그 실체를 드러낸다. '누란 미녀'가 발굴된 그곳에서 태양무덤이 대거 출토되었던 것이다. 고분은 기마다 묘혈을 둘러싸고 테두리에 자(尺) 높이 의 말뚝으로 일곱 줄의 동심원을 그리고 있다. 높은 곳에서 부감하면 마치 사방으로 빛살을 뿌리는 태양이 언덕에 내려 박힌 듯하다. 태양무덤이라 고 하는 고분의 이름은 이렇게 생긴 것이다.

태양무덤은 현재까지 중국 대륙에서 이 한곳에만 발견되고 있다. 그런 데 대륙 광서(廣西)의 고분에 출현된 칠성관(七星棺)이 태양무덤에도 등장 한다. 물론 두 칠성관은 공간적으로나 시간적으로 모두 동일하지 않다. 광 서의 칠성관은 태양무덤이 생긴 후 3천 년 세월이 지난 명(明)나라 때의 고 분이다.

북두칠성은 옛날부터 대륙에서 아주 신성한 지위에 놓여 있었다. 도교 와 유교는 모두 하늘에 제사를 지낸다. 이 때문에 대륙의 일부 학자는 태 양무덤의 주인은 실은 천상(天象)을 숭배하던 중원의 사람이라고 짐작으로 넘겨짚기도 한다.

사실상 북두칠성의 그림은 고구려 고분의 무덤 천정에도 나타난다. 고 유한 우리 풍습에 따르면 북두칠성은 성주(星主)이다. 북극성을 천제(天帝) 라고 하는데, 북두칠성은 이 천제를 대변하는 별로 된다. '칠성 할머니'는 바로 이 천제를 의인화한 옛 이름이다. 이런 풍습은 오늘날의 칠성판(七星板)으로 이어져 있다. 염습한 시신을 안치하기 위해 관 바닥에 칠성판을 놓 는데, 이 칠성판은 바닥에 북두칠성을 그리거나 북두칠성을 상징하는 일 곱 개의 구멍이 뚫려 있다고 해서 부르는 이름이다.

김씨 가족도 북두칠성을 숭앙(崇仰)하고 있다. 북극성(北極星)은 단군시대 부터 가족에 전승하는 성도(星圖)의 주성(主星)이라고 김씨 총각이 밝힌다.

"북두칠성에는 우리 부족의 이름이 나타나는데요, 북극성을 우리 가족은 해랑성(海狼星)이라고 부릅니다."

북두칠성을 등에 깔아놓은 태양무덤의 주인공은 전부 남성이다. 그들은 몸을 곧게 펴고 머리를 동쪽으로 향했으며 발은 서쪽으로 향했다. 하나같이 등을 바닥에 놓고 하늘을 바라는 앙신장(仰身葬)을 하고 있다. 그들은 모두 태양무덤의 중심인 '태양'에 묻혀 있다.

태양은 태양계의 모든 생명의 원천이다. 인간이 추앙한 최초의 신은 태양신이었고 시초의 숭배형식은 태양이었다. 상고시대에 부족마다 공봉(供奉)하던 고신(古神)은 각기 따로 있었지만 부족 모두 하나같이 태양신을 존숭했다. 태양인은 태초부터 이 땅에 강림한 최고의 신이었다고 김씨 가족에 전한다.

대륙과 반도에 유명한 '신지글(神誌字)'은 이 태양신의 선물이다. 황제나 단군의 시대를 훨씬 앞서 일찍 1만 5천 년 전에 나타난 부호문자라고 한다. 부호문자가 기록한 사건과 배경 등을 배열하여 읽은 시간표이다.

이 무렵 태양 아니 태양신이 드디어 정체를 드러내고 있었다.

"저도 실은 미덥지 않아서요, 얘기를 드려야 할지 한참을 망설였습니다." 김씨 총각이 거북스럽게 떼는 말이다. "부호문자를 읽어보면요, 태양신은 정말로 태양에 있었다고 하는데요, 표면이 그토록 더울 뿐이고 속은 온도기 낮아서 생명체가 살 수 있다고 합니다."

구루비(岣嶁碑)의 기록에 따르면 태양 표면에 흑점 모양의 구멍이 있다는 것이다. 태양의 흑점은 11년을 주기로 많아졌다가 적어지는 양상을 보여준다. 그런데 흑점의 일부는 태양의 공동(空洞)이며 아예 소실되지 않는다고 한다. 이 공동을 통해 지혜의 생명 즉 신이 태양 속을 드나든다는 것이다. 비문의 내용은 태양의 구조에 대한 인간의 기존의 인지를 왕창 뒤엎고 있었다.

부지중 천상의 신들을 인간세계와 연결시킨다는 삼족오(三足烏)를 상기하게 된다. 삼족오는 다름이 아닌 태양 속에서 살고 있다고 전한다. 또 삼족오는 태양신처럼 발이 세 개 달렸다고 해서 불리는 이름이다. 실제 태양 흑점의 가장 중간의 본영(本影)이 마치 세발 달린 검은 새와 같으며, 이로 하여 삼족오라고 불렸다는 전설은 상고시대부터 있었다.

동명(東明)신화, 주몽(朱蒙)신화, 박혁거세신화는 모두 태양 신앙이 강하다. 해와 연관된 성씨나 지명은 신화에 적지 않다. 태양신의 전령자인 삼족오는 대륙의 서왕모와 더불어 나타나며 특히 고구려 고분벽화에 등장한다. 고구려인은 머리에 새의 깃을 꽂은 모자를 쓰고 다녔다.

그러고 보면 신의 세계는 결코 인간과 동떨어진 다른 세계가 아니었다. 날마다 구름처럼 인간 세계에 떠다니고 있었다.

김씨 총각은 왜서 부호문자를 기어이 전승해야 했는지 점점 알 것 같다고 했다. 어릴 때부터 머리에 달고 있던 수두룩한 의문은 드디어 부호문자의 옛 기록을 통해 하나 둘 풀리고 있었던 것이다.

분명한 건 부호문자가 다른 문명의 기록이요, 메시지라는 것이었다. 지구의 문명이 있고 태양계의 문명이 있으며 또 다른 항성계의 문명이 있었다. 신화 같은 그 세상은 환영(幻影)이 아니었고 상상과 허구는 더구나 아니었다. 과거의 실상이었고 오늘의 현상이며 미래의 징조였다.

갑자기 신화와 실화가 한데 뒤섞이면서 혼돈의 세계를 만들고 있었다. 우리가 살고 있는 이 세상은 도대체 어디까지 진실의 현상이고 어디까지 가상의 존재이던가?…

제6장

백두산에 세운 신령의 문

달문(達門)은 한자(漢字) 그대로 해석하면 통하는 문이라는 의미이다. 백두산 천지의 옛 이름이었다고 청태조(淸太祖) 무황(武皇)의 실록(實錄)이 기록한다. 실은 상고시대에는 신의 세계에 통한다고 해서 '동달신문(同達神門)'이라고 불렀다고 한다.

옛날 천지에는 하늘에 제사를 지내는 천단(天壇)이 여럿 있었다. 호심에 큰 제단이 있었고 최고봉인 병사봉(兵使峰, 현재의 장군봉)의 언덕과 두 번째 고봉인 백운봉(白雲峰)의 언덕에 각기 제단이 있었다.

김씨 총각은 가족의 옛 기억을 눈앞에 생생히 떠올리고 있었다. "먼저 배를 타고 가서 호수의 큰 제단에 오곡과 천주(天酒)를 제물로 올렸다고 합니다."

천주를 일명 선주(仙酒)라고 하는데, 하늘에서 내리는 감로(甘露)를 의미한다.

장군봉 부근의 천지기슭으로 이르는 북한측 하산로가 보인다. 하산로 오른쪽 평평한 둔덕에 세번째 단군 제단이 있었다.

세 개의 제단은 하늘의 삼태성과 대응하는 자리이다. 삼태성은 신의 고향이라고 김씨 가족에 기록되어 있다. 하늘과 땅은 입하(立夏)가 되면 제일 가까워졌고 이때면 부족의 제관(祭官)들은 달문에 올라 천제(天祭)를 지냈다. 신화라고 하는 단군의 시대에 실존한 일이라고 김씨 총각이 거듭 말한다.

늘대부족은 이때 백두산 기슭에 부락을 형성하고 있었다. 태고 적부터 무술(巫術)을 전승했고 또 무예에 능했던 그들은 요청을 받아들여 단군을 신변에서 호위하면서 제례(祭禮)를 주관했다. 오랜 이웃이었던 범부족도 그들과 함께 단군을 옹위하고 있었다. 근대에 발굴, 채집된 백두산 근처의 많은 돌도끼, 돌절구, 흑요석의 칼 등 석기는 이 무렵 백두산을 베개로 삼고 있던 여러 부족이 땅위에 남긴 옛 흔적이 아닐지 한다.

"제관들은 나중에 토기를 제단에 파묻었다고 하는데요, 하늘(천계)로 통하는 비밀을 부호문자로 써서 토기에 넣었다고 해요. 부족의 역사와 제사의 내용도 기록되었다고 합니다."

기회가 되면 꼭 제단의 토기를 찾아보라고 할아버지는 늘 손자에게 당부했다. 손자는 그냥 할아버지가

그를 달래느라고 꾸며낸
거짓말이라고 여겼다. 실
제로 얼마 전에 옛 비석이
발견된 여진족(女眞族)의
제단은 단군 제단의 위치
와 일치하지 않는다. 필경
은 다른 부족이 만들었고
또 다른 시대의 제단이었
던 것이다.

백두산 근처의 내
두산 촌민 임씨가
밭에서 돌도끼 조
각을 우연히 발견
했다고 한다.

  어쨌거나 단군 제단은 여진족의 제단처럼 유물이
발굴될 가능성이 지극히 묘연하다. 천지는 그 후 하늘
과 땅이 뒤번지는 큰 변화를 겪었기 때문이다. 946년,
백두산 화산이 폭발했는데 그때 엄청난 폭발력으로 인
해 바다 건너 일본 교토까지 폭발음이 들렸다고 한다.
천지 주변의 산들이 유리처럼 깨어졌고 다시 화산재와
용암에 뒤덮였다. 땅속에서 타오른 지옥의 공포는 신
령스런 달문을 온통 아수라장으로 만들었던 것이다.

  김씨 총각은 한숨을 푸푸 내쉰다. "단군의 무덤도
천지 기슭에 있다고 하는데요. 현재로선 이걸 찾아서
증명할 수 없게 되었습니다."

  단군은 사망한 후 병사봉의 눈얼음의 아래에 묻었
다고 한다. 단군은 부족의 수령 신분을 밝힌 직명이다.
김씨 가족에 전하는 단군의 이름은 무려 39명이나 된

다. 이 명부(名冊)에는 여자 단군도 있었다.

신령스런 문 저쪽에서 단군의 세계는 드디어 반만년의 베일을 벗고 있었다.

1절 왕위에 오른 반신반인(半神半人)의 인물

김씨 가족의 연대표에 따르면 단군은 도합 39대이며 선후 2783년을 존속하였다. 실제로 조선 후기의 실학자 황윤석(黃胤錫, 1729~1791)은 단군 왕조의 존속기간이 2800년이었다고 저서에서 지적하고 있다.

역대 단군의 이름은 한반도의 고대 문헌에 일일이 기록되어 있다. 『규원사화(揆園史話)』, 『단기고사(檀奇古史)』 등은 역대의 단군을 도합 47대라고 밝힌다. 와중에 명부에서 등장하는 왕검(王儉), 구을/리(丘乙/利), 오사/구(烏斯/丘), 가륵(嘉勒), 아술(阿述), 도해(道奚), 아한(阿漢), 여을(餘乙), 고홀(固忽), 삭불루(索弗婁), 아물(阿勿), 솔나(率那), 해모(奚牟), 마물(麻勿), 다물(多勿) 등 열다섯 단군의 이름은 김씨 가족의 명부에 거의 다 동명의 인물로 출현한다. (참고: 부호 '/' 앞의 이름은 단기고사 등 문헌에 기록된 이름이며, 부호 앞뒤의 글자를 합친 이름은 김씨 가족의 명부에 적힌 이름이다.)

단군은 군장(君長)을 지칭하는 '임금'이라고 해석하는 게 일반적이다. 단군 왕검(王儉)의 이름 자체도 '임금'이라는 의미로 해석한다. 한반도의 문헌은 왕검을 단군 계보(系譜)의 첫 자리에 놓고 있다.

그러나 김씨 가족의 명부에 따르면 왕검은 분명히 부족의 제1대 단군이 아니다. 그는 단군 25명의 남성 명부에서도 뒤로 한참이나 밀린 열 번째의 자리에 놓여 있다.

가만, 단군 명부에는 여성 단군이 있으며 무려 14명이나 된다. 김씨 총각이 밝힌 비사(祕史)는 그야말로 기문(奇聞)의 연속 그 자체이다.

"부족의 제1대 단군은 여성인데요, 이 여성 단군은 이름이 한단(邯鄲)이라고 불립니다."

처음 듣는 가족의 비사와 마찬가지로 한단이라는 이 성씨가 몹시 생소하다. 실제로 한단은 너무 희소한 성씨라서 중국의 백가성(百家姓) 명부에 올리지 못하고 있다. 심지어 대륙 성씨의 순위 2천개를 샅샅이 훑어도 만날 수 없다. 대륙의 학자들이 고증한데 의하면 한단은 봉읍(封邑)에서 비롯된 옛 성씨라고 한다. 문자적인 기록으로는 고서 『죽서기년(竹書紀年)』에 처음 등장하는데 이때도 지명이었으며 산의 이름이었다는 것이다. 현재도 하북성(河北省)의 남쪽 끝머리에 도읍의 이름으로 존재한다.

한단이라는 이름의 여성으로 시작한 단군의 세계(世系)는 서기전 3578년에 열린다. 이때 부계씨족 사회가 이미 시작되었지만 모권(母權)의 기류는 아직도 단군부족에서 강세를 나타내고 있었다. 이때의 모권은 단순하게 모계씨족 제도에 있던 여성의 부족 지배권처럼 해석하면 안 된다. 실은 성별과는 무관하게 특정된 사주에 따른 전승인의 교체와 변화였다. 이웃한 늑대부족의 족장도 여성이 후임자로 선정되는 경우가 있었다.

서기전 2333년, 숙촉조(孰燭儵)의 아들이 단군으로 등극했다고 한다. 천신의 이름자가 아니라면 단군신화의 한 대목을 베껴냈다고 의심할 정도이다. 아니, 단군신화와 다른 부분은 또 하나 있다. 천신의 아들은 누이들과 함께 김씨 가족의 옛 기록에 등장하고 있다.

숙촉조와 혼인한 후 웅녀는 딸 둘과 아들 하나를 낳았다고 한다. 천신의 피를 섞은 자식들은 당연히 천손(天孫)으로 존숭(尊崇)을 받는다. 큰딸은 화신(花神, 꽃의 신), 둘째 딸은 우신(雨神, 비의 신), 막내아들은 화신(火神, 불의 신)으로 추앙되는 것이다.

오누이 셋의 이름자는 모두 김씨 가족의 옛 기록에 돌을새김을 한다.

"큰딸의 이름은 '붐', 둘째 딸의 이름은 '심'이라고 부르고요. 막내아들의 이름자는 '퀘이'라고 발음합니다."

이름자의 발음은 한글의 독음(讀音)이 아니었고 한자(漢字)의 독음도 아니었으며 일본어의 독음은 더구나 아니었다. 괴이한 독음처럼 글자도 유달랐다. '심'은 세 개의 달 월(月)을 하나로 합치고 있으며 '붐'과 '퀘이'는 한글의 자음과 한자를 아래위, 좌우로 조합하여 난독(難讀), 난해(難解)한 회의자(會意字)를 만들고 있다. 대륙과 반도 나아가 열도에서 모두 만날 수 없는 또 다른 부호문자인 것이다.

옛 부호문자 역시 언어로 전달하는 시각적인 기호(記號) 체계이다. 그러나 개개의 옛 부호문자에 실린 정보량을 각각의 현대 문자로 표현하기에는 너무 빈약하다. 옛 부호문자 신음자(神音字)의 경우 하나의 신음자는 열개 내지 열다섯 개의 정보를 망라한다. 이런 정보를 각각 1:1 대응의 한자(漢字)로 표기, 집성한 후 우리는 비로소 개개의 신음자에 담긴 내용을 읽을 수 있게 된다. 또 현대의 이 문자는 신음자의 발음 하나 혹은 형태(形態) 하나를 의미하지만 경우에 따라 옹근 하나의 신음자의 상징과 표식으로 될 수 있다.

"자금성이나 오리구이는 북경의 전부가 아니지만요, 북경의 대표적인 부호(상징물)로 되고 있지 않습니까."

상징적인 부호로 정보를 기록하는 가장 대표적인 표의문자는 한자(漢字)이다. 한자는 갑골문의 부호에 표현된 형상을 베껴 만들었으며, 글자 하나는 의미의 단위인 형태소 하나씩을 뜻한다. 그러나 갑골문 자체는 일찍 김씨 총각이 설명했듯 부호마다 두 자리 이상의 복수(複數)의 정보를 담고 있으며 홀수의 단 하나의 한자(漢字)로는 전부의 해석이 불가능하다. 이와 마찬가지로 갑골문은 개개의 부호의 발음도 현대의 한어 발음과 다를 수 있다는 얘기이다.

회의자는 두 개 혹은 여러 개의 상형 문자가 합쳐져 하나의 문자로 만들어진다. 고대의 적지 않은 한자가 이러하다. 그런데 김씨 가족의 옛 기록문에 출현하는 많은 회의자는 우리가 알고 있는 현재의 한자 체계의 사전에는 아예 출현하지 않는다.

학계에서 공인하는 최초의 한자 형태는 상(商)나라 때의 갑골문에서 시작한다. 상나라 때에 앞서 김씨 가족은 중원을 떠났고 미구에 만주를 경유하여 멀리 한반도에 이주했다. 그들이 대륙에 다시 발을 들여놓은 것은 신라 때였다. 당나라에 유학을 다녀왔다고 가족에 전하는데, 선조는 이때 한자를 체계적으로 습득할 수 있었다.

당나라에 유학생을 파견한 기록은 고려 때의 『삼국사기(三國史記)』에도 있다. 신라가 최초로 당나라에 유학생을 파견한 것은 선덕(善德)여왕 9년(640)이었다. 유학의 주류를 이루었던 것은 그 후의 통일신라시대의 신라인이다. 당나라에 유학하는 학생은 많을 때는 무려 100여 명에 달하였는데, 840년에는 만기된 유학생과 질자(質子) 등 105명이 동시에 귀국하였다. 유학경비 가운데서 서적 등의 구입에 필요한 은화 300냥은 신라 본국에서 부담하였지만 의식에 필요한 경비는 외국 유학생의 편의를 도와주는 당나라의 홍로사(鴻魯寺)에서 공급하였다고 한국민족문화대백과사전이 전한다.

대백과사전에 밝힌 당나라의 홍로사는 그 전대인 한나라의 홍여사(鴻臚寺)를 그대로 답습한 기관이다. 홍여사는 한나라 때 이역의 빈객, 승려를 접

164

대하던 관서(官署)였다. 승려들이 많은 불경을 소지했고 또 백마에 실어왔기 때문에 명제(明帝) 유장(劉庄, 28~75)이 홍여사의 근처에 새로운 관저(官邸)를 세웠으니, 이 관저가 바로 낙양(洛陽)의 이름난 백마사(白馬寺)이다.

김씨의 선조도 여타의 승려나 빈객처럼 백마사에 행장을 풀지 않았을지 한다. 가족사에 따르면 신라는 분명 왕궁의 무당(법사)도 당나라 유학을 하도록 지원을 했다. 대륙의 옛 부호문자와 한자 그리고 궁정의 고대 점술은 이때 오랜만에 다시 김씨 가족에 지척으로 다가섰다.

종국적으로 왕조시대의 옛 문화재는 김씨의 가족

낙양(洛阳) 백마사는 한나라 때 이역의 빈객과 승려를 접대한 관사였다.

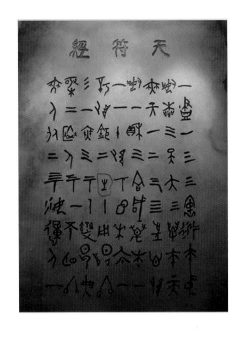

천부경 81자의 중간에 빨간 표식이 된 부호가 천룡(天龙,별자리)이다.

사에 이런저런 흔적을 남긴다. 한·당(漢·唐) 이후 대륙에 실전(失傳)된 궁정의 일부 단약 비법은 아직도 김씨 가족에 전승되고 있다. 상(商)나라 이후 비로소 대륙에 성행한 '외 103국(局)'의 부호문자가 유독 김씨 가족에 장악되고 있는 것도 마찬가지의 연유라고 하겠다. '외 103국'은 시사(詩詞)를 지어 괘상(卦象)을 묘사, 서술한 타유시(打油詩)이다.

『천부경(天符經)』이 바로 '외 103국(局)'의 부호문자 계통에 속한다. 『천부경』은 한반도 금강산의 석벽에 새겨 있었는데, 신라의 대학자 최치원(崔致遠)이 이것을 다시 옮겨 세상에 전했다고 한다.

"「천부경」을 해석한 글을 잠간 보았는데요, 부호를 판독한 순서부터 첫 단추를 잘못 채우고 있는 것 같아요."

김씨 총각의 말이다. 판독 내용의 잘잘못은 아예 거론할 필요가 없다는 것이다.

『천부경』은 총 81자 중간의 천룡(天龍, 별자리)을 둘러싸고 배열된다. 김씨 가족의 판독법에 따르면 『천부경』의 부호는 천룡 바로 아래의 부호부터 시작되어 시계바늘이 도는 방향으로 순서를 맞춘다. 이런 부호들은 4대 역(易)의 하나인 건곤역(乾坤易)으로 판독이 가능하다. 와중에 숫자 모양의 부호는 한자(漢字)의 기호가 아니라 괘상 자체이다. 일(一)은 중건괘(重乾卦), 둘 이(二)는 중태괘(重兌卦), 셋 삼(三)은 중리괘(重離卦)를 뜻한다.

김씨 가족의 선조는 모든 기회를 이용하여 다른 기술을 습득했다. 가족의 기술을 다른 가족의 기술과 맞바꿈 하기도 했다. 단군시대 후 대륙에 나타난 적지 않은 부호문자는 이렇게 김씨 가족에 전달, 전승되었다.

기록부호인 한자(漢字)도 김씨 가족의 기록물에 나타난다. 한자는 음과 의미를 아우른 의음(意音)문자이다. 하나하나의 글자에 음이 있고 의미가 있다. 회의자는 이런 한자를 각자의 의미에 따라 조합한 신조어이다. 옛 부호문자에 비해 너무 쉽고 간단하며 명료하다.

그러나 일부 한자와 괴이한 회의자는 현재로선 김씨 가족에만 전승되고 있으며 여타의 암석화나 골기 등에는 좀처럼 나타나지 않는다.

대륙에서 새로운 한자는 당나라 때 잠깐 얼굴을 비친 적 있다. 이 한자는 열여덟 자뿐이었으며 또 사용된 역사가 아주 짧았다. 무측천(武則天, 624~705)이 그의 재위 시절에 만들었는데, 그가 퇴위(退位)한 후 금방 버림을 받았던 것이다.

김씨 가족 기록물의 이야기를 들은 연변의 언어학자는 우리에게 귀띔을 했다.

"한자는 삼국시기에 벌써 한반도에 유입되었거든요. 김씨 가족 선조의 당나라 유학과 꼭 하나로 연결된다고 할 수 없어요."

한자는 상(商)나라 때의 갑골문에서 시작하여 변형, 발전하며 한나라 때 성행했다.

마침 동한(東漢) 때 가락국에 입궁한 공주 허황옥(許黃玉) 일행을 다시 상기하게 된다. 김씨 가족의 옛 기록문에 나타나는 한자와 회의자는 기실 허황옥 일행이 한반도에 전달한 고대 한자의 흔적일 수 있다는 게 중론이다. 와중에 난독, 난해하며 사전에도 없는 그런 회의자는 이 무렵 선대의 전승인이 만든 김씨 가족만의 신조어일 수 있는 것이다.

실제로 한자와 회의자는 가락국 초기의 김씨 가족 기록물에 적지 않게 나타난다.

김씨 가족이 전승하는 가락국 신화는 도합 69편으로 엮어졌는데, 국사로 있었던 선대의 월사(月師)가 태자와 함께 가락국의 신도읍을 찾던 이야기를 기술한다. 신화에는 편마다 부적이 한 점씩 등장하며 이 부적에는 가끔씩 한자와 회의자가 섞여 있다.

부족시대부터 비전(秘傳)되고 있는 '전성 88성도(全星88星圖)'에 한자가 출현한다. 성도의 여러 명칭은 모두 한자로 표기되어 있는 것이다. 현생 인간의 시조로 전하는 천궁(天穹)씨족의 계열 복희(伏羲)와 여와(女媧), 지궁(地穹)씨족의 계열 인물 소전(少典)과 밀황(宓凰)의 가계 그리고 창궁(蒼穹)씨족 계열의 늑대부족의 계급 위계(位階)는 신음자로 기록, 전승되고 있지만 이런 기록에도 한자 혹은 회의자가 동반하고 있다.

괴이한 회의자에는 특별히 라틴화한 병음(拼音)이 병기(倂記)되고 있는데, 이런 병음은 대륙에서 1955~1957년 문자개혁 때 비로소 만든 것이다. 여느 한자와는 달리 병음은 분명히 김씨 총각의 조부가 새롭게 첨부했다는 얘기가 된다.

그러고 보면 김씨 가족의 전승물에 나타나는 한자는 어느 특정된 조대나 전승인에게 국한되지 않고 있는 것이다.

사실상 반만년 전의 단군 세계(世系)의 계급 명칭에도 한자가 섞여 있다. 아니, 한자는 물론 난독, 난해한 한자 조합의 회의자도 있다.(사진 참고) 단군부족은 영황(酈皇), 복제(輻帝), 단군(檀君), 광왕(鷟王)으로 지도층의 상위 4층 계급을 형성한다. 황위(皇位)는 천신이며 제위(帝位)는 천신과 인간 사이의 자식이고 군위(君位)와 왕위(王位)는 그 후손을 의미한다. 귀족과 부호의 중위의 계급 2층 그리고 서민과 노예의 하위 계급 4층으로 위를 떠받치는 등 단군부족은 도합 10개 계층을 이루고 있었다. 상위 4층은 또 각기 천주(天主)와 지주(地主)로 나뉘는데, 단군은 지주의 상위인 천주의 위계(位階)로 부족의 실질적인 족장이고 수령이다.

단군은 기실 인명이 아니라 부족 계급의 서열 칭호였다고 김씨 총각이 설명한다.

단군신화에서 단군은 웅녀의 아들로 등장한다. 이에 따르면 단군부족의 실체는 곰부족이라는 것이다. 그러나 단군부족의 주체는 실은 곰부족이 아니다. 김씨 가족에 전승하는 부족전설의 이야기이다.

단군부족의 이야기를 김씨 총각은 어릴 때 신물 나도록 듣고 외웠다고 한다.

단군 부족의 계급 명칭, 일부는 난해한 회의자로 되어 있다.

"부족 수령의 명칭을 빌어서 단군부족이라고 부르기도 하는데요, 이들은 기실 8대 부족의 하나인 멧돼지부족인 겁니다."

멧돼지부족은 좌계(左階)와 우계(右階)로 나뉜다. 황제(黃帝)와 치우(蚩尤) 대전 후 좌계는 서쪽으로 이주했고 우계는 미구에 청호(靑狐)부족의 옛 경로를 따라 동쪽으로 이동했으며 종국적으로 한반도에 진출한다.

좌계의 멧돼지부족은 훗날 대우(大禹)가 치수할 때 겁난(劫難)을 입었다. 그때 아홉 머리의 괴물 이무기가 황하에서 늘 물난리를 일으켜 백성들에게 해를 끼쳤다고 한다. 대우가 둑을 쌓다가 삽으로 머리 하나를 끊어버리자 이무기는 고통스럽게 용트림을 했는데, 이때 둑의 일부가 무너졌고 멧돼지부족의 좌계는 물난리로 거의 몰살되다시피 했다. 그 후 또 온역이 퍼지고 내란이 일어나면서 부족의 좌계는 끝내 해체되고 말았다고 한다.

멧돼지부족이 좌계와 우계로 해체된 시점에는 하필이면 곰부족의 족장 퀘이가 문득 출현하고 있다.

퀘이는 황제와 치우 대전 후 가족과 이산(離散)되었다. 그는 대전 후 패가망신의 탈주자로 되고 있었다. 아들과 함께 치우의 진영에 가담했던 웅녀는 딸자식과 함께 대륙 서남부의 오지로 유배되었다. 퀘이는 일조일석에 몸뚱이 하나만 남은 빈털터리로 된 것이다. 일신의 재기와 가족의 부흥은 급기야 다른 세상으로 멀어지고 있었다.

퀘이가 어떻게 멧돼지부족의 일원으로 되었는지는 모른다. 그러나 그가 궤계를 쓴 것만은 분명하다. 퀘이는 금방 단군 구을/리의 딸과 정략(政略)적인 혼인을 맺었다. 혼인을 통해 멧돼지부족의 왕좌(단군)가 당금 손에 잡힐 듯 지척에 출현하였다.

그러나 부족의 왕좌는 쉽게 넘볼 수 없었다. 단군의 직계 후손이라야 직위 계승이 가능했다. 더구나 퀘이는 구을/리의 사위로 멧돼지부족의 외척(外戚)이었다. 그게 아니더라도 넘어야 할 산이 첩첩했다. 멧돼지부족의 여러 왕은 모두 단군 직위를 엿보고 음으로 양으로 쟁탈하고 있었다.

이 무렵 퀘이는 옛 이웃인 범부족을 수하에 근위대로 불러들였다. 또 늑대부족에서 떨어진 흑랑(黑狼)종족을 특별히 고용하여 조석으로 그의 좌우를 수반하게 했다. 흑랑종족은 점복과 제사 의례뿐만 아니라 무예에도 아주 능했던 것이다. 더는 권력과 재부가 없는 적수공권의 퀘이에게 흑랑종족이 종복(從僕)처럼 선뜻 따른 데는 나름대로 속셈이 있었다. 무엇보다 퀘이가 단군직위에 오른 후 흑랑종족에게 지불하기로 약속한 대가는 천사의 미소처럼 매혹적이었다. 하늘이 곰부족에게 내린 귀청문(鬼靑文)을 흑랑종족에게 선물하기로 답복을 했던 것이다.

"늑대부족은 곰부족을 강탈할 때 귀청문을 한꺼번에 다 얻은 게 아니지요. 귀청문의 적지 않은 비결은 전승인이 몸소 전수하지 않는다면 통달하기 힘들어요."

김씨 총각이 이렇게 설명을 했다.

퀘이의 신변에 접근이 가능하자 흑랑종족은 또 다른 음모를 꾸민다. 귀청문의 전부를 얻고 귀청문을 독차지하려는 흑심이 생겼던 것이다. 이 부분의 내용은 할아버지가 경정경정 건너뛰던 이야기에서 여기저기 숨은 퍼즐의 조각을 찾아 힘들게 복원한 것이다. 김씨의 가족사에서 떼어놓을 수 없는 한 부분이었지만 할아버지는 이걸 손자에게 낱낱이 밝히는 걸 못내 꺼려하고 있었다.

결국 흑랑종족은 퀘이가 주모한 쿠데타의 주력으로 되었다. 쿠데타는 서기전 2346년경에 일어났다고 김씨 가족사에 기록되어 있다. 진작부터 단군의 직위를 양도할 심산이었던 장인 구을/리는 기다렸다는 듯이 사위에게 냉큼 왕좌를 물려주었다. 그러나 퀘이의 단군 등극을 한사코 반대하던 부족의 많은 사람들은 피를 흘려야 했다.

이 대목에서 멧돼지부족이 갑자기 좌계와 우계로 해체된 이유를 읽을 수 있을 것 같다.

김씨 총각도 뭔가 전율을 느끼는 듯 몸을 오싹한다. "할아버지가 늘 귀띔처럼 당부하시던데요, 정치는 늑대와 호랑이보다 더 무섭다고 해요. 언제 어떻게 누구의 손에 죽는지도 모르게 된다고 말입니다."

쿠데타는 선후로 여섯 번이나 일어났다고 한다. 퀘이의 조카도 단군 자리를 빼앗은 적 있다. 이에 따라 단군의 계보는 둑에 막힌 물길처럼 드문드문 끊어진다. 퀘이도 쿠데타에서 성공한 후 금방 단군으로 등극한 게 아니다. 그가 부족 전체를 장악하고 도읍을 축조, 나라를 세웠을 때는 벌써 10년 세월이나 지난 시점이다. 마침내 퀘이는 부근의 적지 않은 성읍을 장악했으며 많은 인마를 통솔하게 되었다.

드디어 퀘이는 그를 진정한 단군이라고 세간에 선포했다. 개국한 이 단군은 후세에 의해 시조 단군으로 추앙된다. 퀘이는 부족의 관례대로 개명하고 그의 단군 이름을 거불리(巨弗理)라고 작명했다. (단군고사 등 문헌에는 이 이름이 나오지 않는다.) 사람들은 그를 빛과 광명을 갖다 준 여명(黎明) 군주라고 숭앙하면서 천강(天絳) 군주, 삼화(三火) 천황이라고 존칭했다. 별명은 또 하나 있었다. 일명 광명신(光明神)이라고 불렀다. 퀘이의 부친 숙촉조가 하늘의 태양신이라고 해서 지은 별칭이었다.

서기전 2333년, 빛과 광명을 갖다 주는 '고운 아침'의 나라는 이렇게 시작된다.

그러나 퀘이 왕조의 국명은 한(조선)민족의 상고사에 전하는 '조선(朝鮮)'이 아니다. 김씨 가족의 기록에 따르면 조선은 다른 부족인 조(朝)부족과 선비(鮮卑)부족 연맹의 국명을 이르는 말이라고 한다.

"퀘이가 세운 나라는 화웅국(火熊國)이라고 하는데요, 불 화(火)의 이 글자는 불이 하나가 아니라 세 개나 됩니다."

김씨 총각이 흰 종이위에 밝힌 나라 이름에 또 회의자가 나타나고 있었다. 불씨 세 개를 한꺼번에 지펴 이글이글 타오르는 태양의 불더미를 만든 이 기이한 글자는 한자 발음의 불 화(火)로 읽는다고 했다. 범호엄 '虍'의 발바닥에 장작처럼 불을 두 개 지피고 문밖에 창칼처럼 불을 하나 세워놓고 있었다. 범과 곰 두 부족의 이름으로 만든 국명이었다. 화웅국은 또 천화국(天火國), 성화국(聖火國), 화호국(火虎國)이라고 불렸다고 한다.

퀘이는 왕조를 세운 얼마 후 부족을 인솔하여 계속 이동했다. 그들은 선민(先民)의 청호부족이 남긴 옛 지도를 따라 북쪽으로 이주했다. 나라를 세운 요녕(遼寧) 지역을 떠나 북쪽으로 목단강(牡丹江)을 경유했으며 다시 남하하여 백두산에 이르렀다.

하늘의 삼태성(三台星)이 성지(聖池)에서 미역을 감듯 천지에 내려 몸을 담고 새별 같은 눈을 반짝이고 있었다.

2절 달문(達門)의 팔패 성군(聖君)과 제단

"우리 가족은 삼태성(三台星)을 태문성두(太門星斗)라고 부르는데요, 삼태성과 대응하는 땅자리를 지고(至高)의 상서로운 곳이라고 말합니다."

김씨 총각의 말이다.

황제(黃帝)의 왕릉과 이집트의 피라미드 그리고 마야의 절두의 피라미드는 모두 이 삼태성과 연관이 있다고 김씨 총각이 밝힌다. 백두산의 천지는 바로 삼태성의 별자리에 대응하는 풍수의 길지(吉地)라는 것이다. 별자리에 대응하는 땅위의 풍수의 길지는 3천년을 주기로 왕복을 한다고 한다.

하늘에 잇닿은 천지에 백두대간의 정기가 깊이 서려 있던가. 천지는 수심이 384미터로 세상의 제일 깊고 높은 호수로 자랑한다.

단군부족은 백두산에 이른 후 천지 아래의 오른쪽 산기슭에 마을을 세웠고 산정에 올라 제단을 세웠다. 호심의 제단은 임금의 천제(天祭)를 올렸고 병사봉(兵使峰)과 백운봉(白雲峰)의 제단은 각기 왕실과 장령을 위한 제사를 지냈다. 장인 구을/리(丘乙/利)가 사망한 후 단군 거불리(居佛理) 즉 퀘이는 그를 병사봉의 얼음 아래에 무덤을 파고 묻었다. 퀘이는 이 무렵 천지 기슭의 산봉우리에 그의 능을 축조하기 시작했다고 한다.

부족 수령과 공주의 능은 비석처럼 백두산에 적지 않게 세웠다. 그러나 유수의 왕가(王家)의 무덤은 부득불 이주 행로에 남겨졌으며 부족의 지도에 기록해둘 수밖에 없었다. 이주 과정에 공주 셋이 사망, 각기 목단강과 백두산에 무덤을 만들었다. 수령의 무덤은 도합 39개 되는데, 옛 성곽의 여기저기에 표식을 해두었다.

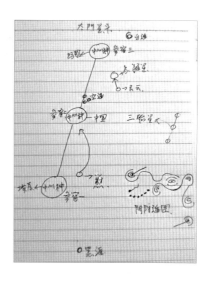

"신기한 순장(殉葬) 보물이 있었는데요, 천신군(天神君)의 목걸이라고 전합니다. 천신이 내릴 때 소지했던 옥기물이라고 하는데요, 이걸 무덤에 함께 넣었다고 합니다." 김씨 총각은 가족의 이야기 도중에 옛 비밀 하나를 털어놓았다. "이 목걸이는 산 사람이라면 늙지 않고 죽은 사람이라면 부패하지 않게 한답니다."

김씨 총각이 삼태성 주변의 별자리에 밝힌 흑둔(黑盾, 블랙홀)과 백둔(白盾, 화이트홀).

백두산 정상에 묻힌 단군은 1만년 후 부활한다고 김씨 가족에 전하고 있다. 전세(傳世)의 이 이야기에 등장하는 1만년은 마침 인류 역사의 문명시대에 해당한다. 현존식생에 크게 영향을 미친 빙하기는 지금으로부터 약 1만 5천 년 전에 끝났다고 한다. 인류는 빙하기가 끝난 뒤 출현했다는 것이다. 그래서 빙하기를 거치지 않고 진화와 번식을 거듭할 수 있었으며 현생 인류의 역사를 만들었다는 것이다.

김씨 가족은 대기년(對紀年), 천기년(天紀年) 등 연도 단위로 인간의 문명사를 기록하고 있다. 대기년은 태양년의 100만배 단위이며 천기년은 태양년의 10만배 단위이다. 그런데 하나의 천기년에는 벌써 여러 문명이 출현하여 흔적을 남기고 있는 것이다.

지질시대에서 가장 새로운 신생대(新生代)에만 해도 여러 번이나 반복된 빙하기에는 또 무슨 역사의 비밀이 숨겨져 있을까?…

백두산의 성군(聖君)은 단군 하나만 아니었다. 천지에서 흘러나오는 승사하(乘槎河)의 동쪽 기슭에 암자가 있었다는데, 팔괘 성군이 이곳에서 단약을 만들었다고 한다. 승차(乘槎)는 옛 이름으로 뗏목을 탄다는 의미이다. 그렇다면 팔괘 성군은 백두산 산봉에서 뗏목을 타고 천계로 올라가려고 했던가…

"성군님이 수련하던 곳이라고 전하는데요, 암자 부근에는 그분의 흔적이 꼭 남아 있을 거라고 합니다."

팔괘 성군의 무덤은 승사하 동쪽의 천문봉(天文峰)에 위치한다. 그의 공로를 치하하여 단군부족이 특별히 잡은 용맥(龍脈)의 길지라고 전한다.

성군이 수련하던 암자 역시 하늘이 숨긴 명당이었다. 천지에서 손꼽힐 정도로 기가 센 곳이라서 일반 사람은 살 수 없었고 절이나 탑이 들어서야만 했다. 수천 년이 지난 1920년대에도 이 자리에는 또 사찰이 나타난다. 성군의 옛 별호를 기억에 떠올리게 하는 '팔괘묘(八卦廟)'이다.

옛날부터 단군시대의 사화(史話)는 한낱 신화로 간주되고 있다. 상고시대의 인간의 사유나 표상이 반영된 신성한 이야기라는 것이다. 그렇다면 한 자리에 동일한 표상으로 두 번 출현한 팔괘의 사찰은 과연 반만년의 우연한 일치일까.

기실 천지 주변의 단군 제단도 오래전부터 세간에 전하고 있다. 백두산의 최고봉인 병사봉 비탈의 언덕에 단군 제단이 있었다는 것이다. 한때 평양 사회과학원의 학자들과 함께 백두산을 고찰했던 연변대학 이씨 교수가

귀로 직접 들은 적 있다고 말한다. 이때 이씨 교수는
병사봉 비탈의 계단을 따라 천지에 내려 얼음 같은 천
상수(天上水)를 손바닥에 움켜쥘 수 있었다.

　부족의 인심을 잡기 위해 단군 거불리는 그의 술법
을 조각조각 나눠서 수하에게 늘 선물로 하사했다. "필
경은 정변을 통해 단군으로 등극하지 않았어요? 더구
나 퀘이는 외척의 신분이었거든요. 멧돼지부족의 마음
을 잡아두기 힘들었겠지요."

　단군 거불리는 부족의 누군가 공을 세우면 그에게
땅을 분여했고 또 일부 기술과 방법을 주었다. 곰부족
의 전유물이었던 귀청문(鬼靑門)은 차츰 멧돼지부족에

게도 분산되어 전달, 전파되었다.

부호문자를 많고 적든 읽을 줄 아는 사람은 일찍 다른 부족에도 존속하고 있었다.

늑대부족은 여섯 부락과 담합하여 곰부족과 싸운 후 함께 귀청문을 나눴다. 신부(神符) 귀청문이 그려져 있는 사슴 가죽을 일곱 개로 쪼개어 일곱 부락이 각기 소유했으며 훗날 각 부락 족장의 후임자가 이걸 전승했다. 이때 늑대부족도 사슴 가죽의 전부가 아닌 일부의 신부만 갖고 있었다. 그들이 전부의 신부를 차지한 건 백두산에 오른 후의 이야기이다.

"부호문자에 천지술(天地術)이 들어있는데요, 화술(和術), 기술(氣術), 변술(變術), 둔술(遁術)을 통합해서 이르는 말입니다. 쉽게 얘기하면 점을 치는 술법인데요. 또 천맥(天脈, 별자리), 수맥(水脈, 땅의 정기가 순환하는 맥락) 그림이 있습니다."

부족 전쟁에서 늑대부족은 천지술의 화술과 기술, 변술을 빼앗는다. 그러나 이름처럼 신기한 둔술은 끝내 얻지 못했다. 나중에 흑랑종족이 퀘이를 신변에서 보호하는 조건부로 삼아 둔술을 전수 받게 되었던 것이다.

선후하여 귀청문을 다다소소 받았던 부족의 성씨는 일일이 밝히기 힘들다. 인간은 부족의 생성과 이합(離合)의 과정을 겪었다. 현생 인간이 가족을 이루고 종족끼리 무리를 지어 산 것은 약 1만 년 전 빙하기가 끝날 때였나. 기후기 따뜻해지면서 사람들은 농사를 짓고 목축을 하면서 정착하여 살았던 것이다. 단군시대의 범부족, 곰부족, 늑대부족은 모두 혈통 중심의 종족사회였다.

늑대부족의 일맥(一脈)이었던 흑랑(黑狼)종족은 미구에 목랑(木狼)종족과 갈라졌고 뒤미처 단군부족과 연맹을 결성했던 것이다. 정작 단군부족이라고 일컫는 멧돼지부족은 좌계(左階)와 우계(右階)가 내분으로 서로 갈라지며 훗날 많은 곡절을 겪은 후에야 다시 한 깃발 아래에 합쳤다고 한다.

그때 그 시기 사람들은 성씨가 아닌 부족, 부락으로 구분했다. 부락연맹의 수령 황제(黃帝)는 성씨를 공손(公孫) 혹은 희(姬)라고 하는데, 실은 후세 사람들이 만들어서 지은 성씨라는 게 일반적인 설이다. 진·한(秦·漢) 이후 성씨는 갈수록 일반화 되었으며 황제가 성씨를 내리기도 했다.

한(조선)민족은 어떠한 경우에도 성씨를 바꾸지 않는다는 성불역(姓不易)의 불문율 원칙이 있다. 여자가 시집을 가서 남편의 호적에 들어가더라도 남편의 성을 따르지 않고 본래의 자기의 성을 유지한다. 그래서 한 지붕 아래에서 조모와 어머니, 며느리의 성이 각기 다를 수 있다.

그러나 중국의 왕조처럼 사성(賜姓)을 하여 성씨를 물려줄 수 있었다. 아주 드물었지만 이런 특이한 사례는 벌써 가락국 시대에 출현하고 있었다. 왕비 허황옥(許黃玉)이 "첩은 동토의 객이니 사후에 오성(吾性)을 전하지 못함이 한이 되옵니다."라고 하니 김수로(金首露)는 맏아들 거등(居登)을 김씨로 왕통을 잇게 하고, 두 아들은 허황옥의 성씨인 허씨로 성씨를 내려 허황옥의 족계를 잇게 했던 것이다.

허황옥이 바다를 건너오던 그 무렵인 동한(東漢, 25~220) 때 성씨는 대륙에서 별처럼 무수히 쏟아지고 있었다. 수로(首露)의 김해 김씨나 알지(閼智)의 경주 김씨 역시 이즈음 한반도에 나타나서 대륙의 성씨 제도를 수용하고 있었다.

단군부족은 종국적으로 정씨(鄭氏)와 박씨(朴氏) 두 성씨로 갈라진다. 정씨와 박씨는 각기 멧돼지부족의 좌계와 우계 족속의 성씨가 아닐지 한다. 이때 그들은 늑대부족과 마찬가지로 모두 한반도를 종단하여 남단에 정착하고 있었다.

『삼국사기(三國史記)』의 기록에 따르면 취산(觜山) 진지촌(珍支村)의 본피부락(本彼部) 촌장 지백호(智伯虎)가 정씨의 시조이었다고 한다. 본피부락은 현재의 경주시 중심부에 위치하는데, 소속한 진지촌은 신라 6촌(六村)의 하나이다. 모든 박씨의 유일한 선조라고 전하는 박혁거세는 바로 진지촌을 망라한 여섯 마을 촌장들의 추대를 받아 나라를 세웠던 것이다.

한 하늘을 이고 한 지붕 아래에 살았으며 한 나라의 기둥을 세웠다. 그러나 정씨와 박씨는 단군부족의 역사만큼이나 내홍(內訌)이 몹시 깊었다. 언제인가 두 가족은 서로 피와 살이 튀는 처절한 싸움을 벌이기에 이르렀다. 이때 술법에 강한 박씨 종족이 정씨 종족을 몰살하다시피 했다고 김씨 가족에 전하고 있다. 결국 정씨의 인구가 박씨보다 훨씬 적게 된 연유라고 한다.

"박씨는 우리 가족처럼 점술사들이라고 얘기하던데요, 특별히 복술(卜術)과 방토(굿을 이르는 북한말)에 능하다고 합니다. 그들은 방토로 사람을 죽일 수도 있다고 해요."

할아버지는 손자에게 될수록 박씨 무당을 피하라고 귀띔을 했다고 한다. 실제 점복 '복(卜)'은 사람이 점을 치는 모습으로 단군 지위의 제사장 계급을 뜻한다는 얘기는 오래 전부터 항간에 전하고 있다. 단군 자체도 무당이었고 단군의 후손이라는 것을 명시하기 위해 애초에 박씨라는 한자 성씨에 점복 글자를 넣었다는 것이다.

박씨의 시조는 기실 귀모(鬼母) 즉 무녀(巫婆)라고 할아버지에게 손자에게 알려주고 있었다. 부족의 정신세계를 통제하는 등 실질적인 권력자로 있었다는 것이다. 귀모가 죽으면 후임자는 그녀의 머리를 베어 조석으로 공봉을 했다고 한다.

사실상 이와 비슷한 이야기는 『삼국사기(三國史記)』에도 등장한다.

혁거세는 죽어서 하늘로 올라갔다. 죽은 지 7일 만에 하늘에서 그의 시신이 흩어져 땅으로 떨어졌다. 이에 백성들은 땅에 흩어진 왕의 몸을 한자리에 모아 제사를 지내려 하였다. 그런데 큰 뱀이 나타나 쫓아다니며 왕의 몸을 한자리에 모으지 못하게 방해했다. 그래서 백성들은 혁거세의 머리와 팔다리를 따로따로 다섯 개의 무덤을 만들고 그것을 사릉(蛇陵)이라고 했다.

'큰 뱀'은 일찍 백두산에도 나타나 단군부족의 연맹을 해체하고 있었다. 늑대부족은 백두산에 정착한 후 미구에 동쪽으로 이주, 한반도를 종단하여 남쪽 끝머리에 진출한다. 이에 앞서 족장은 흑랑종족의 1/3의 성원에게 따로 임무를 맡겨 부족연맹에 머물게 했다. 훗날 그들은 경주 일대에 와서 본 종족과 합쳤는데, 임무를 완성하는데 웅근 10년 세월이 걸렸다고 한다.

10년의 임무가 도대체 뭔지를 할아버지는 끝끝내 손자에게 분명히 밝히지 않았다. 암튼 그즈음 귀청문의 유일한 전승인은 흑랑종족으로 바뀐다. 하늘의 태양과 함께 존속하리라던 단군부족은 드디어 서산낙일처럼 파멸로 치닫는다.

서기전 795년 단군의 나라가 드디어 멸망했다. 그때로부터 단군부족의 역사는 차츰 인간의 단체 기억에서 망실(忘失)되며 신화에만 나오는 옛날의 신기한 이야기로만 유전된다.

김씨 가족의 옛 기록에 따르면 마지막 단군은 강동군(江東君)에 매장되었다. 그리고 보면 강동군에 출현한 지명 대박산(大朴山)은 결코 뜻밖의 출현이 아닌 것이다. 나라가 멸망된 얼마 후 멧돼지부족은 박혁거세라는 전설적인 인물로 출현하여 다시 한 번 부족의 굴기를 시도한다.

할아버지는 꼭 명념(銘念)을 하라고 손자에게 거듭 부탁했다. "신부(귀청문, 鬼靑文)를 빼앗을 건 다 빼앗았니라. 지금은 이걸 우리 김씨 가족만 쓰고 있는 거란다."

귀청문은 선조의 반만년의 신령과 함께 한 신기(神器)이었다. 천년, 만년을 수호하면서 김씨 가족이 대대로 전승할 비밀의 가보(家寶)이었다. 아니, 부족(민족)의 보물이요, 나라의 보물이었다.

신력(神力)은 천운에 따라 얻고 또 인연에 따라 쓰이게 된다. 제 아무리 능력자라도 이것이 갖춰있지 않다면 함부로 운명을 개척하겠다고 망동(妄動)을 하지 말아야 한다.

이날 김씨 총각은 머뭇머뭇하다 힘들게 말문을 열고 있었다. 아직도 적지 않은 이야기는 부득불 그의 머리에 감춰둘 수밖에 없다고 했다. '태양의 힘'은 함부로 세상에 드러내고 술법을 사용하는 게 아니라는 것. 비술은 숨긴 비수와 같다면서 섣불리 사용하지 말라고 할아버지는 손자에게 거듭 당부했다고 한다.

마침내 비밀의 베일을 걷자 뒤미처 웬 두려움이 몰려오고 있었다.

"할아버지가 재삼 말씀하시던데요, 자칫하면 저의 주변에 피의 바람이 일어날 수 있다고 해요."

제7장

비밀의 성도(星圖)와 전설의 비문(秘文)

할아버지는 손자의 고사리 손을 잡고 마을의 뒷산에 올랐다. 둥근 달이 하늘에 휘영청 떠오르고 있었다. 시골의 밤하늘은 두만강의 푸른 물처럼 맑았다. 손자는 별들을 하나 둘 일일이 세었다. 손가락으로 별을 짚을 때마다 머리에 신음자(神音字)를 떠올렸다. 신음자는 별의 이름과 방위, 거리는 별을 기록한 부호문자이다.

별자리의 그림을 '전성(全星) 88성도(星圖)'라고 부른다. 인간의 육안으로 볼 수 있는 하늘의 별은 기껏해야 1천여 개 뿐이다. 그런데 성도(星圖)를 이룬 88개의 구궁도(九宮圖)는 무려 3650개의 별을 그리고 있다.

"수련의 6단계부터 별들이 다 보인다고 하는데요. 저도 그 차원에 곧 이를 것 같아요."

김씨 총각이 말하는 수련은 가족의 비밀한 기공(氣功) 술법을 가리킨다. 기공은 하단전(下丹田)에 의식을 두는 호흡방법을 이르는 게 통념이다. 그

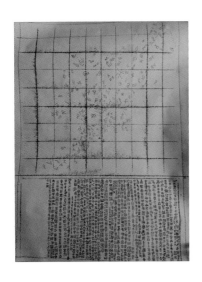

전성88성도(全星
88星图)의 천기도
(天机图).

러나 그에게 전수된 토납술(吐納術)은 아무래도 특이했다. 기의 덩어리는 단전이 아닌 복부 상부의 웬 '비밀의 집'에 뭉친다. 여덟 단계의 토납술은 단계마다 각기 다른 수인(手印) 도합 여덟 개를 사용한다.

어느덧 손자는 임독(任督) 이맥(二脉)을 진통(眞通)했다. 이맥이 통하면 백맥(百脈)이 통한다.

토납술의 명칭에 나오는 재주 술(術)은 이상한 글자라고 김씨 총각이 말한다. "끝 루(娄)의 오른쪽에요, 화살을 메워서 쏘는 활 궁(弓)을 기대어 놓아요. 이 글자는 사전에서는 찾을 수 없는데요." 끝의 루는 이때는 별 이름을 의미하며, 활의 궁은 쏘는 방법과 기술을 뜻한다. 김씨 가족이라면 쉽게 읽고 해석할 수 있는 별다른 의미의 회의자(會意字)이다.

토납술을 수련할 때면 김씨 총각은 수인(手印)을 짓고 구결(口訣)을 외운다. 드디어 의식의 그 '처음'에 도달하여 무아의 상태에 들어간다. 물건의 형태, 인간의 형상, 바람의 소리는 금세 노랗고 파랗고 붉은 오색으로 각각 나타난다.

가족의 이 신기한 기공술(氣功術)은 결국 다른 사람들에게 발각되고 말았다. 신기를 체험하느라고 김씨 총

186

각은 그만 가족의 비밀을 하나 누설했던 것이다.

　5년 전이었다. 그날 가게를 찾아온 손님의 몸에 약간 검은 기운이 서리고 있었다. 뭐지 하고 김씨 총각은 기를 움직여 슬며시 천안(天眼)을 열었다. 배꼽 근처에 웬 작은 덩어리가 나타났다. 종양이라고 알려주자 손님은 허겁지겁 병원에 달려갔다. 그러나 엑스레이에 나타난 배속에는 이상이 없었다. "무슨 헛된 장난을 하는 거야" 하고 손님은 언짢다는 표정을 지었다. 그러자 김씨 총각은 생판 거짓말이라곤 모른다면서 어성을 버럭 높였다. 손님은 반신반의로 이번에는 도회지의 큰 병원을 찾아갔다. 어럽쇼, 정말 종양이 있었고 미구에 악성으로 번질 수 있다는 진단이 나왔다.

　"이걸 어떻게 알고 병원을 찾아왔어요?" 하고 사연을 듣고 난 의사는 종내 미덥지 않다면서 고개를 홰홰 내젓더란다. "아니, 눈으로 배안의 혹을 보았다니요? 더구나 쌀알 같은 이 작은 혹 덩어리는 투시경으로 찾기도 힘든데요…"

　가게는 연길(延吉) 시내 변두리의 작은 골목에 있었지만 입소문을 타고 손님이 가게에 줄을 이었다. 언제부터인가 김씨 총각을 만나려면 예약을 해야 할 정도가 되었다.

가족의 특이한 기공술인 기납술의 제8단계 수인.

1절 역(易)의 비문(秘文)에 현신한 삼황오제(三皇五帝)

하도(河圖)를 몸뚱이에 새긴 용마(龍馬)가 문득 황하(黃河)에서 뛰어올랐으며, 낙서(洛書)를 등에 업은 신귀(神龜, 신기한 거북이)가 서서히 낙수(洛水)에서 떠올랐다. 비문(秘文)의 신기한 천서(天書)는 이렇게 신물(神物)과 함께 대륙에 출현한다.

현생 인간의 시조 복희(伏羲)는 하도를 얻은 후 역(易)의 팔괘(八卦)를 만들었다. 괘 건(乾)을 남쪽에 놓고 곤(坤)을 북쪽에 그린 선천(先天) 팔괘는 이렇게 생겼다고 한다. 낙서는 복희의 팔괘 방위의 괘수(卦數)라는 것이다. 그 후 주(周)나라의 문왕(文王)이 다시 괘 리(離)를 남쪽, 감(坎)를 북쪽에 놓은 후천(後天) 팔괘를 그렸으며 이로써 64괘를 전개하고 각기 괘사(卦辭)를 썼다.

하도와 낙서는 만물의 생성과 변화, 소멸의 과정을 그림으로 펼친다. 팔괘와 음양오행(陰陽五行)의 술수(術數), 태극(太極), 육갑(六甲), 구성(九星), 풍수(風水)의 시작은 모두 여기에서 찾을 수 있다.

하도는 주(周)나라 때 벌써 왕실의 보배로 되고 있었다. 강왕(康王)은 즉위한 후 성왕(成王)으로부터 8점의 국보를 계승했다고 『상서(尙書)』가 기록한다. 『상서』는 전국(戰國)시기에 만들어진 약 3천 년 전의 사서(史書)이다. 이 책에 따르면 "월옥(越玉)의 5층 진보(陳寶, 진열한 보배)이다. 적도(赤刀), 대훈(大訓), 홍벽(弘壁), 완염(琬琰)이 서쪽 벽(진열대에 있고 대옥(大玉), 이옥

(夷玉), 천구(天球), 하
도가 동쪽 벽에 있다."
이 가운데서 홍벽, 완
염, 대옥, 이옥, 천구는
여러 산지의 보옥(寶
玉)이며 적도는 주나
라 무왕(武王)이 상(商)
나라의 마지막 왕 주

왕(紂王)을 정벌할 때 사용하던 칼이고 대훈은 선왕(先
王)의 훈계를 적은 전적(典籍)이라고 한다. 하도는 주나
라의 선왕이 전수하는 이런 보물과 더불어 국보 진열
장에서 어깨를 나란히 하고 있었다.

그리고 보면 하도는 신화와 전설의 시대를 지나 신
사(信史)시대를 잇고 있었다. 복희 때 세상에 출현한 후
황제, 요(堯), 순(舜), 우(禹)가 낙관(落款)을 올렸고 또 상
나라의 탕(湯)을 거쳐 주공(周公), 성왕, 강왕이 모두 성
물(聖物)처럼 보관하고 있었다.

역(易)하면 대개 주역을 일컫지만, 김씨 가족에서 역
은 단지 주역 하나만 가리키는 것이 아니라고 김씨 총
각이 거듭 말한다.

"연산(連山)과 귀장(歸藏)이 있는데요. 저는 어릴 때
이 역을 다 익혔습니다. 주역도 당연히 배웠구요."

연산역과 귀장역은 주역을 합쳐 '삼역(三易)'이라고

부른다고 『주례(周禮)』가 기록하고 있다. 『주례』는 한(漢)나라 때 만든 책인데, 연산은 난대(蘭臺, 장서각), 귀장은 태복(太卜, 음양점복의 관리부문)에 소장되었다고 전한다. 연산은 8만언(言, 자)이고 귀장은 4천3백언(言, 자)이며 각자의 첫 괘는 서로 다르다. 연산은 간괘(艮卦)로 시작하며 '산이 구름 위에 떠오르고 연연이 이어진다'는 의미를 상징한다. 귀장은 곤괘(坤卦)로 시작하며 '만물이 땅속에 귀장한다'는 것을 상징하며 만물이 모두 땅에서 생성하고 종국적으로 땅에 귀장한다는 것을 의미한다. 주역은 건괘(乾卦)로 시작하며 주나라 문왕(文王)이 만든 역으로 시초의 옛 역이 아니다. 연산과 귀장, 주역 삼역은 대륙 점복의 원전(原典)으로 추앙되며 각기 부동한 체계로 각자 사용하는 절차와 방법도 다르다.

"연산과 귀장은 한(漢)나라 후 실전되었다고 합니다. 지금은 주역만 잔존하고 있다는 건데요. 그럼 할아버지가 배워준 건 거짓의 연산이나 귀장이라는 건가요… 정말로 책(문헌)이라고 해서 그대로 믿어야 할지 의심이 더럭 생깁니다."

김씨 총각은 가족에 전승하고 있는 역의 그림을 종이위에 그렸다. 여러 역의 8괘에 각기 표시되는 그림은 원과 점, 선, 꺽쇠 모양으로 서로 달랐다. 또 고서의 기록과 달리 연산은 곤괘(坤卦)로 시작하고 귀장은 간괘(艮卦)로 시작하고 있었다. 땅위에 산이 있으며 이 산은 만물을 숨길 수 있다는 것을 의미한단다. "인간은 물론이구요, 신(神)과 귀(鬼), 영(靈) 그리고 괴(怪)를 봐요. 이런 불가사의한 존재도 산에는 다 있거든요."

이건 또 뭐지? 김씨 총각이 그린 역은 분명히 세 개 즉 삼역이 아니었다. 연산과 귀장, 주역이 있었고 이밖에 또 건곤(乾坤)이 있었다.

실제로 삼역이라고 하면 연산과 귀장, 건곤을 가리키는 말이라고 『삼분

『三墳』이 서술한다. 주역은 애초에 삼역의 일부가 아니었다는 것이다.『삼분』은 삼황(三皇) 복희와 신농(神農), 황제(黃帝)의 사적(事績)을 적은 상고 시대의 고서이다. 무덤 분(墳)은 이때 땅의 문화를 기록한 책이라는 의미가 되며 삼분은 주역 이전의 역학 체계를 뜻한다. 『삼분(三墳)』은 산분(山墳)과 기분(氣墳), 형분(形墳)으로 나누는데, 연산은 산분으로서 복희가 만들었으며 귀장은 기분으로서 신농이 만들었고 건곤은 형분으로서 황제가 만든 것이라고 기록한다. 그러나 김씨 가족에 기록된 이야기로 유추하면 복희와 신농, 황제는 삼역의 창조자라기보다 전수자일 가능성이 더 높다.

김씨 총각은 『삼분(三墳)』의 세 개의 역을 한마디로 쉽게 해석했다. "연산은 혈과 무덤 같은 풍수를 보는데요, 귀장은 수맥과 집 자리 같은 풍수를 봅니다. 그리고 건곤은 생로병사 같은 운명과 운수를 보는 거죠."

역은 삼황의 신화와 전설의 시대를 지나 왕조시대에 등장한다. 주문왕은 선대의 연산, 귀장, 건곤을 습득한 후 이 삼역을 쉽게 이해, 이용할 수 있는 입문서를 만들었다. 현재 역술사(易術師)라면 주역을 숙지하고 또 연산과 귀장을 다다소소 귀로 익히고 있다. 그러나 건곤을 알고 있는 경우는 극히 희소하다.

건곤의 문 역시 하늘 건괘(乾卦)로 여기는 것으로 옛 문헌이 전한다. 그러나 김씨 가족은 소택지 태괘(兌卦)로 건곤의 문을 열고 있다. 건곤은 천문, 지리, 인사(人事)를 발현(發顯)하는데 혼백의 형(形)도 이 역에서 출현한다. 건곤역의 이야기를 구구히 적는 건 건곤역을 모르면 기문둔갑(奇門遁甲)을 제대로 쓸 수 없기 때문이다. 기문둔갑은 고대 술수(術數)의 제일 신묘한 비술(秘術)인데, 연산이나 귀장처럼 역시 실전된 지 오래다. 그래서 다들 기문둔갑이라고 하면 인제는 점술로만 알고 있는 현 주소이다.

무엇보다 건곤역은 이름이 자못 흥미롭다. 먼저 하늘 건(乾)을 보자. 오른쪽의 글자는 빌 걸(乞)로 애걸한다는 뜻이다. 왼쪽의 글자의 가운데 글자 날 일(日)은 십자가에 앉아 십자를 머리에 이고 있는데, 머리에 우산을 쓰고 가마에 앉은 태양(신)의 틀거지이다. 이번에는 땅 곤(坤)을 보자. 왼쪽은 땅 토(土)이며 오른쪽의 거듭할 신(申)은 한낮의 태양이 땅을 곧게 내리 비추는 모양새이다. 건곤 두 글자를 합치면 해가 일찍 떠올라서 땅을 밝혀 주시옵소서 하고 하늘과 땅에 기도하는 의미가 된다.

"우리 가족에 전승하는 역은 네 개 다 있지만요, (기존) 문헌과 동일한 내용의 역은 주역 하나뿐입니다."

주역은 건괘(乾卦)를 첫 괘로 삼고 있다. 건괘를 첫 괘로 삼는 것은 "하늘과 땅이 있어서 만물이 생기고, 하늘과 땅 사이를 채우는 것이 만물"이기 때문이다. 하늘과 땅이 생긴 후 음양의 기가 충만 되었다. 하늘과 땅은 다만 음양의 기운이 이룬 실체일 따름이다. 주문왕(周文王)이 상(商)나라 말 주왕(紂王)에게 수감되어 있을 때 복희의 '선천팔괘'에 근거하여 '후천팔괘'를 연역(演繹)하고 주역을 지었다고 전한다. 옥에 7년 동안 갇혀 있으면서 천지인(天地人) 즉 천도(天道)와 지도(地道), 인도(人道) 합일의 큰 깨달음을 얻었던 것이다.

인간의 이 깨달음은 하늘과 땅 사이에 다 통하는 게 아니다. 일각에서는 주역을 동양의 가장 난해한 글로 일컫고 있다. 그러나 김씨 총각은 네 개의 역에서 주역이 제일 쉬운 역이라고 말한다. 그래서 한마디로 고대 삼역의 입문서라고 말한다는 것이다.

"주역은 다른 역보다 아주 간단하구요, 사용하는데도 제일 편합니다. 이 때문에 연산이나 귀장, 건곤 같은 역술이 나중에 실전되지 않았을까 하고 생각할 때가 많아요."

일월성진은 천도를 발현하고 역은 인간의 운세를 볼 수 있다. 역술을 사용할 때 김씨 총각은 64괘의 구결(口訣)을 외운다. 이 구결은 반만년을 이어 김씨 가족에만 전승하고 있는 유일무이의 비결(秘訣)이다.

역술이 한반도에 사용된 최초의 기록은 『삼국유사(三國遺事)』에 등장한다. 김질(金叱)이 가락국 제6세 좌지왕(坐知王)으로 즉위한 의희(義熙) 3년(407) 있은 일이다. 「가락국기(駕洛國記)」에 기록된데 의하면 김질이 천한 신분의 용녀(傭女)에게 장가들고 또 그 여자의 무리를 관리를 등용하니 나라가 시끄러웠다고 한다. 이때 국운이 근심되어 역술가에게 길흉을 물은 신하가 있었던 것이다.

"(이에) 계림(鷄林)이 꾀를 내어 써서 치려하므로 박원도(朴元道)라고 하는 신하가 왕에게 간했다. '유초(遺草)를 보고 또 보아도 역시 털이 나는 법인데 하물며 사람인들 다르겠습니까. 하늘이 망하고 땅이 꺼지면 사람이 어느 곳에서 보존하오리까. 또 점쟁이가 점을 쳐서 해괘(解卦)를 얻었는데 그 괘사(卦辭)에 소인을 없애면 군자(君子)가 와서 도울 것이라고 했으니 왕께서는 역의 괘를 살피시소서.' 그러자 왕은 용녀를 내쳐서 하산도(荷山島)로 귀양을 보내고 정치를 고쳐 행하여 백성을 편안하게 다스렸다."

가족사에 따르면 역술 점쟁이는 김씨 가족 선대의 월사(月師)일 수 있다. 그러나 한반도의 문헌 기록에는 그의 이름이 적히지 않고 있다. 실제로 김씨의 가족사는 정사(正史)에서 좀처럼 읽을 수 없다. 적지 않은 이야기는 전승인을 제외하고 가족 성원에게도 쉽게 누설하지 않고 있다. 와중에 일부는 부족시대에 전쟁과 도주, 이주 과정에 분실되었고 일부는 왕조시대에 스스로 소각하기도 했다.

김씨 가족은 한반도의 다섯 왕조를 걸쳐 모두 궁정의 점성가로 있었다. 가족의 구전과 기록에 따르면 그들은 가락국시대에 가족사의 전성기를 보냈다고 한다. 그러나 반도의 왕조 여러 시대에서 모두 순탄하고 흥성한 게 아니었다. 세 번째 왕조 때는 별궁에 '볼모'처럼 갇혔고 네 번째 왕조 때는 부득불 족보를 불사르기에 이르렀다. 마지막 왕조 때는 나라가 일본에 강제적으로 병합되자 온 가족이 그예 두만강을 건너 만주로 이민을 강행했다.

"우리 가족사는 가족의 구전과 기록으로 전하는 이야기에서 읽을 수 있습니다. 대륙과 반도의 옛 제단과 무덤에서 이걸 확인할 수 있어요."

상고시대부터 김씨 가족이 전승하고 있는 지도(地圖)와 성도(星圖)에서 답안을 찾을 수 있다는 것이다. 야사(野史)로 알고 있던 많은 내용은 비록 공식 문헌에는 기록되지 않지만, 이미 출토된 유적이나 유물에서 상당한 가능성을 가지고 접근할 수 있는 좌증(左證)을 확보할 수 있다.

왕궁의 옛 무술(巫術)은 태자가 직접 관리하고 있었다고 한다. 이때 신탁(神託, 신내림), 성항(星恒), 샤먼 등 3대 분파를 이루고 있었다고 가족에 구전한다. 품계 서열에서 신탁은 1품이었고 성항은 2품이었으며 샤먼은 3품이었다는 것이다. 또 무술 분파의 밖에 장인(匠人)이 따로 그들의 일파(一派)를 만들고 있었다.

일찍 부족시대에 천신의 '태양의 힘'을 전승한 김씨 가속은 성항 일파를 형성했다. 점성술과 역술, 풍수가 성항의 무술의 주종을 이루고 있었다. 이 무렵 신탁과 샤먼 그리고 장인 등 다른 부족의 기술도 차츰 성항 일파가 전승하는 내용의 일부로 되고 있었다.

무술(巫術)에 대한 의욕은 상고시대부터 가족의 유전자에 가득 차있는 듯

했다. 김씨 총각은 이번에는 지인의 도움으로 타로(TAROT)를 배웠다고한다. 타로는 중세기에 유럽에서 유행되었던 서방의 옛 점술 도구이다.

"'주역'처럼 서방에서 몹시 유명하다고 하는데요. 그래서 타로를 꼭 배우고 싶었습니다."

김씨 가족에 기록된 연산, 귀장, 주역, 건곤 등 네개역의 표기.

김씨 총각이 타로 기술은 진작부터 고급 점술사의 수준이다. 타로에 능숙하든 말든 그의 신분은 기실 점성사이다. 그러나 이런 신분은 아직도 모두 비공개이며 그냥 역술사라는 이름으로 항간에 알려지고 있다. 하긴 역술은 타로나 점성술과는 달리 정부로부터 대륙의 전통문화로 승인, 존숭을 받고 있기 때문이다. 하도, 낙서는 일찍 2014년에 중국 국가급 비문화재로 지정되었다. 주역과 역경 연구회는 대륙의 거의 모든 대도시에 설립되어 있다. 김씨 총각은 얼마 전 연변의 '주역연구회'에 가입했는데, 이 연구회 역시 정부가 공식 승인하는 민간 법인단체이다. 주역 명목의 '역술사(점술사)'는 현지에만 무려 300여명이나 된다고 하는 연구회의 집계가 있다.

점복은 전세의 과거를 읽고 현세의 오늘을 보며 내

세의 미래를 예측한다. 점복의 비술(秘術)은 끝머리에 닿으면 종국적으로 통령(通靈)의 경지와 만난다. 인간에게 잠재한 신비한 힘은 도대체 어디에 뿌리를 내리고 있는 걸까.

"(그것인즉) 하늘의 기운과 땅의 기운을 받은 신의 힘이니라."

다섯 개의 옛 부호문자에 담긴 심오한 의미이다. 김씨 가족의 옛 기록문은 이렇게 첫마디를 떼고 있다.

2절 기문(奇門)의 땅으로 둔갑(遁甲)한 가족

    말 그대로 세상사를 훌떡 뒤집은 기문(奇聞)이다. 웅녀(熊女)가 글쎄 치우(蚩尤)와 사돈간이란다. 웅녀의 외손녀가 치우의 아들과 결혼, 슬하에 2남2녀를 두었고 또 웅녀의 양손녀가 치우의 손자와 결혼하여 아들딸을 낳았다는 것이다.

    "두 가족은 서로 친척이 되는 걸로 부족의 자원을 서로 병합한 거죠."

    옛날 가족의 혼인은 대를 잇기 위한 것이었으며 나아가 친분을 결성하려는 것이었다. 실제로 범부족도 이런 친분 관계 때문에 나중에 웅녀의 곰부족과 더불어 치우 진영의 일원으로 되었던 것이다. 범부족은 곰부족과 마찬가지로 지궁(地穹)씨족의 일부이다.

    지궁씨족의 시조는 태고 적의 전기적 인물인 소전(少典)이다.

    씨족하면 곧장 인류의 최초의

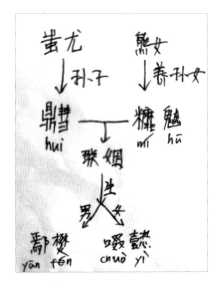

치우와 웅녀의
사돈관계 표시도
일부.

시조로 추앙하는 복희(伏羲)와 여와(女娲)를 머리에 떠올리게 된다. 기실 그들 둘은 천궁(天穹)씨족의 시조일 따름이다. 김씨 가족이 대대로 공봉하고 있는 고신(古神) 낭황(狼皇)은 창궁(蒼穹)씨족의 시조이다.

씨족은 애초부터 하나뿐만 아니었다. 토템 숭배, 언어와 문화의 일치 그리고 정치적 원인으로 여러 씨족은 통혼하거나 결맹 등을 통해 단합을 시도했다. 그들 군체는 성장과 분열을 연속했으며 나중에 여러 부족을 형성했다.

솔직히 씨족시대의 친척 관계는 뒤죽박죽의 난장판이다. 소전의 셋째 아들 일하(逸河)와 지궁 씨족 밀붕(蜜鳳)의 여섯 째 딸 백풍(魄風)이 혼인하여 황제(黃帝)와 염제(炎帝)를 낳았다고 한다. 염제는 도합 열여덟의 아들을 두는데, 치우는 다섯째로 적자(嫡子)이다. 염제의 정실부인은 소전의 둘째 아들 이수(離水)와 지궁 씨족 봉황(鳳凰)의 셋째 딸 화풍(火風) 사이에 태어난 딸이다. 염제의 모친은 염제의 아내와 자매간인 것이다. 하긴 복희(伏羲)와 여와(女娲)가 오누이자 부부라고 하니 이상하게 생각할 것도 없다.

"그렇다면 치우는 소전을 할아버지라고 불러야 할까요, 아니면 증할아버지라고 불러야 할까요."

아래와 위가 뒤섞인 호칭처럼 가족의 다툼과 싸움도 앞뒤로 조합되면서 이상한 퍼즐을 만들고 있었다. 세상에 이름난 황제와 치우 대전은 처음에는 형과 동생의 다툼이었고 마지막에는 큰 아버지와 조카의 분쟁으로 되었다. 가족 싸움은 종국적으로 부족 전쟁으로 이어지고 있었던 것이다.

황제와 염제 가족은 선후로 3차의 전쟁을 일으켰다. 염제가 싸움에서 사망, 전패하자 치우가 부친의 뒤를 이어 또 한 번 칼을 들었다.

갈등은 황제와 염제 두 형제가 상속할 땅과 재산을 배분할 때부터 생겼다고 한다. 가족의 이득관계에 가장 복잡하게 뒤얽힌 것은 동광(銅鑛)이었다. 구리에 25%의 주석(錫)을 배합한 청동(靑銅)은 800℃에 녹는데, 이는 철이 녹는 온도 1538℃보다 훨씬 용이하다. 대륙의 선인(先人)들은 약 5천 년 전에 청동 제련기술을 장악한 것으로 알려지고 있다. 청동은 제련기술이 발명된 후 즉각 성행하였다. 이로써 인류는 석기시대를 이어 두 번째 단계인 청동시대에 들어서는데, 농경(農耕)은 이 시대를 지탱하며 생업의 중심으로 자리를 잡게 된다.

그러나 최초의 청동은 농경이 아니라 작전방식과 연관된다. 청동을 만들게 되자 부족마다 병종의 기본인 보병을 위해 다투어 청동 병기를 만들었다.

황제와 치우 대전의 전설은 역대로 많은 판본을 파생했다. 제일 유명한 판본은 『산해경·대황북경(山海經·大荒北經)』이다. 책은 126자의 긴 편폭을 들여 전쟁의 시말을 서술하고 있다. 이때 치우는 병기를 만들어 황제를 공격했으며 황제는 응룡(應龍)을 파견하여 기주(冀州)의 벌판에서 치우와 싸웠다고 한다.

대우(大禹)는 천하를 구주(九州)로 나눴는데 이 가운데서 기주는 단연 구주의 첫 자리를 차지한다. 오늘의 북경과 천진(天津), 하북성(河北省), 산서성(山西省), 하남성(河南省) 북부 그리고 요녕성(遼寧省)과 내몽고(內蒙古)의 일부 지역을 망라한다.

김씨 가족이 기록에 따르면 황제와 치우 대전은 시초에 약재 냄새를 풀풀 진동하고 있었다. 그때 약재 창고는 사슴부족이 관리하고 있었다고 한다. 이 무렵 사슴부족은 대륙의 동부 즉 만주의 귀퉁이를 떠나 대륙의 중부 지역에 이주하여 살고 있었다.

사슴부족의 시조는 전설에 나오는 인물 녹녀(鹿女)이다. 상고시대부터 녹녀의 장문인(掌門人, 전승인)은 약 비방과 향초의 조합 비술(秘術)을 전승하였다. 단 하나, 전승인은 여자여야 하며 슬하에 딸이나 손녀가 없으면 다른 가족으로 넘어가 외손녀에게 전승한다.

김씨 총각의 약혼녀가 바로 녹녀의 현 전승인인데, 약혼녀는 외할머니로부터 사슴부족의 옛 비방과 비술을 전수받았다고 한다. 정말이지 짜깁기로 조작한 각본이 아니라면 이렇게 앞뒤가 꼭 맞아 떨어질까 싶다. 실제로 녹녀의 이야기는 약혼녀가 얼마 전 민정국(民政國)에 가서 결혼 등록을 한 후 비로소 남편에게 밝힌 것이라고 한다. 약혼녀(공식적으로는 이때부터 아내라고 지칭해야 하겠다)에 따르면 녹녀의 비술과 비방의 대부분은 그녀에게 남았지만, 약전(藥典)의 적지 않은 부분은 언제부터인가 실전되고 있었다. 사슴부족의 이야기는 더구나 녹녀 전승인의 성씨가 여러 번 바뀌면서 거의 다 유실되었다고 한다. 김씨 가족의 옛 기록문이 아니었더라면 사슴부족 옛 이야기의 조각마저 남을 수 없었을 것이다.

신화속의 사건, 인물은 금방 혼이 살아 몸을 움직인다. 김씨 총각이 구술을 들으면서 정말이지 피가 막 얼어붙는 느낌이었다.

"황제는 물자 관리자인 조카에게 약재를 사오게 했다고 합니다. 그런데 조카가 재물을 횡령하고 약재를 공짜로 얻으려 한 거지요."

사슴부족이 이를 단번에 거절하자 조카는 냉큼 전쟁으로 위협했다. 사슴부족은 부득불 치우부족에게 의지하게 되었다. 그렇게 되자 조카는 약재를 강탈하려고 작정, 부하들을 데리고 기습을 감행하며 와중에 창고 수비병에게 발각된다. 그들은 급기야 창고에 불을 질렀다. 약재 창고는 연 3일 동안 불에 탔으며 결국 무더기의 재로 남았다.

황제의 조카는 부족의 무력을 믿고 어디에서나 과욕을 부리고 있었다.

다른 부족의 곡물을 사올 때도 언제나 욕심을 버리지 않았다. 곡물은 오소리부족이 관리하고 있었는데, 황제 조카가 일으킨 불미한 사건 때문에 오소리부족은 그와 반목하고 치우의 진영에 가입하였다. 대전이 끝난 후 오소리부족은 동쪽으로 이주, 반도의 정착민으로 되는 것이다.

「대황북경」에 따르면 황제의 진영에는 응룡과 천녀 발(魃)이 가담하며 치우는 풍백과(風伯)과 우사(雨師)를 청하고 있다. 김씨 가족이 기록에도 황제와 치우의 진영에는 각기 다른 부족이 가입하고 있었다. 그러나 서술이 더 자세하고 생동하다. 이때 일부 부족은 두 진영

하북성 탁록(涿鹿)의 전장 옛터를 지키고 있는 이 고목을 현지인들은 치우괴수(蚩尤怪树)라고 부른다.

201

의 앞뒤를 오가면서 군수품 거래를 했다고 한다. 고래부족은 뼈로 갑옷 등속을 만들고 있었는데, 각기 재물을 받고 황제와 치우 양쪽에 팔았다는 것이다.

고래부족은 발해(渤海) 부근의 섬에 살면서 뼈로 갑옷 등속을 만들었다. 그들은 친분 관계가 있는 치우에게는 상등품 갑옷을 공급했지만 인척관계가 없는 황제에게는 하등품 갑옷을 팔았다. 그리하여 치우부족은 시초에는 늘 황제부족과의 전쟁에서 이길 수 있었다고 한다. 그러나 나중에 귀신부족(鬼族)이 참여하여 황제를 도와줬으며 전세(戰勢)를 개변시켰다. 귀신부족은 덩굴로 갑옷을 만들었는데, 뼈로 만든 갑옷보다 한결 든든했다고 한다.

서기전 2385년 탁록(涿鹿)대전이 일어났다. 탁록은 지금의 하북성(河北省) 동부 일대에 위치, 황제부족과 치우부족의 결전이 일어난 전장이다. 이때 전쟁의 승패를 결정한 것은 약재나 갑옷이 아니라 하늘이 내린 신부(神符)였다.

황제는 치우와 전쟁에서 고전(苦戰)하고 있을 때 우연히 꿈에서 천신을 만나 부결(符訣)을 전해 받았다고 청(靑)나라의 『고금도서집성(古今圖書集成)』가 기록한다. 이 부결을 풍후(風后)가 명을 받아 문자로 완성했다는 것이다. 한(漢)나라 때의 『사기(史記)』「오제본기(五帝本紀)」에 따르면 풍후는 황제(黃帝)의 신하라고 한다. 이 시기의 참위서(讖緯書) 『용어하도(龍魚河圖)』에서 풍후는 또 현녀(玄女)라는 이름으로 등장하며 병법을 전수한 여신으로 등장하고 있다. 이때 하늘이 현녀를 내려 보내 황제에게 신부(神符)를 전수했으며 궁극적으로 치우를 굴복시켰다는 것이다.

부결과 신부는 『음부경(陰符經)』이라고 하는데, 도합 399자로 되어 있다. 기실 『기문둔갑(奇門遁甲)』의 다른 이름이다.

옛 사람들은 삼식(三式)의 기문(奇門), 육임(六壬), 태을(太乙)을 전부 정통하면 신의 경계에 이른다고 말했다. 이 3대 비보(秘寶)의 최대의 비술(秘術)이 바로 음부경 즉 기문둔갑인 것이다. 기문둔갑의 기이할 '기(奇)'는 삼기(三奇)를 이르는 말이니 즉 을(乙), 병(丙), 정(丁)이며 드나들 문(門)은 팔문(八門)을 이르는 말이니 즉 개(開), 휴(休), 생(生), 상(傷), 두(杜), 경(景), 사(死), 량(驚)이다. 둔갑(遁甲)은 둔술(遁術)이라고 부르기도 한다. 후세에 많은 이론을 첨가하면서 복잡한 은신술(隱身術)로 변형되었기 때문이다.

선진(先秦)시기의 문헌 기재에 따르면 기문둔갑은 본래 음둔(陰遁)과 양둔(陽遁)의 1080국(局)이었다고 한다. 상(商)나라 말의 병법의 창시인 강자아(姜子牙)는 다만 72국을 깨도(參悟)했을 따름이며, 진(秦)나라 말 지모(智謀)가 뛰어난 명장 장량(張良)은 겨우 18국을 깨달았을 뿐이었다. 오늘날 기문둔갑은 거의 다 실전되었으며 기문둔갑의 천변만화를 더는 실화가 아닌 신화로 알고 있다.

"기문둔갑을 여는 특수한 술법은 고대 삼역(三易)에 있는데요, 이걸 모르면 기문둔갑에 제대로 들어갈 수 없어요." 김씨 총각의 말이다. 술법을 모르면 막상 기문둔갑에 들어간다고 해도 7,8둔(遁)의 정도에 그친다는 것이다. "처음에는 웅녀가 천신(天神, 숙촉조)으로부터 받아서 전수했다고 합니다."

김씨 가족은 기문둔갑을 따로 풍후기문(風后奇門)이라고 부른다. 기문둔갑의 술수는 별명인 『음부경(陰符經)』의 이름에서 어느 정도 내역을 읽을 수 있다. 부호 '부(符)'는 곧 모양 '상(象)'이고 그늘 '음(陰)'은 보이지 않는 사물이니, 양자의 결합은 '잠재한 변화' 혹은 '숨은 천기(天機)'라는 뜻이다.

실제로 기문둔갑은 세상에 함부로 누설할 수 없는 천기를 숨기고 있었다.

"인간의 과거와 오늘, 미래를 들여다 볼 수 있고 길흉과 화복을 정할 수 있는데요, 심지어 인명을 빼앗아갈 수도 있거든요."

기문의 끝머리에 이르면 비틀린 시공간의 다른 세계를 만날 수 있다는 것이다.

김씨 가족에 전승하는 기문둔갑은 양둔 44국과 음둔 44국의 88국으로 구성되고 있다. 이 숫자만으로도 기문둔갑이 귀문(鬼文)과 신음자(神音字), 연음자(蓮音字)을 아우른 44국의 귀청문(鬼靑文), 전성(全星) 88성도(星圖)와 일맥상통한다는 것을 알 수 있다. 실제로 신음자에 기문이 있고 연음자에 둔갑이 있다. 기문과 둔갑은 또 제각기 음술(陰術)과 양술(陽術)로 나뉜다. 기문둔갑으로 지맥(地脈)과 산천(山川)의 추향을 볼 수 있으며 일월성진의 운행법칙을 헤아릴 수 있다.

김씨 총각은 기문둔갑의 신묘한 술수를 한두 마디의 말로 요약한다.

"옛날에는 많이는 전쟁에 응용되었다고 하는데요. 진법(陣法)의 비술로 10만 대군을 가둬놓고 그들을 옴짝달싹 못하게 할 수 있다고 합니다. 유능극강(柔能克强), 이퇴위진(以退爲進)으로 백전백승(百戰百勝)을 할 수 있다는 거지요."

기문둔갑은 워낙 곰부족의 전유물이었다. 언제인가 황제부족은 웅녀 가족에 첩자를 파견하여 기문둔갑을 훔쳤다고 한다. 정작 기문둔갑을 판독, 사용하는 술법을 얻은 건 나중의 이야기이다. 풍후는 황제를 도와 기문둔갑의 '자물쇠'를 열었던 것이다.

풍후의 진실한 신분은 김씨 가족의 기록문에 밝히지 않는다. 다만 그녀가 황제 진영의 일원이라는 건 틀림이 없다.

기문둔갑은 대륙에서 적어도 당(唐)나라 때까지 다다소소 전승되고 있었다. 신라 김유신(金庾信)의 고손(高孫)인 암(巖)이 둔갑입성법(遁甲立成法)을 응용한 육진법(六陣法)을 백성들에게 가르쳤다고 하는 기록이 있다. 『삼국사기(三國史記)』에 따르면 암(巖)은 당나라에 유학을 가서 둔갑입성법(遁甲立成法)을 터득했다고 한다.

늑대부족은 진작 기문둔갑을 강탈했지만 줄곧 기문둔갑을 다 열지 못했다. 금고는 수중에 넣었으나 금고에 숨어있는 보물은 그냥 '그림 속의 떡'으로 되고 있었다. 미구에 웅녀의 아들 퀘이를 신변에서 보호하면서 그 대가로 열쇠의 술법을 장악하게 된 것이다.

황제와 치우 대전 후 치우는 황제에게 잡혔으며 그의 노복으로 되었다. 밤낮으로 군졸의 감시를 받으면서 땡볕 아래 밭을 일구고 곡식을 가꿨다고 한다. 신화에 등장하는 이 '전쟁의 신'은 자의든 타의든 일개 농부로 전락한 것이다.

걸림돌의 조카를 울안에 가둬놓았으나 황제는 여전히 발편잠을 잘 수 없었다.

"목줄을 매도 호랑이는 필경 강아지가 아니거든요. 치우는 오곡 관리의 천재라고 하는데요, 직접 농사를 하니 더구나 백성들의 인심을 더 끌었다고 합니다."

그러고 보면 화근의 불씨를 끄지 않고 오히려 지척에 심어놓은 셈이었다. 결국 황제는 엉뚱한 구실을 만들어 치우를 기어코 단두대에 올리고야 말았다.

치우 진영의 정상급 인물들도 이런저런 피해를 입었다. 이 무렵 일부 부족은 대륙의 벽지에 이주, 유배되었다. 웅녀의 큰딸 '봄'과 둘째 딸 '심'은 궁극적으로 서군(西郡)의 오지에 정착하였다.

그때 그 시절 치우 진영의 적지 않은 부족도 부득불 첩첩한 산골에 이주, 은신했다. 그들은 지금도 후손에게 옛날의 흔적을 남기고 있다. 귀주성(貴州省)의 파사인(岜沙人)은 묘족(苗族)의 분파인데, 전기적 인물 치우를 시조로 추앙한다. 그들은 현존하는 대륙의 제일 마지막 무사(武士)로 아직도 중국에서 유일하게 총기를 소지하고 있는 부족이다. 파사인의 의상은 부락마다 남녀노소 할 것 없이 모두 검은 색상이며, 이로 하여 일명 '검은 묘족'이라는 의미의 흑묘(黑苗)라고 불린다. 묘족은 부락마다 의상이 천차만별인데, 의상의 색깔에 따라 또 홍묘(红苗)、화묘(花苗)、청묘(青苗)、백묘(白苗)로 나뉜다.

검은 색상의 의상을 차림한 민족은 파사인이 홀로인 게 아니다. 옛 부족의 후예인 이족(彝族)도 검은 색상의 의상이다. 이족의 전적(典籍)『이족원류(彝族源流)』에 따르면 이족은 예전에 스스로 여승 니(尼)로 자칭했다고 한다. 이 발음은 한문(漢文)에서 오랑캐 이(夷)와 동일하다. 이 때문에 이족은 중국 옛 문헌에 거개 오랑캐부족의 '이족(夷族)'으로 기재되었다. 공화국이 창립된 후 1956년 민족 차별시를 타파한다면서 정부가 동음이의어(同音異議語)의 떳떳할 이(彝)로 바꿔 이족(彝族)으로 개칭했던 것이다.

흑호(黑虎)와 검은 봉황, 불은 이족의 3대 토템이다. 흑호는 대륙의 중부 지역에 출몰했던 동물인데, 현재로선 고대 문헌에서만 그 형상을 드러내고 있을 뿐이다. 검은 봉황은 전설상의 동물이며 옛 그림에서만 이 신조(神鳥)를 볼 수 있다. 일부 이족 학자들은 봉황 모양의 신조가 실은 운남(雲南) 지역에 서식하는 공작새라고 주장한다. 그러나 이 주장을 하기 앞서 씨족시대에 봉황 일맥(一脈)이 있었다는 점을 상기할 필요가 있다.

토템인즉 곧바로 부족의 표지(標識)이다. 상고시대 멧돼지부족이 좌우계(左右階)로 나뉘고 늑대부족이 목랑(木狼)과 흑랑(黑狼)으로 구성되었듯 이족 선대의 부족은 흑호와 검은 봉황 두 종족으로 나뉘어 있었다는 얘기가 된다. 불 화(火)는 태양과 직결되며 고대 8대 부족의 최고의 신인 태양신 신앙과 숭배를 뜻하는 것이다.

옛날 슬기와 용맹의 상징물이었던 흑호는 종국적으로 이족의 대표적인 의상의 검은 색상으로 발현하고 있다.

검은 색상의 이 특이한 의상은 부족시대를 지나 왕조시대의 고구려에도 나타난다. '조의(皁衣, 검은 색상의 조복)'를 입은 고구려의 선인(仙人) 25명이 오(吳)나라의 사신단(使臣團)을 호송했다고 『삼국사기(三國史記)』가 기록하고 있는 것이다. 이에 따르면 조의는 고구려의 도인(道人)이나 무인(武人)으로 추정할 수 있다.

3절 도복을 입은 대륙의 마지막 무당

"이 부족은 세상에서 제일 무서운 사람들이라고 하는데요. 다들 일당십(一當十)의 용사라고 말해요. 이 사람들을 만나면 무작정 피하라고 할아버지가 말씀하시던데요."

김씨 총각이 말하는 용사는 흑묘(黑苗) 즉 파사인(岜沙人)을 가리킨다. 그들의 일부 단체 춤은 기실 그들의 선인(先人)이 상고시대에 사용했던 전투 진법(陳法)이라고 한다. 부족시대의 옛 기억은 김씨 가족의 유전자로 고스란히 물려받고 있는 듯 했다.

웅녀의 큰딸은 파사인의 족장에게 시집을 갔으며 이 종족의 선조로 되었다. 김씨 가족사의 기록에 나오는 이야기이다. 곰부족은 애초부터 파사인과 그 무슨 인연이 있은 듯하다. 파사인 정착지의 일부인 귀주성(貴州省) 안순(安順) 지역에는 천신이 곰부족에게 전수했던 귀문(鬼文)이 있다.

귀문은 웬 벼랑에 음각되어 있는데, '홍암비(紅岩碑)'라고 불린다. 하늘의 신이라야 읽을 수 있는 붉은 벼랑의 글이라고 해서 홍애천서(紅崖天書)라고 불리기도 한다.

홍애천서는 이 천서가 발견되었던 명(明)나라 때의 글로 간주하고 있는 현 주소이다. 그러나 그때부터 장장 600년 동안 판독하지 못했으며 이를 판독하기 위해 1995년에는 현지 정부가 인민폐로 1백만 위안의 현상금을 내걸기에 이르렀다.

얼마 전 홍애천서를 판독했다는 대륙의 학자가 출현했다. 명나라의 두 번째 황제인 건문제(建文帝) 주윤문(朱允炆, 1377~?)이 쓴 글이라는 것이다. 역사상 주윤문은 불에 뛰어들어 자결한 것으로 전하는데, 기실 황궁의 비밀통로를 이용하여 도주했으며 나중에 이 오지에 몸을 숨겼다고 한다. 그는 숙부 주체(朱棣)에게 황위를 찬탈당한 비분을 격문(檄文)에 담아 벼랑에 음각했는데, 신분과 위치를 누설하지 않기 위해 일부러 이상한 부호문자를 사용했다는 것이다. 홍애천서에는 윤문어제(允炆御制)라는 낙관까지 분명히 적혀 있다고 했다.

"세상에 소설이라도 이토록 한심한 소설이 있어요? 저자는 판독을 할 때 첫 단추부터 잘못 끼고 있는데요.

—
복건성 녕덕(宁德)
에서 명나라 두번
째 황제 건문제(建
文帝)의 능이라고
전하고 있는 고분.

홍애천서는 분명히 명나라 때 만든 글이 아닙니다."

칼로 맺고 끊는 듯한 김씨 총각의 말이다. 홍애천서는 토템 부호가 금방 문자가 발전, 변화한 초기 형태의 글이라는 것이다. 이 천서는 왕조시대의 황제나 아닌 상고시대의 부족 전설을 기록하고 있다고 한다.

기실 이런 형태의 옛 부호문자는 연해지역의 강소성(江蘇省) 연운항(連云港) 금병산(錦屛山) 장군바위에도 새겨져 있다. 역시 하늘의 신이라야 읽을 수 있는 (동방의) 글이라고 해서 동방천서(東方天書)라고 불리며 부족시대의 역사를 전하고 있다.

"홍애천서는 상당 부분이 일남일녀의 영웅이 불씨를 훔치기 위해 신수(神獸)와 맞서 싸우는 이야기를 기술하고 있습니다. 신수는 정말 무서운 괴수라고 해요. 입으로 불을 막 뿜는데요. 이 불에 맞으면 인간은 당금 돌로 변하게 된다고 합니다."

일조(日照)와 천조(天照)는 나중에 부부의 인연을 맺는다. 기실 이 일남일녀는 한 배에서 나온 오누이라고 한다. 이처럼 묘족과 이족의 창세신화에는 모두 오누이의 결혼 이야기가 등장한다. 화하(華夏)민족의 시조 복희(伏羲)와 여와(女娲)는 이 창세신화와 비슷한 이야기를 엮고 있는 것이다.

대륙 오지에 출현한 신화 인물은 또 바다를 건너 일본에 나타난다. 천조는 일본 신화에 나오는 제일 핵심적인 여신이며 황실의 선조로 공봉, 신도교(神道敎)의 주신(主神)으로 손숭된다. 실제로 상고시대 일부 묘족은 바다를 건너 일본에 갔으며 그들의 풍습은 아직도 일본인에게 남아있다. 신기하게도 안순 지역의 몽정(蒙正, 잔존한다는 뜻) 묘족의 언어는 상당 부분이 현재의 일본어와 흡사하다.

김씨 총각은 그 보다 홍애천서를 만났다는 사실이 너무 반갑고 경이롭다고 말한다.

"이걸 우리 가족은 귀토문(鬼圖文)이라고도 부르는데요. 어릴 때 문자를 배웠지만 이렇게 실물로 접촉하고 읽을 수 있으리라곤 꿈에도 생각하지 못했습니다."

묘족의 선민(先民)은 대륙의 제2대 하천인 황하(黃河)의 중하류 유역에서 살고 있었다고 그들의 구비 신화에 전하고 있다. 치우 진영에서 막강한 무력을 자랑했지만 전쟁 후 부득불 대륙의 서남부로 이주를 했다는 것이다.

이족(彝族)도 이 무렵 서남부의 오지에 정착한다. 문을 열면 곧바로 산에 막히는 벽지였다. 중원의 전란을 멀리 등진 이 골짜기에는 아늑한 평화가 숲처럼 펼쳐지고 있었다.

이족의 무당은 일명 귀사(鬼師)라고 부르는데, 그들의 사용했던 옛 이족 문은 기실 단군시대에 전수되었던 귀청문(鬼青文)의 귀문(鬼文) 족속이라고 김씨 총각이 밝힌다. 옛 이족문은 기실 단군시대에 전수되었던 귀청문(鬼青文)의 족속이라는 것이다. 실제로 현지에서 출토된 유물에 따르면 옛 이족문은 반만년의 역사를 자랑하고 있다.

에피소드가 있다. 이족 지역을 답사하고 있던 지인이 마침 사천성(四川省) 양산(凉山) 이족자치주의 박물관에서 사진 한 장을 보내왔다. 부호문자가 음각된 옛 골기(骨器)였다. 이족의 귀사(鬼師, 무당)가 옛날에 뭔가 기록할 때 사용했던 기물이라고 한다.

김씨 총각은 기물의 부호문자가 귀문(鬼文)의 일종이라면서 금방 반색을 했다. "이건 보물을 소장한 지도의 안내서입니다. 잘 판독하면 귀사가 숨겨놓은 보물을 찾을 수 있어요."

보물은 웬 동굴에 숨겨있다고 김씨 총각이 말한다. 신음자(神音字)를 이용하면 동굴의 위치를 읽을 수 있다는 것이다. 이 보물은 금은재물이 아니라 하늘의 문을 열수 있는 황금 열쇠였다. 이 열쇠로 다른 세계의 혼령을 불러 올 수 있단다. 한반도의 상고시대의 옛 제단에도 이런 열쇠가 묻혀 있다는 것이다.

이족의 옛 부호문자와 마찬가지로 귀사의 적지 않은 옛 술법은 실전되었다. 전세(傳世)를 넘나들며 천신과 소통하던 정경은 까마득한 저 세상의 이야기로 멀어지고 있었다.

두룽족(獨龍族)의 문신 토템 역시 읽을 수 없는 전설로 되고 있다. 두룽족은 대륙 서남부에서 인구가 제일 적은 민족이다. 두룽족 소녀라면 다들 얼굴문신(紋面)을 하는 습관으로 특이하다. 이 얼굴문신은 백여 종의 무늬로 되어 있는데, 그 의미는 아직도 세간에 잘 알려지지 않고 있다.

"옛날에는 다들 문신을 싫어했다고 합니다. 문신의 의미가 너무 불길해서요. 황제부족은 사신(死神)을 무시로 만나게 되는 전사에게만 문신을 새겼다고 하거든요."

김씨 총각의 말이다.

문신은 군복처럼 전사의 신분 자체였다. 얼굴의 문신으로 전사의 신분을 금방 과시할 수 있었다. 문신은 또 악령이나 피해자가 그에게 끼칠 피해를 막고 자기를 지키는 호신부로 된다. 소녀에게만 문신을 새기게 된 것은 대전 후 심산벽지로 이수하세 되면서 차츰 생긴 풍습이라고 한다. 얼굴문신은 더는 전사의 표지물이 아니었던 것이다. 꿈과 함께 성장하는 소녀의 얼굴에는 가족의 흥성, 오곡의 풍작 그리고 축복이 꽃처럼 피어나고 있었다.

두룽족이라는 기이한 이름 역시 이 무렵 세상에 나타났다고 한다.

"족장은 웅녀의 딸을 데리고 도망했는데요, 그만 전투에서 눈을 하나

잃게 되었다고 합니다. 그래서 외눈박이의 모양을 따서 두룽족이라고 이름을 달리 지은 거죠."

옛 부족의 이름이 망룡(莽龍)부족이니, 두룽족은 기실 독안(獨眼)의 망룡이라는 의미가 된다. 이 무렵 웅녀의 딸이 인솔한 곰부족의 일부는 두룽족과 하나로 병합하고 있었다.

흑묘(黑苗)의 분파 파사인(芭沙人). 검은 옷과 화승총이 특징이다.

이족의 분파인 아시족(阿細族)도 이처럼 융합, 소전(少典)과 봉황(鳳凰) 두 고대 부족의 합체로 되고 있다. 적을 소(少)는 아시족 언어에서 헌원(軒轅) 씨를 가리키며 법 전(典)은 아시족 언어에서 '봉씨(鳳氏)'를 말한다. 이족 부락에서는 아직도 늘 처마 언저리에 그려 있는 검은 봉황의 토템을 만날 수 있다.

두룽족의 무당에게 아시는 죽음의 넋인 망혼(亡魂)을 뜻한다. '아시'라는 이 어휘는 우리말에도 있으니 봉황을 이르는 말이다. 봉황은 용과 기린, 거북과 더불어 4대 영물의 하나인데, 5백년에 한 번씩 스스로를 태워 재로 만들며 잿더미 속에서 새 생명을 얻어 영생을 이룬다고 한다.

무당의 그 세계는 곤륜산(崑崙山)에 출현한 만 년 전

의 옛 그림에도 출현하고 있다. 이 옛 그림은 상고시대의 부락 지도인데, 망자를 묻고 망혼을 인도하며 제를 올리는 과정이 기록되어 있다. 자연사, 병사, 급사한 부족민들을 마을 밖 공동묘지에 매장하는 것과는 달리 전쟁에서 희생한 전사들은 부락 성문 앞에 반원형으로 묻는다. 그들의 영혼이 부족과 고향을 계속 지켜달라는 의미란다. 그림에 나타난 인간의 손자국은 오형(五型)을 사용할 수 있는 무당을 말한다. 오형은 상고시대의 혼력(魂力) 즉 토혼(土魂), 수혼(水魂), 뇌혼(雷魂), 화혼(火魂), 풍혼(風魂)을 뜻한다. 와중에 토혼의 만물의 신령으로 제일 위대한 급별이며 수혼은 제일 부드러운 신령이고 화혼은 제일 형태적인 신령이다. 뇌혼과 풍혼은 최고무상의 혼력을 보유, 뇌혼은 힘의 신령이며 풍혼의 무형의 신령이다.

"임금 제(帝)는 주재자이니, 뇌제(雷帝)와 풍제(風帝)는 곧바로 바람과 우레를 좌우지하는 신령이라는 뜻이 되는 거죠."

뇌제와 풍제는 형제간으로 복희의 둘째 아들 주사단(朱四單)과 기린의 둘째 딸 청등(鶄藤) 사이에 태어난 자식이다. 정상급의 무당은 뇌제와 풍제를 포함, 오형의 신령과 소통하고 이들을 부를 수 있다는 것이다.

다섯 혼을 인도하는 춤을 옛날에는 '영신무(領神舞)'라고 불렀다. 이 춤으로 혼을 부르고(招喚) 인도(領喚)한다.

무당은 수련을 통해 오형의 신력을 받을 수 있다고 김씨 총각이 말한다. "물의 성지(聖池)가 있어요. 신이 내리는 곳이지요. 목욕재계를 하고 이를 위한 특별한 수련을 하는 거지요. 그러면 나중에 수혼(水魂)의 혼력을 갖게 됩니다."

수련자가 궁극적으로 땅의 힘과 불의 힘, 우레의 힘, 바람의 힘을 몸에 받는 것도 비슷한 이치라는 것이다.

하늘과 땅, 인간의 혼을 춤에 담은 무신도(巫神圖)는 금방 나타났다. 이 날 김씨 총각은 춤 '전신(戰神)'의 전부를 우리에게 표현했다. '전신(戰神)'은 일명 무령계(巫靈禊)의 하나로 무령계의 도합 18개 신보(神譜)의 일부이다. 부족시대의 낭황(狼皇) 일족(一族)에 의해 전수를 받은 영신(迎神)과 송신(送神)의 무속(巫俗) 무용이라고 한다.

"흰 도복과 검은 도복이 있는데요, 각기 흑백희사(紅白喜事, 경조사)에 따로 입어요."

신기한 춤사위는 금세 타임머신을 타고 태고시대로 떠나고 있었다. 반인반수(半人半獸)의 복희와 여와가 다시 눈앞에 구름처럼 날아다니고 있었다.

제8장

늑대인간의 천년의 미스터리

"우리의 늑대부족의 시조는 온통 금황색의 털로 덮여 있다고 합니다. 인간으로 모습을 변할 때는 온몸을 또 황금의 투구와 갑옷으로 감싸고 있었다고 해요. 이때면 수 십리 지어 수 백리의 땅이 금방 황금빛으로 물들었다고 합니다.

반인반수(半人半獸)의 이 낭황(狼皇)은 하늘나라의 신이다. 삼태성 아래쪽 근처에 있는 그의 고향별은 '칭'이라고 읽는다. '칭'은 찾을 방(房)의 오른쪽에 재주 재(才)를 붙이고 머리와 발에 각기 세 점과 네 점을 붙인 회의자(會意字)이다.

늑대부족은 낭황(狼皇)을 필두로 낭제(狼帝), 낭왕(狼王), 낭원(狼元), 낭령(狼灵), 낭혼(狼魂), 낭백(狼魄), 낭음장(狼阴将), 낭양장(狼阳将)의 계급을 구성한다. 이름만 다를 뿐이지 흡사 단군의 계급 세계를 그대로 베끼어 낸 것 같다. 낭황은 신이고 낭제는 낭황의 자식이며 낭왕은 낭제의 후

예로 신과 요귀, 인간 등 3개 계통의 혼원(混元)의 힘을
갖고 있다. 낭원은 기록자이고 낭령은 사제(司祭)이며
낭혼과 낭백은 샤먼으로 초혼(招魂), 안혼(安魂)을 장악
한다. 늑대 음장과 양장은 일명 주검군단(死尸軍團)이
라고 부르는데, 생명을 희생하더라도 부족 족장(전승
인)의 가족을 수호하는 결사대이다.

　"우리 부족은 전승인의 종가(宗家)와 이 종가를 돕고
지키는 방계(傍系)의 외가(外家)로 나뉘는데요. 수섬군
단이 바로 이 외가입니다. 외가의 사람들은 다들 목덜
미에 줄 하나 건너간 달의 문양을 새기는데요, 이 문신
은 부족 결사대의 인간 병기 인식표로 되는 거죠."

김씨 총각은 그가 일여덟의 나이이던 1990년대 후반에 결사대의 인물을 만난 적 있다고 한다. 월사의 할아버지를 찾아 외지에서 웬 노인이 셋 왔는데, 식탁에 앉은 노인의 목덜미에는 각기 달과 해의 푸른 문신이 있었다는 것이다.

"할아버지와 함께 식탁에 앉은 걸 몹시 송구해 하던데요. 우리 가족을 호위해서 목단강(牡丹江) 일대에 이주했던 외가의 일원이라고 해요."

문신은 외가의 인간의 몸에만 있는 게 아니다. 김씨 가족에서 공봉하는 '늑대 왕국'에도 문신이 나타난다. 낭왕(狼王)과 낭후(狼后)의 뒷몸에는 각기 달과 해가 그려져 있는데, 이때의 달과 해는 각기 흑둔(黑遁, 블랙홀)과 백둔(白遁, 화이트홀)의 세계를 의미한다. 흑둔과 백둔이 별들로 빙 둘러있듯 낭왕과 낭후를 문무 6명의 늑대 대신이 좌우로 시립하며 또 그 아래에 도합 12명의 늑대 장령이 옹위한다.

옛날에는 여러 부족 전승인이 이처럼 각기 그들의 시조 천신을 공봉하고 있었다고 한다.

"우리 가족은 음력으로 달마다 일곱 번째 날과 스물일곱 번째 날에 제사를 올립니다. 이때 일곱 개의 등잔에 불을 붙이고 술잔에 청주를 부어 올리는데요. 꼭 멧돼

늑대 신 낭황(狼皇)의 정면 그림, 윗쪽의 태양과 달 그림은 각기 백둔(白盾)과 흑둔(黑盾)을 상징하며 또 결사대의 목덜미에 새겨있다.

지 기름을 써야 합니다. 알다시피 멧돼지가 제일 흉맹하거든요. 칠일은 칠성과 연관이 됩니다."

가만, 문관 늑대의 귀 하나는 모서리가 떨어져 있었다. 김씨 총각이 소꿉시절 장난감처럼 갖고 놀다가 할아버지가 야단을 하자 그만 땅에 떨어뜨렸다고 한다. 어린 기억은 결국 검은 늑대의 귀에 지울 수 없는 자국으로 남은 것이다.

"그런데요, 늑대 신은 300년에 한 번씩 강림한다고 하는데요, 이게 정말일까요?"

1절 황금의 패쪽을 걸고 있는 늑대

인간과 말을 나누는 검은 늑대는 김씨 가족사에 여러 번 출현한다. 가족 전승인의 신기한 토납술(吐納術)과 18개 신보(神譜)의 춤 무령계(巫靈磎)는 태고시대부터 시작, 천계의 삼태성(三台星)에서 내려온 낭황(狼皇)에 시원을 두고 있다.

낭황의 옛 형상은 가족에 대대로 전하고 있다고 김씨 총각이 말한다.

"신의 두 귀는 삐침 획을 각기 팔자 모양으로 위로 그은 것 같구요, 두 눈은 네모난 마름(菱角) 모양을 방불케 합니다. 입과 하악골은 지나치게 길지 않은데요, 살붙임이 약간 빈약하지만 단단하고 강한 편입니다."

늑대 신은 고향별이 아닌 달의 신으로 김씨 가족에 불리고 있다. 그들이 종국적으로 별의 세계를 뛰어 건너 달에 이주했다는 의미일까… 실제로 늑대 신의 고향별은 일찍 흑둔(黑遁, 블랙홀)에 거의 다 삼켜졌다고 한다.

달의 신은 태양신과 더불어 음양을 대표한다. 또 태양이 흰(붉은)색이고 밝은 세계라면 달은 검은색이며 어둡고 찬 세계이다.

신령의 늑대 화상(畵像)은 주사(朱砂)를 넣은 먹으로 그린다. 낭왕(狼王)과 낭후(狼后), 문무대신, 장령의 조상(彫像)은 소나무로 만드는데, 모두 이런 먹으로 온몸을 까맣게 색칠한다. 가족의 신성한 제위(祭位)에 공양되는 늑대들은 그렇게 우주 같은 암흑세계를 펼친다.

"태양신은 인간의 최고의 신이지만 늑대 신은 우리 가족의 수호신이지요."

이집트의 피라미드 벽화에 나오는 늑대 신 아누비스, 귀가 위로 쫑긋하게 치켜있다.

낭황이 김씨 가족에 출현할 즈음 대륙 저쪽의 이집트에도 천계의 늑대가 나타난다. 그러나 이집트의 피라미드에 등장한 이 늑대 신은 낭황과 동일한 족속이 아니며 고향별의 위치도 삼태성의 아래위로 서로 다른 곳이라고 한다.

삼태성은 하늘에서 오리온자리의 허리띠를 이룬다. 3대 피라미드는 동북 방향에서 서남 방향을 배열하는데, 해가 뜨고 질 때면 동시에 피라미의 같은 경사면을 비출 수 있다. 그보다 이상한 현상이 있다. 3천 년 전의 천상(天象)에 따르면 자오선을 넘는 삼태성의 배열은 3대 피라미드의 배열과 똑같다고 한다. 와중에 최대의 피리미드인 후프 피라미드는 북위 29.9792458로 빛의 속도와 동일하다.

피리미드의 기이한 배열과 숫자는 결코 우연이 아니다. 실제로 고대 이집트 사람들은 김씨 가족처럼 그들의 존숭히는 신이 바루 이곳에 살고 있다고 믿고 있었다.

김씨 총각은 삼태성의 별자리를 그리면서 자세하게 설명했다.

"이집트에 내린 늑대 신의 고향별은요, 삼태성의 위

쪽 근처에 있는데요. 적랑성(赤狼星)이라고 부릅니다. 특이하게도 지구처럼 적랑성을 에도는 달이 있다고 하는데요. 이 달은 우리 가족의 성도(星圖)에 현운(玄云)이라고 적혀 있습니다."

적랑성의 늑대는 미구에 피라미드의 벽화에 그의 형상을 드러낸다. 인간의 몸뚱이를 가졌지만 귀를 쫑긋하게 위로 세운 자칼(jackal)의 머리는 현세의 늑대 그 자체이다. 아누비스(Anubis)라고 불리는데, 이집트의 옛 문헌에는 태양신의 아들이라고 기록되어 있다. 저승으로 향하는 문을 열어서 죽은 자를 인도하는 '영혼의 수호신'이라는 것이다. 그리하여 사람들은 아누비스에게 기도하고 그가 망자의 영혼을 보호할 것을 간구한다.

영혼의 그림자는 김씨 가족이 전승한 낭황의 무령계(巫靈碟)에도 분명하게 나타난다.

"우리 가족의 북은 팔각 모양으로 되어 있는데요, 팔신고(八神鼓) 혹은 팔신심(八神心)이라고 부릅니다. 인간의 영(靈)을 정화하고 구원, 속죄하는 거지요." 김씨 총각은 이렇게 가족의 여러 무구(巫具)를 일일이

팔각의 북,
팔신고(八神鼓).

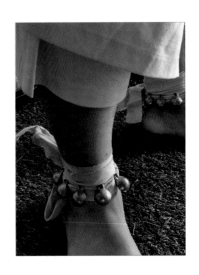

발목에 달아매는
방울은 유령(鍮靈)
혹은 초령(草靈).

설명했다. "북채는 성령격(醒靈擊) 혹
은 구령격(勾靈擊)이라고 하는데요. 방
울 여덟 개가 북채에 주렁주렁 달려 있
습니다. 사망자의 혼과 잉태한 영아(嬰
兒)의 영(靈)을 승화(昇華)하는 겁니다."

북을 사슴가죽(지금은 소가죽을 사용
한다)으로 만든다면 북채는 뽕나무의
고갱이로 만든다. 뽕나무 숲의 상림(桑
林)은 옛 제사용의 악무를 뜻하며 그
제사이름을 지칭하기도 한다. 상림지설(桑林之說)은 부
족시대를 지나 상(商)나라에 지속되며 또 춘추(春秋) 시
기까지 이르고 있다. 상나라 때 탕왕(湯王)은 7년 가뭄
이 계속되자 상림(桑林)에서 기우제를 지내며 춘추(春
秋)시기 묵자(墨子)는 상림(桑林)에서 성대한 제사활동
을 벌이는 것이다.

발목에 달아매는 방울은 유령(鍮靈) 혹은 초령(草靈)
이라고 부른다. 금속 유(鍮)는 많은 경우 김씨 가족에
의해 봇도랑 회(澮)와 통용되며 양자가 서로 대체되기
도 한다. 방울은 지맥(地脈)의 모든 영을 불러 섭취히며
또 모든 영과의 연관을 소리로 끊어 없앨 수 있는 역할
을 한다. 방울이 울리는 소리는 칼날처럼 날카로워 의
식을 올릴 때 팔방의 사악한 귀신을 칼처럼 베어 버린
다. 무당(법사)의 기와 영을 보호하는 방법, 수단이기도

224

한다.

"방울은 맨 처음에는 무엇으로 만들었는지를 몰라
요. 한때는 청동으로 만들었구요, 많이는 은으로 만든
방울을 쓰고 있습니다."

항간의 무당이 늘 쓰는 구리칼은 방울처럼 참혼(斬
魂)을 하는 것이다. 할혼도(割魂刀) 혹은 판혼도(判魂刀)
라고 불린다. 부족시대에는 곤회(困魄)라고 불렸다고
김씨 총각이 알려준다. 이런 것들은 이름만 다를 뿐이
지 다 무구(巫具)의 법장(法杖)이다. 큰무당(법사)의 법
장은 칼이 아니라 길쭉한 지팡이의 모양이다. 이번에
는 권백장(權魄杖)이나 권령장(權靈杖)이라고 불린다.
큰무당(법사)은 신의 강림을 기도하고 다른 세계의 문
을 열 때 이 법장을 사용한다. 이 법장은 동
이나 은, 금으로 만들며 맨 위에 옥 장식물을
얹기도 한다. 대개 1미터 반 심지어 2미터의
엄청난 크기이다.

1만 년을 전승한
무령계(巫靈碶) 춤
의 일부.

큰무당(법사)의 법장은 대륙 삼성퇴(三星
堆)의 상고시대의 유적에서 발견된 적 있다.
나무 막대기에 얇은 금박을 올렸는데, 지름
이 2센티미터이고 길이가 143센티미터이었
다. 지팡이의 금박 몸체에는 물고기와 새의
도안이 새겨 있었다. 물고기는 바다를 헤엄
치며 새는 하늘로 날아예니, 뜻인즉 이 법장

의 주인공은 땅속으로 들어가고 하늘로 날아오르는 신통력(神通力)을 소지했다는 것이다.

"무계(巫界)에서 법장을 '신의 지팡이(神杖)'라고 부르는 이유가 있는 거지요."

이날 김씨 총각이 선을 보인 옷차림은 큰무당(법사) 의상의 전부가 아니었다. "(법사는) 머리에 하늘의 인념을 쓰고요, 하늘(옷과 바지)을 입어요. 발에는 풀로 지은 신을 신고 입에는 늑대 탈을 물어요.(頭戴星河印念, 穿天衣, 脚穿物生, 口含狼面具.)

나무로 만든 늑대 탈이 18종으로 각각 서근 씩이며 허리띠가 3개, 방울이 도합 한근 반이다. 옷과 무구를 합치면 36근이 된다.

탄천낭모(呑天狼母)의 탈로 김씨 가족의 제단에 모셔있다. 석기시대부터 전하는 유습이다. 버드나무의 가지로 엮는데 봄을 맞이하고 오곡의 풍성을 기도하는 의미를 가진다. 한귀(旱鬼)는 버드나무를 두려워한다고 한다.

20여 년 전, 구순의 할아버지는 손자에게 직접 무령계를 표현, 전수했다. 백발의 무혼(巫魂)은 이날 두만강 기슭의 아늑한 수림에서 화려한 무용(舞踊)을 그렸다. 만모지신(萬母之神) 그리고 바람과 불, 물, 땅, 나무, 우레, 소택지의 신령, 사계절의 신령, 전쟁의 신(戰神), 늑대 신(狼神)⋯ 실(實)과 허(虛)의 신들이 18

개 신보(神譜)와 함께 수풀에 날아든 새들처럼 하늘과 땅 사이를 난무했다.

"그날 할아버지의 체력은 상상을 초월하던데요, 빠른 절주로 장장 여섯 시간을 뛰었습니다. 가운데 드문드문 멈춰 서서 그때마다 물로 목을 약간 적셨을 뿐이었습니다."

정말 신들린 듯 했다. 할아버지는 불시에 둥근 공으로 둔갑한 듯 공중으로 퐁퐁 뛰고 있었다. 이때만은 막 이십대의 애젊은 나이로 돌아가고 있는 것 같았다. 오히려 김씨 총각이 높은 산을 오르는 노인처럼 금방 힘들어하고 있었다. 춤을 추던 도중에 자주 가쁜 숨을 톺으며 잠깐씩 쉬어가는 모습을 보였다. 옛날 옛적의 옛말처럼 백발의 흰 기억이 눈앞에 하얗게 떠오르고 있었다.

김씨 가족의 지울 수 없는 옛 기억은 그래도 늑대 신이었다. 신령의 늑대는 가락국(駕洛國) 때 또 한 번 김씨 가족의 선조와 만나고 있다. 이 신기한 상봉은 김씨 가족이 전승하는 가락국 신화에 장장 두 편의 편폭으로 특별히 기술되고 있다.

"가락국 신화는요, 어릴 때 정말 지겹도록 들었습니다." 김씨 총각은 신화 이야기가 나오자 금방 얼굴을 찌푸린다. "신화를요, 할아버지는 베개머리에 앉아 잠을 재워주듯 이야기하셨습니다. 식탁에는 꼭 반찬처럼 이 이야기를 곁들이시던데요."

마치 테이프에 녹음된 육성이 거듭 재생되고 있는 듯했다. 손자는 역정을 내면서 입을 삐죽한 적이 한두 번 아니었다. 나중에 꼭지만 떼면 첫 편부터 종편인 69편까지 줄줄 외울 수 있을 정도였다.

가락국 신화는 김씨 가족의 한 단락의 가족사이며 가락국 초창기 역사의 둘도 없는 구전(口傳) 기록이다. 김씨 가족은 옛 문헌에 실체가 아닌 그림자만 비끼고 있고 가락국은 스스로 지은 문헌이 없기 때문에 김씨 가족의 전승인에 의한 이 구전 기록은 더구나 귀중한 사료로 된다.

신화 이야기에서 가락국의 태자는 점성가를 데리고 새로운 도읍지를 찾아간다. 그들은 바다를 건너 3천리의 땅을 주름잡으며 수두룩한 신, 인물, 괴물을 만나 신기한 전설을 엮는다. 이 이야기에 등장하는 점성가는 더 말할 나위 없이 김씨 가족의 선조이다. 그의 이름은 늑대부족의 큰무당 존칭인 '월사(月師)'로만 가족사에 전하고 있다.

"그분의 진실한 이름이나 세대를 다 몰라요. (고려 때) 족보를 싹 태웠으니까요. 우리 가족에서 이름을 알 수 있는 월사는 저의 할아버지 한분인데요. 제183대 월사입니다."

사실상 김씨 가족사처럼 가락국의 역사는 밝힐 수 없는 미스터리가 적지 않다. 김씨 선조처럼 가락국의 왕조도 일부러 그들의 흔적을 빗자루를 들어 싹싹 지워버린 것 같다.

69편의 가락국 신화는 가락국의 내밀한 천도(遷都)의 역사를 기록하고 있다. 반도를 지나 대륙의 귀퉁이에 신도읍지를 선정한 이야기는 이 신화에서 나온다. 태자와 월사는 바다를 건너 대륙에 상륙하며 마침내 북부 발해만(渤海灣)에서 하늘이 점지한 그 땅을 찾는다. 그들이 반도에 돌아가서 복명한 후 왕은 곧 신하와 백성들을 데리고 바다를 건너갔다. 신도읍지의 위치, 왕과 왕후의 능 그리고 전세의 별괴 친신, 기상이 고대 부족과 괴물의 많은 비밀은 이 신화에서 읽을 수 있다고 할아버지가 나중에 손자에게 알려줬다.

태자와 월사가 계속 동쪽으로 길을 가던 도중에 검은 늑대를 문득 만난다. 신령의 이 늑대는 기실 그곳에서 월사를 기다리고 있었다.

"산을 넘고 또 넘었다. 산은 오를수록 험했다. 산의 중턱에 이르는데 해가 졌다. 갑자기 부근의 어디선가 이상한 금빛이 하늘에 솟아오르고 있었다. 월사는 태사와 함께 금빛을 뿌리는 곳으로 발을 움직였다. 금빛은 웬 동굴에서 흘러나오고 있었다. 금빛을 따라 동굴의 끝머리에 이르자 검은 빛이 뭉쳐 있었다. 검은 빛을 몸에 두른 늑대가 바닥에 엎드려 있었다. 검은 털의 늑대였다."

검은 늑대는 월사가 나타나자 둥글게 말아서 누웠던 몸을 일으켰다. 월사의 머리는 겨우 검은 늑대의 배에 닿고 있었다. 월사는 그제야 이 검은 늑대가 아주 낯에 익다는 것을 발견했다. 반년 전 가락국의 왕궁에서 우연히(?) 조우했던 검은 늑대이었다.

반년 전의 그날 검은 늑대는 왕실 근위대에 뒤를 쫓기고 있었다. 왕궁은 왕실의 사람이 아니라면 함부로 드나들 수 없는 금지(禁地)이다. 그런데 검은 늑대가 어떻게 은밀히 들어왔는지는 누구도 모른다. 검은 늑대는 왕궁에서 좌충우돌 도망하다가 월사를 만나자 급급히 입을 열었다. 그를 어디엔가 잠깐 숨겨 달라고 간청했다. 월사가 근위병을 따돌리고 나서 별궁에 갔을 때는 그곳에 숨었던 검은 늑대가 벌써 가뭇없이 사라져 있었다.

"대륙 심산의 웬 동굴에서 다시 이 늑대를 만날 줄은 정말 뜻밖이었지요!"

이날 검은 늑대는 다소 실망한 기색이었다. 월사가 동굴에 너무 늦게 당도했으며 이 때문에 늑대는 여기에서 몹시 지체되었다는 것이었다.

"검은 늑대는 왜서인지 급히 서두르고 있었다. 그는 월사를 몸 가까이에 부르더니 핏빛의 커다란 입을 쩍 하고 벌렸다. 발치에 뭔가 꾸역꾸역 토해냈다. 뒤미처 계란 모양의 둥글고 큰 보석이이 나타났다. 황토처럼 누른 이 보석은 동굴에 검은 기운을 뿜어내고 있었다.

검은 늑대는 속삭이듯 월사에게 들려주었다.

'이 보물을 네가 제대로 쓸 수 있을지 모르겠구나. 네가 도대체 어떤 사람으로 클지도 모르겠구… 이걸 다 천지간의 조화(造化)에 맡기니라.'

말을 마치자 검은 늑대는 휙 하니 바람처럼 사라졌다."

월사와 태자는 그날 밤을 동굴에서 보냈다. 검은 늑대는 월사의 꿈에 다시 나타났다. 뭐가 근심스러운지 재삼 부탁을 하고 있었다. 그의 말을 꼭 후손에게 전달하고 그의 선물을 대물림하라는 것이었다.

"너의 후손은 장차 겁난(劫難)에서 벗어나기 어렵니라. 내가 준 선물은 너의 후손을 1만년 지켜줄 것이니라."

월사는 이 말을 곱씹다가 잠에서 소스라쳐 깨어났다. 태자는 아직도 꿈나락을 헤매고 있었다. 꿈인지 생시인지 분간하기 어려웠다. 월사는 몸에 간직한 보석을 꺼내 보았다. 검은 기운이 보석에서 김처럼 모락모락 솟아오르고 있었다. 동굴 밖을 내다보니 어느덧 빨간 해가 산마루에 불끈 솟아오르고 있었다.

며칠 후 월사는 검은 늑대를 또 만났다. 용맥이 살아서 꿈틀거린다고 하는 용산(龍山)이었다. 그러나 동굴에서 상봉했던 그 늑대가 아니었다. 검은 늑대는 기실 하나뿐이 아니며 한 족속의 무리가 하늘 아래에서 움직이고 있었다. 이번의 검은 늑대는 날카로운 버덩이의 이빨이 남달리 눈에 띄고 있었다. 이 이빨은 수련한 도의 깊이를 뜻한다고 하는데, 검은 늑내의 입에 여섯 개나 물려 있었다. 괴이하게도 검푸른 이빨이었다. 뇌옥(雷玉) 혹은 뇌아(雷牙)라고 부른다고 했다.

항상 몸의 원기를 보호해야 한다고 하면서 검은 늑대는 버덩이 이빨 하나를 뽑아서 월사에게 넘겨주었다. 이때부터 월사의 후손은 뇌아를 신이 선물한 보신(保身)의 신물(神物)로 간직하고 있다고 한다.

검은 늑대는 월사를 데리고 용산의 꼭대기에 올라갔다. "죽은 자를 부활하게 하려면 꼭 하늘의 정화(精華)와 땅의 지맥을 취합(聚合)해야 한다고 알려주더랍니다." 검은 늑대는 월사의 손바닥을 칼로 베어 피가 지맥에 떨어지게 했다. 이 피를 빨아먹은 천년의 소나무로 악기를 만들어 연주하면 죽은 자의 영혼을 불러올 수 있다는 것이었다.

"천년의 이 소나무로 만든 악기로 오률(五律)의 팔음(八音)을 연주하면요, 원기를 하늘과 땅 사이에 가둬놓고 사방에 흩어지지 않게 할 수 있대요."

미구에 검은 늑대가 돌아가려 하자 월사는 급히 그를 불러 세웠다. 여태껏 궁금했던 것을 검은 늑대에게 재촉하듯 캐물었다. "당신들은 도대체 어디서 왔습니까? 그리고 어디로 가시려고 합니까?" 이에 검은 늑대는 동문서답 격으로 엉뚱한 대답을 하더란다. "저는 3백년에 한 번씩 하늘에서 내려와 (그때마다) 당신을 잘 모시도록 하겠습니다." 말을 마치기 바삐 검은 늑대는 한 올의 연기처럼 푸른 하늘에 초연히 사라졌다.

실제로 검은 늑대는 300년만이면 어김없이 김씨 가족의 전승인을 찾아오고 있었다. 훗날 김씨 가족은 왕궁에 연금되고 또 전쟁의 난리판을 만난다. 이때도 검은 늑대는 여전히 김씨 가족을 찾아와서 문을 두드렸다고 한다.

"제가 60대의 어느 나이를 먹는 때면 마침 검은 늑대가 우리 가족에 찾아온 300년만이 된다고 하는데요. 그때면 이 검은 늑대가 또 저를 찾아온다고 해요. 정말 소설이라면 재미로 듣겠지만 막상 제가 그 주인공이라고 하니까…" 라고 하면서 김씨 총각은 부지중 말끝을 흐린다. "언제인가 문을 열기만 하면 검은 늑대가 고대 기다린 것처럼 훌쩍 뛰어 들어올 것 같아요. 정말이지 검은 늑대는 어딘가 몸을 숨기고 우리 가족을 노상 지켜보고 있지 않나 하는 생각이 듭니다. 왠지 소름이 오싹 돋는 것 같아요."

검은 늑대를 만나면 김씨 총각은 첫마디로 묻고 싶은 물음이 있다고 했다. 반만년이 지나도록 그냥 김씨 가족을 찾는 영문을 알고 싶다는 것이다.

아직도 풀지 못한 미스터리는 또 하나 있었다. 검은 늑대는 김씨 가족에 현신할 때마다 패쪽 모양의 웬 금목걸이를 걸고 있었다. 누런 이 목걸이는 검은 늑대의 몸에서 한결 두드러지고 있었다.

"패쪽에는 도대체 무슨 그림이나 부호가 있었을까요?" 할아버지도 늑대의 목걸이 이야기를 반찬처럼 늘 식탁에 얹더란다. "하필이면 실끈으로 패쪽을 매달고 있었다고 합니다. 금줄이라도 3백년이라면 진작 닳아서 끊어지겠는데요."

이날 늑대의 이빨 모양의 장식물이 김씨 총각의 목에 걸려 있었다. 이 목걸이를 뇌아(雷牙)라고 부른다고 했다. 옛날 월사가 검은 늑대에게 선물로 받았다고 하는 검푸른 이빨과 똑 같은 옛 이름이었다. 그러나 이날 김씨 총각이 목에 걸고 있는 것은 진품이 아니고 모조품이라고 했다.

"이런 장신구를 보면요, 한국인은 그저 곡옥(曲玉)인줄 알아요, 일본인은 구옥(勾玉)이라고 하구요. 중국인은 옥을 떠나서 음양도(陰陽圖)라고 합니다."

갑자기 어디까지 실상이고 어디까지 허상인지 존재의 현실에 혼돈이 생겼다.

2절 달 속에 달이 숨고 신화 속에 신화가 뜬다

"하늘에 핏빛의 달이 떠올라 땅에 음산한 기운을 뿌리고 있었습니다. 태자는 부명(父命)을 받아 월사(月師)를 데리고 이튿날 동쪽으로 향발했어요."

69편의 가락국 신화는 이렇게 어린 손자의 동화세계에 달처럼 떠오르고 있었다.

국왕 수로(首露)는 결국 가락국의 도읍지를 옮기려고 작심했다. "백성들이 즐겁게 살고 있었지만요, 달에 현시(顯示)된 것은 길조(吉兆)가 아니었습니다. 가락국은 아직도 부족함이 있는 땅이었다는 것이었지요."

아닌 게 아니라 국도(國都)를 세우기 바삐 난데없는 병란이 일어난다. 갑진년(44년) 2월 누군가 왕위를 빼앗으러 가락국을 찾아왔다. 『삼국유사(三國遺事)』의 「가락국기」의 기록에 따르면 완하국(琓夏國) 합달왕(合達王)의 아들 탈해(脫解)가 가락국에 찾아와서 수로와 술법을 겨뤘다. 탈해는 싸움에 진 후 배를 이용하여 움직이는데 수로는 그가 반란을 일으킬까 염려하여 수군을 보내서 쫓게 했다. 이 수군은 한두 척이 아니라 무려 5백 척의 방대한 전력이었다고 「가락국기」가 기술한다. 병란을 일으킨 것은 탈해 한 사람이 아닌 큰 집단이었다는 얘기이다. 탈해는 나중에 계림(鷄林)의 땅에 달아나며 그곳에서 신라의 제4대 이사금(尼師今, 국왕)으로 된다.

정말로 천상(天象)은 하늘의 이상(異相)으로 인간에게 전조(前兆)를 나타내던가.

옛날부터 달이 얼굴색을 달리하면 인간은 어김없이 해를 입었다고 전한다. 푸르면 기아(飢餓)의 우려가 있고 붉으면 병란이 있으며 누르면 덕의 기쁨이 있고 희면 가뭄과 초상이 있으며 검으면 병들어 죽는다고 한다.

실제로 흉조(凶兆)는 기해년(己亥年) 즉 2019년의 여름에도 하늘에서 떨어졌다. 난데없는 불덩어리가 돌연히 검은 하늘을 날아 내렸다. 서남쪽에서 동북 방향으로 시뻘건 줄을 긋고 대륙의 길림(吉林) 지역을 하얗게 밝혔다. 한로(寒露)가 사흘 지난 그해의 양력 10월 11일의 자정이었다.

무서운 폭발음이 하늘에 터지자 많은 사람들이 잠자리에서 소스라쳐 깨어났다.

길림의 운석 추락사건은 이번이 처음이 아니다. 1976년 3월 8일 오후, 하늘에서 운석비가 우박처럼 연거푸 쏟아져 내렸다. 나중에 최대 1.8톤짜리의 운석을 망라하여 수집된 운석은 2톤을 넘었다.

항간에서는 별똥이 떨어질 때 소원을 빌면 소원을 이룬다고 한다. 그러나 별똥은 점술로 말하면 액운을 뜻한다. 나라에 전란이나 재난의 변고가 생길 수 있고 누군가의 개인에게도 액운이 내릴 수 있다는 것. 그래서 우리말에는 "별똥이 하나 떨어지면 누군가 하나 하늘에 불려 올려간다"는 전설도 있다.

이때면 월사(月師)는 별자리로 운세를 보고 굿과 기도 등 행사 자리를 마련했다.

사실상 운석비가 쏟아졌던 1976년의 그 무렵 중국에는 큰 재난이 연이어 들이닥쳤다. 나라의 지도자들이 잇따라 숨졌다. 강진이 일어나 도시 하나를 흡사 망치로 내려치듯 산산이 깨버렸고 인간 20만 명을 마치 태풍이 불어치듯 한꺼번에 날려버렸다.

"이번의 운석이 1976년 그때처럼 엄청 크지 않은 게 다행인 것 같아요. 금방 재난이 일어나더라도 지도자가 무더기로 사망하고 도시 자체를 파괴할 정도까지는 아니라는 얘기가 되거든요." 조금은 한숨이 나온다는 김씨 총각의 말이다. 그렇다고 해서 시름을 놓을 수 있는 건 절대 아니라고 했다. 그날 김씨 총각은 말의 뒤 끝에 꼬리 하나를 더 달아매고 있었다. "올해의 그믐날을 넘기면 한 고비를 넘기겠지만요, 정월까지 무탈하게 보내는 건 아무래도 힘들 것 같습니다."

결국 천재지변은 어쩔 수 없다는 것. 인간의 힘으로는 도무지 막을 수 없는 불운이 닥친다는 것이다.

"우리에 운명에 끼어있는 액운이라면 누구라도 피할 수 없겠죠."

그로부터 석 달이 지난 정월 대보름날 무렵이었다. 김씨 총각은 꼭두새벽에 나를 찾아 때 아닌 전화벨을 댕댕 울렸다. 하늘의 달에 갑자기 이상(異相)이 생겼다는 것이었다. 그리하여 이날은 나의 달력에 새빨간 줄의 이상(異狀)을 하나 긋게 되었다.

그날은 경자년(庚子年)의 정월 아흐레 즉 2020년의 2월 2일이었다.

"선생님, 어서 밖에 나가 하늘을 보세요. 달의 속에 또 달이 하나 생겼습니다." 김씨 총각은 몹시 흥분한 어조였다. "이걸 월동(月洞, 달의 구멍)이라고 하는데요, 우리 점성가들은 또 월안(月眼)이나 쌍월(雙月)이라고도 합니다."

둥근 달은 시뿌연 빛을 하늘 아래에 뿌리고 있었다. 이상(異常)한 이상(異相)은 육안으로도 쉽게 볼 수 있었다. 안쪽이 조금 희고 바깥의 테두리가 약간 어두웠다. 마치 크고 작은 달 두 개를 한데 겹쳐 놓은 것 같았다. 인간의 흰 자위와 까만 자위의 동공을 방불케 하고 있었다.

"달에 구멍이 생기면 온역이나 흉년이 닥치는데요, 이런 재난은 한곳이나 한번으로 그치지 않고 여러 곳이나 여러 번으로 연이어 덮친다고 합니다."

김씨 총각은 몹시 흥분한 어조였다.

신화 같은 이 기괴한 천문현상을 김씨 총각의 선조는 가족사에 담담하게 서술한다. 그들은 천상(天象)이 예시(豫示)하듯 온역이 기승을 부리고 흉년이 닥치면 잇따라 세상에 일어난 일들을 암호문자인 부호문자로 낱낱이 기록했다. 마치 구름에 비가 묻어오듯 했다. 달에 이상(異相)이 출현하면 땅위에 이변(異變)이 생겼다. 기아(飢餓)가 광풍처럼 땅을 휩쓸고 기민(饑民)이 떼를 이뤘다. 난리가 사처에서 일어나고 음모자는 왕좌를 노렸다. 신라시대에 그러했고 조선시대에 그러했다.

이때 월사는 현세의 속계(俗界)에서 한 발 물러서서 전세와 내세를 넘나드는 무계(巫界)의 냉혹한 관찰자로 되고 있었다.

흡사 절대로 벗어날 수 없는 악마의 그 무슨 굴레를 방불케 한다. 100년이나 120년이면 달의 이상(異相)과 세상의 이변(異變)은 바이러스처럼 지구에 기생하여 윤회를 거듭하고 있었다.

지금껏 별자리를 보다가 김씨 총각은 이번에는 처음 두려움까지 느낀다고 했다.

"선조님이 기록부에 적은 옛날의 사건이 세밀 재현되지 말았으면 하고 신령님에게 거듭 빌고 싶습니다."

이 무렵 대륙 중부에서 웬 바이러스가 암흑세계를 뛰쳐나왔다. 소름이 끼치도록 해괴한 소리를 땅에 우둑우둑 떨어뜨리고 있었다. 숙주의 박쥐처럼 곧바로 검푸른 하늘을 날아내려 단숨에 3백리를 지났고 3천리 지어 3만리의 세계를 훌쩍 뛰어 건넜다. 급기야 한반도와 일본열도를 삼켰고 나아가 유럽을 잠식했으며 미구에 바다를 건너 미국 땅을 덮었다.

갑자기 혼란한 세계가 땅위에 펼쳐지고 있었다. 내가 문을 닫아 너를 막았고 네가 담을 쌓아 나를 막았다. 개체가 아닌 집단이 격리되었고 여기저기 사슬이 문득문득 끊어졌다. 기업이 연이어 파산하고 실업자가 대량 출현했다. 공황이 무덕무덕 쌓여 공포를 방방곡곡 쌓았다.

어느덧 달의 차디찬 기운은 땅위의 이변의 세상을 가득 채우고 있었다.

김씨 총각도 언제부터인가 선대의 월사처럼 현세의 냉혹한 관찰자로 되고 있었다. 어지럽고 소란한 세상을 무덤덤하게 지켜보고 기록한다.

달이 지나고 해가 지나면 새로운 신화 이야기는 또 연속된다.

김씨 가족의 전승인에게 가락국 신화는 가족사의 하나의 시작을 열었을 따름이다.

옛날 옛적의 기이한 이야기는 부자의 쌀뒤주처럼 69편의 가락국 신화에 차고 넘친다. 행과 단락마다 왕조와 부족의 역사가 깃들어 있다. 김씨의 선조가 기록한 상고시대의 내밀한 이야기이다. 또 무속인의 깨달음 그리고 월사가 천안(天眼)을 열고 만난 세상을 이야기하고 있다.

생명, 인간의 그 경계에 선다. 생성과 소멸 , 탄생과 죽음은 하나의 탈이다. 내속에 네가 있고, 네 속에 내가 있다. 나와 너, 생과 사는 거듭 반복된다. 세계는 흡사 만물을 가둔 조롱을 방불케 한다.

과연 하늘과 땅 그리고 그 세계의 신과 인간, 괴물은 모두 허상에 지나지 않던가?…

신화를 엮고 쓴 월사는 분명히 처음부터 답을 알고 있었다. 인간의 많은 궁금한 이야기는 신화에 약속된 암호로 가족의 전승인에게 해석, 전달한다.

월사의 후손들은 별별 이야기 속에 담고 숨긴 진실한 세상을 찾고 줍는다.

신화에 등장하는 인물이나 괴물은 기실 하늘의 별을 뜻한다고 김씨 총각이 설명했다. 별의 일부는 직접 인물이나 괴물의 이름으로 나타난다는 것이다.

"백의노인은 백둔(白遁, 화이트홀)을 상징하고 흑의노인은 흑둔(黑遁, 블랙홀)을 상징하는데요." 김씨 총각은 신화에 나오는 암호 인물의 비밀을 이렇게 밝혔다. "백둔과 흑둔은 서로 상반되는 하늘의 신비한 힘입니다. 백의노인 즉 백둔을 만나 과거의 세계로 들어갈 수 있다고 한다면 흑의노인 즉 흑둔을 만나 미래의 세계로 들어갈 수 있어요."

천계로 통하는 문은 다름 아닌 백둔과 흑둔이었다. 생명의 그 경계는 드디어 손에 닿을 듯 말듯 가까워지고 있었다.

흑둔 즉 블랙홀은 빛까지 흡수하기 때문에 직접 볼 수 없고 확인하기 쉽지 않다. 천재적인 이론물리학자 알베르트 아인슈타인이 그의 일반상대성이론을 통해 블랙홀의 존재를 예측했다. 그때부터 블랙홀은 100여 년 동안 이론 속에만 존재하던 미지의 세계였다. 2019년 4월 인류는 최초로 블랙홀을 관측하는데 성공한다. 이 블랙홀은 지구에서 5500만 광년 떨어져 있는 은하 중심부의 M87에 위치한 '별'이다. 이번에 과학자들은 블랙홀 안과 밖을 연결하는 지대인 사건지평선 바깥을 지나가는 빛이 왜곡되어 블랙홀을 비추는 모습을 포착하는데 성공한 것이다. 이른바 '블랙홀의 그림자'를 영상에 담은 것이다.

정작 백둔 즉 화이트홀은 아직도 학계에 이론적으로만 존재하는 미스터리의 별이다.

김씨 가족의 성도(星圖)는 백둔과 흑둔을 낱낱이 밝히고 있다. 김씨 총각

은 '전성(全星) 88성도(星圖)'를 다시 우리 앞에 쭉 펼쳐
놓는다.

천상(天上)의 성도는 한반도에서 「천상열차분야지도
天象列次分野之圖」가 제일 오랜 것으로 알려지고 있다.
고구려의 천문도를 바탕으로 직육면체의 돌에 새긴 천
문도이다. 한국 국보 228호 지정, 서울 종로구의 국립고
궁박물관에 소장되어 있다. 고구려의 석각 천문도는 전
란 때 대동강에 수몰되었는데, 태조 때 종이로 된 고구
려 천문도를 찾아 새롭게 이 천문도를 그렸다고 한다.
천문도에 새겨진 글이 1932개이고 별의 숫자가 1462개
이다.

김씨 가족의 성도에 있는 부호문자는 800여자(최소
수만자의 해석문)이고 별의 숫자는 3650개이다. 성도는
천기도(天機圖), 항성도(恒星圖), 음양도(陰陽圖), 현도(玄
圖)로 구성되며 88개의
궁도(宮圖)에는 각기 주
성이 따로 있다. 와중의
음양도는 바로 세상의
이쪽에서 저쪽으로 갈
수 있는 천계의 문을
표시한 그림이다.

순식간의 공간 이동
이나 시간 여행이 가능

삼성퇴 옥기물, 혼
을 각기 보내고(왼
쪽) 맞이하는(오른
쪽) 두 인물이 혼
을 좌우하는 신의
양쪽을 옹위하고
있다.

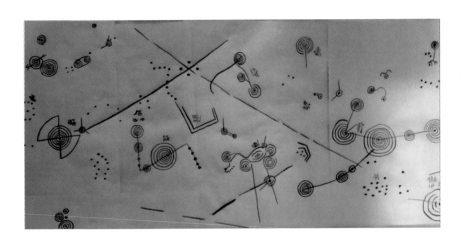

전성88성도(全星
88星图) 음양도(阴
阳图) 일각. 일명
천계의 문이라고
한다.

하다는 것은 아인슈타인이 1930년대에 처음 주장했다. 우주에는 두 부동한 시공간을 잇을 수 있는 통로 웜홀(蟲洞)이 있다는 것이다. 그러나 이 웜홀이 기실 백둔과 흑둔이라는 사실과 백둔과 흑둔을 이용한 우주의 통로가 존재한다는 증거는 아직도 관찰되지 못하고 있다.

음양도는 일찍 1887년 영국 스코틀랜트 서쪽 덤바턴(Dumbartom)의 진흙땅에서 석판으로 발견된 적 있다. 길이가 13미터, 너비가 7.9미터 되는 괴이한 석판이었는데 웬 부호와 선이 그려 있었다. 그때 목사 젬스는 석판에 그려있는 90여개의 기이한 그림이 나중에 풍교 논갱과 이어질까 우려했으며 이로 하여 석판은 거의 백년을 먼지 속에 묻혀있게 되었다. 1960년대 어느 고고학자에 의해 석판이 우연히 발견되는데, 그 후 영국의 과학자들에 의해 현대의 기술수단으로 판독하게 된다. 석판의 그림은 숙련된 솜씨를 자랑, 그 역사가 무려 5천년에 달한다. 그러나 석판의 신분과 내용은 종내 읽지 못했다. 일부 학자는 옛 부락의 분포도라고 했고 또 별의 운행 궤적이라고 했다. 지어 지구를 참조물로 삼은 '우주의 지도' 다시 말하면 외계 문명의 '주소'라고 했다.

인터뷰 도중에 이 석판 이야기를 꺼내자 김씨 총각은 몹시 놀랐다. 가족의 유일한 전승으로 간주하고 있던 성도가 일부 대륙 북쪽의 외딴 섬에도 나타날 줄은 꿈에도 생각지 못했다고 했다. 더구나 석판에 그려진 천체도의 그림은 가족의 음양도보다 더 자세하고 확실하다는 것이다.

그럴지라도 백둔과 흑둔은 인간의 육안으로는 만날 수 없는 다른 세상이라고 김씨 총각이 밝힌다. 음양도는 이 별자리를 눈에 보듯 그림으로 표현, 하늘의 위치 파악은 가능할 수 있게 만든다.

"마침 봄철이 되는데요, 밤이면 남쪽 하늘의 사자자리를 볼 수 있죠? 사자자리의 아래쪽 근처의 '암흑의 세계'에도 백둔과 흑둔이 있습니다."

김씨 총각이 하필이면 사자자리를 화제에 올리는 연유가 있다. 황하(黃河) 중류 일대에서 발굴된 옛 채도(彩陶)는 대륙 신석기시대의 대표적인 유물인데, 그림에 밝힌 뿔 달린 괴물 모양의 천신 '츄(바람 풍〈風〉의 안에 벌레 충〈蟲〉이 셋 들어있는 회의자)'의 고향별은 바로 이 사자자리에 있기 때문이다. 이 채도는 대륙의 역사 교과서에 등장하며 대륙인이라면 모두 어릴 때부터 눈에 익힌 상고시대의 유물이다.

김씨 총각의 이야기는 점점 깊이 모를 우주의 심연으로 우리를 이끌어 가고 있었다.

"하늘에는 또 공둔(空遁, 空洞)이라고 하는 별이 있는데요. 이건 채 완성되지 못했거나 깨어진 별이라고 합니다. 누구라도 들어가면 이 별의 시공

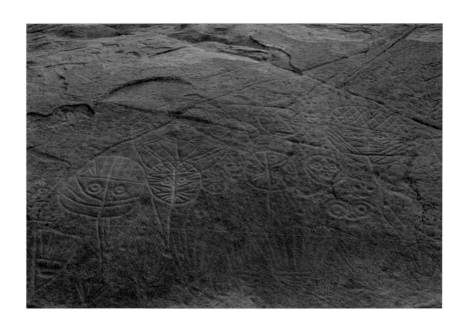

간에 갇혀서 다시는 나올 수 없다고 해요."

어린 손자는 초롱초롱한 눈으로 할아버지를 말똥말
똥 쳐다본다. 신화의 세계는 인제 손자의 눈앞에 마침
내 신비한 천계의 문을 활짝 열고 있었다.

늑대부족의 시조 낭황(狼皇)이 이렇게 출현했고 곰
부족의 웅녀와 혼인한 숙촉조(孰燭儵)가 이렇게 강림
했다. 천신은 그들만의 신기한 열쇠로 천계의 문을 열
고 하늘에서 내려 인간을 만났던 것이다.

사실상 천신은 시공간의 이농이 가능하며 또 어느
특정된 시간대의 공간을 만들 수 있었다. 이것은 옛 부
호문자에 기록된 특이한 내용이라고 김씨 총각이 밝힌
다. 이 글은 강소성(江蘇省) 연운항(連云港) 금병산(錦屛

山)의 장군 바위에 새겨져 있다. 하늘의 신이라야 읽을 수 있다고 해서 '동방의 천서(天書)'라고 불린다.

'동방의 천서'에 따르면 시간의 어느 한 부분을 끈처럼 베어 끊을 수 있다고 한다.

"절단된 부분에 다른 끈을 잇듯 다른 시공간을 넣을 수 있다고 해요. 시공간의 임의의 부분에 또 다른 시공간을 삽입하는 게 가능하다는 겁니다."

이날 김씨 총각은 몹시 흥분했다. 가족사의 어디에도 기록되지 않은 내용이라고 한다. 하긴 인간으로서는 도무지 상상조차 어려운 이야기이었다.

시공간을 만들고 삽입하는 것은 하늘에서 내린 신이 부족 큰무당에게 특별히 알려줬다고 부호문자가 기록한다. 기이한 이야기는 또 있었다. 천신은 연금술(鍊金術) 비슷한 신기한 법술도 부족에게 전수했다. 이 기술은 '라이'라고 불리는 신기한 약을 사용한다. '라이'는 개사슴록변(犭)과 달 월(月)의 사이에 하나의 불 화(火)를 넣고 그 위에 두개의 입 구(口)를 얹은 회의자(會意字)이다.

"이 약을 넣으면요, 식물을 동물로 변환할 수 있대요. 그리고 다른 유기체로 상호 호환할 수 있다고 합니다. 생물체의 인공적인 변환을 할 수 있다는 건데요. 유전자 변형이나 조작이라는 겁니다. 그런데 이게 정말 가능할까요?"

하늘의 신이 내렸다고 하는 '동방의 천서'를 두고 반문을 한 것은 김씨 총각이었다.

아닌 게 아니라 판독된 천서의 내용은 기이하다 못해 믿기 어려울 정도였다. 돌을 갈고 두드리던 석기시대에 벌써 유전자 조작과 변형의 기술이 있었다니… 김씨 총각은 미덥지 않은 듯 거듭 천서를 판독하고 다시 종이

위에 해석을 적는다.

갑자기 오만가지의 생각을 제치고 웬 물음이 수면위에 홀로 떠오르고 있었다. 사실상 우리 인간의 가장 근본적이고 원초적인 궁금증이었다.

도대체 우리는 무엇인가? 우리는 어디서 왔고 또 어디로 가는가?…

3절 바다 건너 삼천리 저쪽의 가락국의 도읍

월사(月師)는 단군시대부터 시작한 무당(법사)의 옛 명칭이다. 이에 앞선 그의 신분은 성사(星師)였다고 김씨 가족에 전한다. 성사이든 월사이든 그는 부족을 관장하던 제사장이었다. 늑대부족의 족장이었다.

그러나 족장의 이 존귀한 신분은 나중에 옛 장신구처럼 가족의 사물함에 깊숙이 챙겨 넣는다. 왕조시대 월사는 더는 족장이 아닌 신령한 점성가로 분신(分身)을 발현하고 있다.

월사는 가야국에 입궁한 후 화려한 변신을 했다. 초야의 은둔자로부터 일약 궁정의 점성가로 등장한다.

"월사님은 태자가 직접 통솔한 가신(家臣)이었는데요. 또 가락국의 궁정에서 벼슬을 했다고 합니다." 월사의 가족은 이때부터 반도에서 장장 천년 동안 왕실의 존귀한 귀족으로 되었다. "월사님은 천맥(天脈)과 지맥(地脈)의 변화에 정통하고 있었습니다. 가락국 왕실의 제일 지혜로운 술사(術士)였지요." 김씨 총각의 말이다.

김수로(金首露)는 새 왕도(王都)의 길지를 찾는데 월사를 일임하였다. 뒤이어 태자와 월사의 천리 답사가 시작된다.

신화와 전설을 품은 밤하늘에는 별들이 눈처럼 빛나고 있었다. 손자의 머리맡에 앉은 할아버지는 밤하늘의 길라잡이로 되고 있었다. 69편의 가락국 신화는 손자를 꿈과 상상의 여행으로 안내한다. 기이한 부락과 인물이 연속 나타나고 반인반수(半人半獸), 반신반수(半神半獸)의 괴물이 연달아 출현하고 있었다.

정말이지 할아버지의 옛말은 하늘세계의 동화를 방불케 했다. 태고의 전설인 『산해경(山海經)』과 신마(神魔)소설의 『봉신연의(封神演義)』의 한 대목이 아닌가 싶다. 신과 요귀는 새처럼 제멋대로 그때 그 시절의 하늘과 땅을 마구 날아다니고 있었다.

옛날의 신기한 전설은 어느덧 김씨 총각의 기억과 삶의 한 조각으로 되었다.

할아버지가 상상과 환상으로 창작한 신괴(神怪)소설이 아니었다. 선대의 월사가 전승인에게 대물림을 하는 가족사의 일부이었다. 신화의 여행은 공상으로 시작하는 듯하지만 점차 상상처럼 발전하고 종당에는 현실이 되고 있었다. 옛날 옛적의 옛말 같은 이야기는 다시 실존자의 피와 살로 되어 움직이고 있는 것이다.

실제로 '그것'은 본디 시초부터 존재했다. 이 이야기는 스스로의 본질적 생명과 영원한 존재의 비밀을 숨겨놓고 있다.

"이 부락은 신우(神牛)를 공양하는 동네였단다. 그런데 뉘라 없이 머리에 웬 뿔이 돋아 있었단다.

알고 보니 오태 진에 부락에는 문득 세눈바이 수가 생겼단다. 사람들은 이걸 불길한 징조라고 생각했단다. 소를 잡아 죽였고 마을 복판의 신우의 조상(彫像)도 산산이 깨버렸어. 그런데 이때부터 부락의 아이들은 태어날 때 다 머리에 이상한 뿔을 이고 있었단다.

쇠뿔 같은 모양의 이상한 뿔이었는데, 칼로 베어버리면 사마귀처럼 또 생겨났단다.

족장은 월사가 대단한 술사인 줄 알게 되자 간청을 했단다. 부족에 내린 액운을 없애달라고 재삼 부탁을 했단다. 월사는 마을을 빙 둘러보고 대뜸 요괴(妖怪)의 기운을 발견했단다. 먼저 마을 복판의 큰 버드나무에 가서 버들 껍질을 벗기고 샘물에 삶아 끈을 꼬았단다. 올가미를 만들어 동네 어귀에 감아두었단다. 또 소의 가면(假面)을 만들어 한 용감한 총각의 머리에 얹었어. 용감한 총각은 동네 어귀에 서서 소의 울음소리를 냈단다.

미구에 소 요괴가 부락에 어슬렁거리며 나타났단다. 정말 소처럼 생겼고 또 소처럼 컸단다. 눈이 넷이었고 귀가 넷이었으며 발이 여섯이나 되었단다. 요괴는 가면을 쓴 총각을 보자 벼락같이 덮치다가 그만 올가미에 걸렸단다.

그러자 버드나무 뒤에 몸을 숨겼던 월사가 득달같이 뛰어왔어. 허리에 차고 있던 검은 칼을 꺼내 괴물이 허리를 냅다 찔렀단다. 요괴는 소처럼 음메 하고 외마디 소리를 지르더니 허공에 사라졌단다. 그러자 난데없는 빨간 구옥(勾玉)이 하늘에서 뚝 떨어졌어. 요괴의 사악한 영기(靈氣)가 응집된 형체였단다."

소 요괴를 없애자 사람의 머리에 달렸던 쇠뿔이 저마다 기다렸다는 듯 땅에 우둑우둑 떨어졌다. 그런데 상처 자리에는 갑자기 난데없는 소용돌이가 생겨났다. 항간에서 말하는 '쌍가매'는 실은 이때부터 생겼다고 한다.

"'쌍가매'의 주인은 우신족(牛神族)의 후예라고 하는데요, 우신을 노엽혔기 때문에 종당에는 자자(刺字)의 형벌을 받은 거지요." 김씨 총각의 말이다. 하필이면 이런 이야기를 가족사에 남겼을까 하는 생각이 무시로 갈마들었다. "가락국 69편 신화에는 신기한 이야기가 꼬리에 꼬리를 물어요. 그런데 이야기마다 모두 옛말 책에서 볼 수 있던 그런 이야기와는 엄청 다르거든요."

현세의 사람들은 '쌍가매'라면 전세의 소가 인간으로 변했기 때문이라고 말한다. 그래서 몸에 웬 액운이 내렸으며 미구에 뜻밖의 재난과 불안이

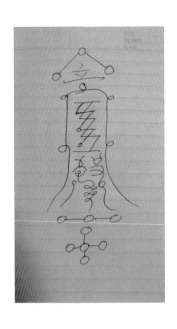

가락국 69편 신화
는 이 부적으로 시
작을 열고 있다.

소용돌이를 치게 된다고 귀띔하기도 한
다. 옛 부락을 휘젓던 영각소리는 인제 '쌍
가매'의 머리에 별스럽게 오그라들고 있
는 것이다. 더구나 세간의 설화에는 '쌍가
매'의 진실한 창조자인 월사의 흔적이라
곤 더는 좀치도 읽을 수 없다.

실제로 69편의 가락국 신화는 항간에
일부만 혹간 존속되고 있을 뿐이다. 상고
시대의 옛 기억은 궁극적으로 잔존한 퍼
즐을 한데 묶으면서 같은 듯 다른 그림을
그리고 있다.

"팔도(八道)라고 하면 다들 (태종 때의) 조선(반도)의
전국지도로 알겠죠? 우리 가족의 옛날 지도는 기실 대
륙 지방을 주체로 그리고 있습니다."

김씨 총각은 가야국 때 벌써 팔도 지도가 제도(製圖)
되었다고 밝힌다. 이 옛 지도가 실증된다면 현존하는
왕조시대의 제일 오랜 지도라고 하겠다.

"우리 가족이 가락국에 입궁한 후 세 번째 월사님이
선대의 고찰과 옛 기록을 정리해서 팔도 지도를 만늘
었다고 전합니다."

가락국시대의 팔도 지도는 대륙을 여덟 지역의 팔
도로 나눈다. 우리가 익숙히 알고 있는 동명의 팔도 이
름은 적지 않게 이 팔도 지도에 반복되고 있다. 팔도는

각기 함경도(咸鏡道), 평안도(平安道), 강원도(江原道), 전강도(全罡道), 운충청도(雲忠淸道), 경령도(京齡道), 황해도(黃海道), 마간도(魔簡道)로 이뤄진다.

지도는 짙고 옅은 여덟 가지의 색상으로 각기 팔도의 위치를 표시하고 있다. 이에 따르면 함경도는 현재의 동북 3성과 내몽고(內蒙古)의 동부, 하북(河北), 산동(山東) 일대를 가리킨다. 평안도는 섬서(陝西)와 산서(山西), 내몽고의 중서부 일대를 말하며 강원도는 신강(新疆)의 중부와 북부, 청해(靑海)의 일부, 전강도는 신강의 남부와 티베트, 청해의 일부, 사천(四川)의 일부, 운남(雲南)과 귀주(貴州)의 일부를 포함한다. 운충청도는

대륙과 반도를 아우른 수맥(지맥) 지도, 발해 북쪽기슭에 가락국 신도읍이 표기되어 있다.

운남과 귀주의 일부, 광서(廣西)의 일부를 가리키며. 경령도는 사천의 일부와 호북(湖北)의 일부 그리고 섬서(陝西), 감숙(甘肅)을 망라한다. 황해도는 산동(山東), 하남(河南), 호북(湖北), 안휘(安徽), 강소(江苏), 상해(上海), 절강(浙江) 그리고 복건(福建)의 일부와 대만(台湾) 지역을 지칭하며 마간도는 호북과 호남의 일부, 강서(江西), 복건의 일부, 광동(廣東), 해남도(海南島), 홍콩, 마카오를 포함한다.

대륙에 팔도가 등장하고 팔도에 삼한(三韓)이 출현한다. 삼한은 상고시대 한반도 중남부 지방에 자리를 잡고 있었다는 마한(馬韓), 진한(辰韓), 변한(弁韓) 세 부족사회를 이르는 말이다.

삼한의 가장 오래된 역사기록은 대륙의 학자 진수(陳壽, 233~297)가 편찬한 『삼국지(三國志)』이다. 이에 따르면 마한은 54개 소국, 진한과 변한은 각각 12개 소국으로 구성되었다. 삼한의 형성 과정에 대한 견해는 다양하다. 대개는 한반도의 선주 토착집단의 점진적인 발전의 결과로 삼한이 대두했다는 의견이 지배적이다. 변한, 진한, 마한의 별개의 종족집단이 한반도 중남부 지방으로 이주, 정착하여 삼한을 형성했다는 주장도 있었다.

김씨 가족의 팔도 지도는 삼한이 대륙의 중부 이남에 있었다고 분명히 밝힌다. 삼한은 한반도의 한강(漢江) 이남이 아닌 대륙의 장강(長江) 이남에 분포했다는 것이다. 삼국시대의 고구려도 시초에는 만리장성의 동쪽이 아닌 서쪽 지역에 출현한다.

그러고 보면 야설로만 듣고 있던 대륙 남부의 삼한과 장성 서부의 고구려는 상고시대의 옛 지도에 실체로 떠오르고 있는 것이다.

"고구려는 개국 전설부터 다른데요. 성산(聖山)은 장생모(長生母)가 살던 산이라고 합니다." 장생모가 살던 성산은 현재의 음산(陰山)산맥에 있다고 김씨 총각이 말한다. 산서성(山西省)과 인접한 내몽고 지역에 위치하는데, 성산의 남쪽 기슭에는 큰 호수가 있다고 전한다. "해마다 풀이 자라는 음력 섣달 사흘날이면 부족은 신령님에게 기도를 지냈는데요. 이때면 장생천(長生天)이라고 하는 신령님이 강림했다고 합니다."

음산은 인간의 생활한 역사가 오랜 장소이다. 산골짜기는 많이는 남북 내왕의 통로로 되었다. 일찍 5세기, 음산의 암석화가 북위(北魏)의 지리학자 역도원(酈道元, ?~527)에 의해 발견, 그의 하천지 『수경주(水經注)』에 자세한 기록을 남긴다. 이런 암석화는 1만여 점이 되는데, 대륙에서 분포가 제일 광범위하고 내용이 제일 다양하며 제일 정교한 것으로 알려지고 있다. 세계적으로 제일 일찍 발견한 암석화이다. 상당 부분의 암석화는 그림 자체가 옛 부호문자이다. 이런 암석화는 모두 고대 유목민족의 생산과 생활의 역사를 기록한다.

장생모와 장생천이 음산에서 혼인하며 그들의 첫 아들이 고구려의 시조로 되었다. 고구려라고 하면 그림자처럼 따라다니는 종족이 있다. 선비(鮮卑)라고 불린 종족이다. 선비는 대륙 북방의 유목민족인데, 고구려와 한나라의 중간에 선 탓에 고구려를 도우면 고구려가 이기고 한나라를 도우면 한나라가 이기는 식으로 양국의 승패를 좌우하는 존재였다. 선비는 북위(北魏, 386~534), 수·당(隋·唐, 581~907)의 주체민족이었지만 종당에는 한족(漢族)에게 동화되었다.

고구려와 선비족 앙숙과 친우의 양면은 유전이 아닌가 하고 김씨 총각이 묻는다. "고구려인과 선비족은 원체 한 부족이었다고 합니다. 한때 크게 싸우면서 결국은 둘로 갈라졌다고 하거든요."

월사 일행은 강을 따라 한반도 남단에서 출발, 서해바다를 종단하였다.

발해 남쪽의 고래부족 부락을 경유하여 지금의 산동 (山東)반도에 상륙, 다시 해변을 따라 북상했다.

이때 고래부족의 부락은 팔도 지도에 분명하게 그려져 있다. 산동반도가 바다 쪽으로 머리를 쑥 내민 그 연장선에 있는 섬이다. 그러나 훗날의 조선 혼일강리역대국도(混一疆理歷代國都) 지도에는 웬 일인지 이 섬이 등장하지 않는다. '혼일'은 중국을 중심으로 하는 '화(華)'와 중국 주변의 오랑캐 곧 이(夷)를 하나로 아우른다는 '혼연일체'라는 뜻이다. 가만, 비슷한 시기의 세계지도는 또 하나 있다. 명(明)나라 만력(萬曆, 1573~620)연간 이탈리아 선교사 마테오 이치(Matteo Ricci, 중국명: 리마두)가 세계지도 곤여만국전도(坤輿万国全图)를 편찬했는데, 이 지도에는 고래부족이 살던

발해 북쪽기슭의 갈석산(碣石山), 옛날에는 고조선과 중국의 경계선이 었다고 전한다.

옛 섬이 분명하게 표기되어 있다.

"옛날에는 섬이 세 개 있었다고 하는데요, 그런데 왜 두 개 밖에 없죠?" 선교사의 옛 지도를 보다가 김씨 총각은 머리를 갸우뚱한다. 고래부족이 살고 있었던 섬은 두 개만 바다위에 떠오르니 말이다. "지도를 그린 것은 월사가 답사를 떠났던 때보다 1천 5백년 정도 지난 시점인데요. 섬 하나는 벌써 수중에 침몰되었을까요?"

발해 북부에 그 산은 예나 제나 비석처럼 우뚝 서있었다. 팔도 지도는 그 산에 성곽 표기로 빨간 점을 찍어 놓고 있었다. 산의 이름인즉 갈석산 (碣石山)이다. 갈(碣)은 짤막한 돌로 세우는 비석이라는 의미이니, 갈석산은 돌이 쌓여 비석을 방불케 한다는 의미가 되겠다. 옛날의 (고)조선 경계라고 한다. 부근에는 고려성(高麗城)과 고려(高麗洞), 고려정(高麗井), 고려전설 등 (고)조선과 고구려의 유적이 적지 않다.

정말이지 태자와 월사는 처음부터 갈석산을 목적지로 삼지 않았을지 한다. 3천리의 기나 긴 답사는 마침내 갈석산의 정상에서 종지부를 찍는다. 태자와 월사는 산에 올라 새 도읍지의 위치를 정했다.

"태자와 월사는 가락국에 돌아가서 국왕에게 복명(復命)을 했단다. 3천리의 답사에서 보고 듣고 겪은 이야기를 들려줬단다. 왕은 이야기를 들으면서 함께 기뻐하고 슬퍼했고 또 함께 웃고 울었단다.

이야기가 끝나자마자 국왕은 대뜸 천도(遷都)를 시작하자고 신하들에게 말 했단다.

국왕과 함께 천도하는 사람은 1천, 2천으로 많았단다. 그들은 태자와 월사가 겪었던 곳들을 하나 또 하나 지났단다. 그런 부락에서 또 일행을 따라 나서는 사람들이 있었단다. 모두 현명한 국왕을 따라 새로운 도성에 가서 제일 완벽한 도성을 세워 행복하게 살려고 했단다.

    국왕은 백성들을 데리고 그곳에 도성을 구축했단다. 신이 준 힘으로 땅위의
기적을 견증했단다. 그들은 산기슭에 제일 완벽하고 제일 웅대한 도시를 세웠
단다."

가락국은 종국적으로 발해 북부에 역사의 찬란한 비석을 세운 것이다.
새로운 도읍 부근에는 또 왕릉을 지었다고 김씨 가족사가 기록한다. 실제
로 북쪽의 몽산(夢山)에 고려 국왕이 묻혀있다고 민국(民國) 20년(1931)의
현지(縣志)가 기록한다. 고려는 옛날 한반도의 여러 나라를 두루 지칭하던
이름이다. 정말이지 몽산은 (고)조선이나 고구려가 아닌 가락국의 옛 흔적
이 있을지 모른다.

어느 나라든지 막론하고 몽산은 반도의 옛 꿈을 묻고 있다. 그러나 아직
도 어느 산을 가리키는 건지 모른다고 고(高)씨 성의 노룡현 정부관원이 말
한다. "몽산은 현성의 북쪽 60리 되는 곳이라고 현지에 기록되어 있는데
요. 현존하는 문헌을 다 뒤져보아도 정확한 위치를 알 수 없습니다."

아니, 가락국의 신도읍은 몽산이라는 옛 지명처럼 우리가 꿈에서나 만
날 수 있는 허상이던가.

제9장

백년부락에 잠적한 하늘늑대의 사람들

늑대의 푸르스름한 눈을 닮았다고 해서 동양에서는 그 별을 천랑성(天狼星)이라고 부른다. 천랑성은 밤하늘의 제일 밝은 별이다. 그러나 동반성(同伴星)은 백색 왜성(矮星)이라서 육안으로는 볼 수 없다. 하필이면 천랑성의 이 동반성을 잘 알고 있는 종족이 있으니, 아프리카 서부의 말리공화국 도곤족(Dogon)이다.

"천랑성은 크고 작은 두 별로 이뤄졌는데요, 작은 별은 밀도가 아주 크지만 눈으로 볼 수 없습니다. 타원형의 궤도를 따라 큰 별을 에돌고 있는데요, 50년의 주기로 공전하고요."

천랑성의 동반성은 인류가 발견한 첫 백색 왜성이다. 체적이 아주 작지만 밀도가 물의 3만 배 정도로 크다. 1862년 미국의 망원경 제작자 A·클라크에 의해 그 존재를 처음 관찰할 수 있었으며 1915년에야 비로소 별의 백색 왜성의 신분을 확인할 수 있었다.

도곤족이 존숭하는
신 놈모처럼 한족
이 인간의 시조로
추앙하는 복희와
여와 역시 반인반
수(半人半獸)이다.

도곤족은 외부와 단절하고 절벽에 매
달려 사는 원시 부족이다. 그런데 그들이
어떻게 천랑성의 이 기이한 동반성을 알
고 있었을까…

1947년의 어느 날, 프랑스의 고고학자
말센 그리아울레 박사는 도곤족 부락의
'성스러운 동굴'에 들어간다. 이방인이라
고 해서 그를 외면했던 추장들은 말리에
거의 19년간 지속적으로 구호물자를 가
져오고 완벽한 말리 언어를 구사하며 또
현지처를 얻자 한 부족의 사람처럼 믿었
던 것이다. 박사는 동굴의 깊숙한 곳 암벽
에서 깨알 같은 이상한 글씨들을 발견하는데, 추장은
이 글씨가 "신을 위해 우리의 선조가 썼다"고 알려준다.
박사는 마침내 도곤의 부족에 '대대로 내려오는 비밀의
정보'를 듣게 되었다. 세상은 기실 '놈모(nommo)'라는
이름의 신에 의해 만들어졌다는 것이었다. 신은 땅을
만들고 식물과 동물을 만든 후 인간을 창조했는데, 이
들로부터 땅위의 여덟 개 송속이 생겨났다고 한다.

추장은 또 은하계의 많은 정보를 박사에게 누설했
다. 목성에는 4개의 위성이 있으며 토성에는 고리가
있고 태양계가 위치한 은하는 나선모양이라는 것이다.
이걸 다 놈모가 부족에 가르쳐줬다고 한다. 놈모는 반

인반어(半人半魚)의 괴물 같은 신이라고 추장이 밝혔다. 천랑성이 바로 놈모의 고향이란다. 놈모는 10년에 한번 씩 도곤족이 제사를 지낼 때면 구름을 타고 내려왔다는 것이다.

정말이지 늑대부족 아니 김씨 가족의 또 다른 신기한 이야기를 듣는 것 같다.

시운(時運)이고 천명(天命)이었던가. 김씨 가족은 한반도의 '성스러운 동굴'에 내내 숨어있을 수 없었다. 바다 저쪽에서 문득 강도떼가 배를 타고 건너왔던 것이다. 곧바로 망국의 굿판이 반도의 땅위에 벌어졌다. 더는 신구 세력의 교체가 아니라 외세의 강점이었고 이민족의 식민지배이었다.

국운이 기울면 민족과 가족 모두 수난을 겪는다. 반만년 가족사의 슬픈 과거이다.

1910년 경, 김씨 가족은 급기야 반도를 탈출하여 이역의 대륙으로 이민을 단행했다. 그들은 만주 일대를 전전하다가 나중에 두만강 기슭의 산골에 이삿짐을 풀었다. 보습을 깊숙이 박고 험한 세상을 일개 농부로 숨어 살았다.

그리하여 '천랑성'과 '도곤족'의 이야기는 백두산 아래에서 계속되는 것이다.

1절 천불(天佛)이 점지한 십승지지(十勝之地)의 마을

이민자들은 마치 서식지를 이동하는 늑대무리처럼 일사분란하게 움직였다. 전승인의 종가를 복판에 놓고 보호자의 외가가 그들을 앞뒤로 옹위했다. 깊은 강을 건너고 높은 고개를 넘었다. 김씨 가족 일행이 만주에 첫 터를 잡은 곳은 목단강(牡丹江) 일대이었다.

고조부는 세 아들 식솔을 데리고 이민을 했다. 막내인 딸은 반도에 남았다. 만주로 떠날 때 할아버지는 일여덟 살의 어린 나이었다.

김씨 총각의 설명이다.

"할아버진 여섯 오누이의 셋째인데요, 나중에 산지사방으로 다 흩어졌다고 합니다."

만주 동북부의 목단강은 상고시대에도 늑대부족의 최종 정착지가 아니었다. 더구나 일본군의 군화는 바야흐로 두만강을 건너고 있었다. 김씨 가족은 급기야 세 무리로 갈라졌고 각기 다른 곳으로 흩어졌다. 한 무리는 그냥 살고 있던 목단강 일대에 눌러앉아 잠수했고 다른 한 무리는 또 강을 건너 극동 지역에 잠적했다. 할아버지 일행의 종깃집은 남쪽으로 방향을 틀고 백두산으로 잠행을 했다.

백두산은 선대 시절에 늑대부족이 수천 년을 살았던 신성한 옛 고향이다.

올망졸망 이삿짐을 실은 달구지는 마침내 백두산 동쪽의 두만강 기슭에 멈췄다. 하늘의 부처가 점지했다고 하는 천불지산(天佛指山)의 끝머리가 여

260

기에서 시작되고 있었다. 마을은 옛날 함지박으로 사금을 캤다고 해서 함박동이라고 불리다가 다시 흰 사금을 캐던 곳이라는 의미의 백금촌(白金村)이라고 불리고 있었다. 마을 남쪽의 강기슭에는 한때 어느 도인인가 수련하던 기이한 동굴이 있었고 북쪽의 산골짜기에는 또 어느 부족인가 숨어 살았던 신비한 석성이 있었다.

풍수의 길지라고 할지라도 문을 열면 코가 산에 닿는 한심한 벽지였다. 백두산의 천지를 함지박처럼 머리에 이고 첩첩한 산중에 숨어 있었다. 간도의 큰 도회지인 용정(龍井)이 백리 밖 북쪽 골짜기의 어귀에 있었다. 골짜기 저쪽의 낌새가 이상할라치면 금방 물길을 타고 함지박처럼 어디론가 흘러갈 수 있는 곳이었다.

백금(白金)의 무명 골짜기의 안쪽에 옛 석성이 숨어있다.

옛날부터 변란이 일어날 때면 선비들은 피난(避亂)과 보신(保身)으로 승지(勝地)를 찾았다. 한반도에 십승지지(十勝之地)가 있다는 전설은 조선시대부터 전한다. 기실 난세의 재화(災禍)를 피하고 몸을 보전할 수 있는 곳은 이 열군데 뿐만 아니며 또 명당만 있는 게 아니다. 가락국이 멸망될 때 김씨 가족은 일부 일본으로 이주했고 신라가 멸망될 때 많은 식솔은 신분을 세탁하고 민간에 분산, 은거했다.

세 번째 왕조 때 김씨 가족은 제일 고통스런 시기를 보냈다고 김씨 총각이 말한다. "우리 가족은 별궁에 갇혀 있었다고 하는데요, 감옥살이와 다름이 없었다고 합니다."

이 시기는 신라와 후백제, 후고구려가 대립하던 후삼국시대인 걸로 보인다. 신라의 귀족들은 향락과 사치에 빠져 있었다. 사회체제의 바탕으로 되었던 골품제(骨品制)의 신분제도는 허명으로 되었고 도처에서 군웅이 구름떼처럼 일떠나 할거(割據)했다.

이때 월사 가족은 왕궁에 있었지만 노예와 다름없는 취급을 받았다고 전한다. 먹고 입는 생활은 사치하고 호화스러웠지만 밧줄을 동여맨 것처럼 인신 자유가 없었다. 왕실과 조정의 관리들은 김씨 가족의 비밀을 캐내려 한 것 같다고 김씨 총각이 추측한다. "왕명(王命)을 내리고 여차하면 우리 가족을 다 몰살하겠다고 위협을 할 정도였다고 합니다." 언제 무슨 날벼락이 코앞에 문득 떨어질지 몰라 김씨 가족은 이런서틴 눈치를 보면서 항상 마음을 졸여야 했다는 것이다.

이윽고 김씨 가족은 감옥 같은 왕궁을 탈출할 수 있었다. 목에 금 패쪽을 건 검은 늑대가 출현하여 그들을 궁지에서 구해줬다고 한다. 이때부터 김씨 가족은 더는 왕궁 한곳에 모여 살지 않았다. 반은 왕실에서 귀족으로 살았고 반은 상인이나 야장, 목공, 점술사로 민간에 흩어져 살았으며 지어 산속에 은거했다.

그러나 나라에 운석처럼 떨어지는 하늘의 겁수(劫數)는 종내 피할 수 없었다.

네 번째 왕조 때는 외적이 침입하는 전대미문의 큰 변고가 일어났다. 가족사의 전후 내용으로 볼 때 몽골군이 선후 7차의 원정을 했던 고려 때이다. 몽골족의 1차 침공은 고종 18년(1231.8~1232.1) 6개월간 벌어졌다. 고려는 침공을 받은 후 몽골국의 굴욕스런 사위 나라가 됐다.

이즈음 김씨 가족은 대대로 전승하던 족보를 소각한다. 두루마리의 종이가 아니라 광채가 나는 비단의 족보였다고 한다.

"다들 왕궁을 떠나 피란을 떠났다고 하는데요, 이때 가족의 열 사람이 족보를 외운 후 불살라 버렸다고 합니다." 김씨 총각의 입에서는 저도 몰래 긴 한숨이 새어 나오고 있었다. "전란이 끝난 후 다시 종이위에 옮겨 썼다고 하는데요, 이 종이 족보가 어떻게 되었는지 알 수 없어요." 종이 족보는 그 후 난리 때 소각되었을까… 마지막 전승인 김씨 총각에게도 종내 풀수 없는 수수께끼로 남아있다.

무당은 한반도에서 조선시대로 오면서 사회적 천시가 더욱 심각했다. 조정은 굿을 단속하는 법을 만들었고 무당을 노비와 승려, 백정 등과 함께 사회 최하층인 8천(八賤)으로 규정했다. 무당이 오랫동안 천시를 받은 것은 유교 이외의 것을 인정하지 않는 배타적 세계관 때문이었다. 한반도에서 열린 많은 종교행사는 겉으로는 불교 축제인 것처럼 보이나 실은 예로부터 전해오던 무속(巫俗)의 행사 내용을 이은 것이었다.

일본은 조선을 침략한 후 무당이 지역주민의 유대감 형성에 원동력이 된다는 걸 발견, 급기야 무당에게 박해를 한다. 군화발로 제상(祭床)을 짓밟고 무당을 쫓아냈다. 굿을 무조건 미신이라고 강요하는 것이다.

1949년 10월 공화국이 창건된 붉은 대륙에서도 마찬가지이었다. 봉건적인 나쁜 잔재로 간주되어 당집이 파괴되었고 무당은 굿을 할 수 없었다.

반도나 대륙을 막론하고 1980년대부터 큰무당들이 연이어 사망하면서 기술과 법맥이 끊어지고 있다. 거기에 또 미숙한 선무당이 많아지면서 무당의 세계가 위축되고 변질되고 있는 현 주소이다.

그러나 김씨 가족이 겪어야 할 겁운(劫運)은 아직도 끝나지 않은 듯하다. 할아버지는 손자에게 난세를 피할 십승지지로 대륙과 열도의 은둔처를 알려주기도 한다.

천금 같은 족보를 유실(?)했지만 가족의 항렬 돌림자는 그대로 유전하고 있다. 할아버지 김기복(金基福)의 항렬 돌림자는 터 기(基)인데, 할아버지가 남자 아닌 여자라면 이 돌림자의 뒤를 따르는 글자 행복 복(福)을 음의 달 월(月)로 바꿔 김기월(金基月)이라고 작명해야 한단다. 마찬가지로 아버지의 이름 김윤국(金允國)의 항렬 돌림자는 맏 윤(允)이며 그가 여자일 경우 돌림자의 뒤를 따르는 글자 나라 국(國)을 음의 병사 사(士)로 바뀌어 김윤사(金允士)라고 해야 한다는 것이다.

김씨 총각의 이름은 김성찬(金成燦)이며 항렬 돌림자는 이룰 성(成)이다. 그가 여자일 경우 돌림자의 뒤를 따르는 글자 빛날 찬(燦)은 수레 덧터의 나무 진(軫)으로 바뀌어야 한단다.

김씨 총각 즉 김성찬의 말이다.

"저의 아들 세대의 돌림자는 맑을 정(晶)인데요. 이건 돌림자 28자의 마지막 글자라고 합니다."

김성찬이 말하는 돌림자는 28수(宿)의 이름자이다. 이때 별자리 수(宿)는 머무르며 묵는다는 의미이고 28수는 달이 지구를 도는 동안 공전하는 주기를 뜻한다. 황도(黃道)를 일주(一周)하는 동안이 27.32일인데, 날마다 달이 황도를 지나면서 어느 별의 위치에 머무는가를 정해 놓은 별자리가 28수인 것이다. 28수의 체계는 문헌상으로 상(商)나라 초에 나타나며 전국(戰國) 시기에는 완정한 28수의 명칭을 기록한다. 김씨 가족에 전승하는 28수의 명칭은 당연히 이와 다른 이름자이다. 단 하나, 김씨 가족의 28자 돌림자의 끝 글자 진(軫)이 남방 주작(朱雀) 7수(七宿)의 마지막 별자리 명칭과 동일하다.

김씨 가족은 하늘을 아홉 등분으로 나누는데, 가족의 이 성도(星圖)를 일명 구궁도(九宮圖)라고 부른다. 이때 가족의 특이한 기물 괴항(磈恒)을 사용, 달과 주성(主星)을 각기 괴항의 구멍에 맞춰 넣고 별을 관측한다.

마치 성도의 어느 별자리가 땅에 내려앉은 자리라도 되는 듯 했다. 할아버지는 오랫동안 산속의 웬 암자에 머무르고 묵었다. 이곳은 둘째 할아버지가 백금의 이웃한 산들을 돌아다니다가 발견한 길지라고 한다. 둘째 할아버지는 김씨 가족의 풍수 비결을 전승한 점술의 달인이었다.

"심신 수련에 아주 도움이 되는 곳이라고 하는데요, 암자를 짓고 나서 둘째 할아버지는 홀로 이곳에 반년이나 계셨대요."

암자는 화룡현(和龍縣)의 고령향(高嶺鄕) 소재지인 고령촌의 동남쪽 골짜기에 있다. 골짜기의 이름 혜장(惠章)은 훗날 동네의 이름으로 되었다. 혜장은 광서(光緖) 16년(1890)에 생긴 백년부락이다.

할아버지는 식솔을 데리고 암자를 세운 혜장 동네로 이사했다. 백금에 정착한 꼭 3년이 되는 해라고 한다. 이때부터 지명 고령은 늘 김씨 가족의

추억에 다시 떠오른다. 하긴 동명의 고령(高靈)은 대가
야의 이전 이름이며 대가야의 왕릉이 있는 곳이기 때문
이다. 정말이지 김씨 가족은 3천리 밖의 옛 고향으로 돌
아간 것 같았다.

대가야의 왕릉처럼 혜장의 암자 역시 김씨 가족의
비밀스런 이야기를 파묻고 있다. 둘째 할아버지는 미
구에 아내와 아들을 데리고 조선으로 돌아가는데, 이
때 옛날의 그 무슨 기억을 보관하듯 임지 부근의 언덕
에 웬 물건을 꽁꽁 숨겨놓았다고 한다.

"당신의 목에 걸고 있었는데요, 금으로 만든 패물이
라고 해요, 제가 28살의 나이가 되면 꼭 찾아가라고 했
답니다."

김성찬의 동의를 얻고 그의 안내를 받아 일행 여럿이 함께 암자를 찾아 갔다. 김성찬을 만났던 이듬해의 2019년 여름날이었다. 골짜기의 좌우로 우중충한 산봉우리가 보초병처럼 서있었다. 산기슭에 시냇물이 속삭이듯 도란도란 흘러내렸다. 골짜기는 병풍으로 막은 것처럼 금방 잠풍(潛風)을 했다. 나무 잎사귀의 한들거리는 소리가 막 귓가에 들려올 듯 했다. 시냇물에 이리저리 놓인 디딤돌을 겅정겅정 뛰어 건넜다. 마당처럼 펑퍼짐한 곳이 불쑥 나타났다. 팔뚝만한 나무가 여기저기 제멋대로 자라고 있었다.

"우리 혜장의 오랜 토박이가 아니라면 암자가 있던 곳을 찾을 수 없어요."

암자는 일찍 20년 전에 허물었다고 하는 김성찬의 설명이다. 흙벽돌과 나무로 지은 암자라서 시냇물처럼 금방 산 둔덕의 일부로 잦아들었다는 것이다.

한두 달 전 김성찬은 일부러 가족의 친지들을 암자에 불렀다. 그들 여럿은 합심하여 부근의 둔덕을 샅샅이 파헤쳤다. 웬 일인지 둘째 할아버지가 부탁했던 패물은 끝끝내 찾지 못했다고 한다. "혹시나 다른 사람이 알고 여기를 찾아오면 어쩌지?" 하는 염려가 우리 일행의 발목을 잡았다. 기인지우(杞人之憂)였다. 둔덕은 다시 풀과 흙으로 찬찬히 덮어놓아서 종적이라곤 발견할 수 없었다.

반만년의 김씨 가족사 자체가 좀처럼 옛 행적을 남기지 않고 있다. 산과 들에 자라는 약초처럼 수풀에 형체를 감추고 하늘에서 날아 내린 운석처럼 돌무지에 파묻고 있다. 흡사 공기에 날린 한 올의 향기처럼 아무런 흔적이 없다.

할아버지는 그가 갈 유택(幽宅)을 산골짜기의 웬 깊숙한 곳에 자리를 잡았다. 암자에서 두세 마장쯤 떨어진 곳인데, 웬만해서는 인적이 닿을 것 같지 않았다. 그런데도 할아버지는 나중에 비석은 땅에 묻고 봉분은 평토를 하라고 손자에게 여러 번이나 유언처럼 신신부탁을 하더란다.

유명을 달리할 그날을 할아버지는 일주일 전에 미리 알고 눈물을 흘렸다고 한다. 90년을 익힌 점성술을 손자에게 다 배워주지 못하고 땅에 묻혀야 하는 게 한스럽다는 것이었다. 흉괘(凶卦)를 얻은 그날 할아버지는 큰아버지를 홀로 암자에 불렀다. 그리고 빗장을 꽁꽁 닫아걸었다. 두 부자는 이틀 낮과 밤을 암자에서 함께 지새웠다.

암자에서 비밀스레 나눴던 부자간의 이야기는 오랜 후에야 들을 수 있었다. 그때는 20년의 세월이 흐른 2019년의 여름이었다. 이때 김성찬은 드디어 28살의 고개에 올라서고 있었다. "혜장에 살던 초가집을 아직 기억하고 있지? 할아버지는 너에게 전달할 물건을 구새통 언저리에 파묻었단다." 하고 큰아버지는 마침내 지금까지 숨겼던 가족의 큰 비밀을 김성찬에게 알려줬다. 그는 상고시대부터 시작된 가족의 1만년 역사를 전승인의 조카에게 일일이 전달하려고 했다.

이때 큰아버지 역시 할아버지처럼 방성통곡을 했다. 인생 여든 고개에 올라선 백발의 이 노인에게 급작스레 뇌졸중이 발작했던 것이다. 기억력이 깜박깜박 땅에 떨어졌다. 20년을 소중히 간직했던 가족 정보의 큰 사슬은 고리가 문득문득 끊기고 있었다.

"늘 어둑어둑한 새벽녘이면 갑자기 전화를 걸어와요. 때 이닌 시간에 이 전화소리를 들으면 가슴이 덜컥합니다. 그분이 운명했다는 소식이 아닐까 하고 두려웠거든요."

실은 이맘쯤이면 큰아버지는 잠깐씩 머리가 맑아지고 있었다. 뇌졸중의 후유증 때문에 온 머리가 마치 그 무슨 구름에 꽉 덮여있는 듯 했다. 이때면 어렴풋하던 기억이 구름을 헤치고 머리를 불쑥불쑥 내밀었다. 큰아버지는 옛 기억을 가까스로 더듬어 조카에게 떠듬떠듬 서술했다. 그러나 이마저 오래 지속되지 않았다. 큰아버지는 지병 때문에 얼마 후 끝내 세상을 하직했다.

"우리 가족사는 군데군데 떨어지는데요. 아쉽지만 이 정도라도 알 수 있었다는 게 다행인 것 같습니다."

초가에 숨은 비밀의 이야기를 들은 그날 김성찬은 뜬 눈으로 밤을 새웠다고 한다. 구새통에 연기가 다시 피어오르고 있었고 구새통의 땅바닥을 누군가 파헤치고 있었다. 가슴이 막 터질 것만 같았다. 그는 날이 밝기 바삐 오금에 불이 날 정도로 혜장으로 달려갔다.

김성찬은 구새통 자리에 무릎을 꿇어앉았다. 왠지 몸이 자꾸 떨렸다. 할아버지가 당금 흙을 헤치고 거쿨진 손을 내밀 것만 같았다. 할아버지가 곧 흰 구름 위에서 따뜻한 목소리를 흘려 내릴 것만 같았다.

"구새통을 쭉 둘러싸고 땅에 파묻었던데요." 그 일을 상기하자 김성찬은 그날처럼 또 흥분하고 있었다. "글쎄요, 기왓장이 열세 장이나 나오고 있었습니다. 기왓장마다 그림과 부호문자를 새겼고요."

회색의 기왓장에 음각되어 있는 부호문자는 도합 850자였다. 선대의 월사(月師)가 문자로 기록, 설명을 할 때 사용하던 연음부문(蓮音符文) 즉 연음자(蓮音字)이었다. 이 부호문자를 판독하면 수십만 자의 한자(漢字) 해석문이 나온다. 점술 내용 그리고 나침판 같은 점술 의기, 약물 조제법 그리 점술과 이어진 김씨 가족의 역사 등등을 기록했다.

반만년의 역사는 바로 우리의 지척에 몸을 숨기고 있었다.

2절 지하로 통하는 그 문에 수문장의 칼침이 박혔네

초가의 구들에는 늘 장난감 같은 나무 조각이 데굴데굴 굴러다녔다. 들쭉날쭉한 나무 블록이었는데, 이것저것 조립하면 금방 정교한 기물(器物)로 변신했다. 짬만 있으면 손자는 고사리 손으로 퍼즐들을 이리저리 맞췄다. 마지막 퍼즐 조각을 맞춰 넣으면 그 무슨 이름도 모를 갑(匣)과 궤(櫃), 의기가 나타났다.

김성찬은 이런 장난감의 조합물이 실은 세상의 기물(奇物)의 복제판이라는 걸 오랜 후에야 비로소 알 수 있었다.

갑과 궤는 설계가 아주 정교한 장치를 설치한다. 무심코 서랍처럼 당겨 열면 칼침이 금방 화살처럼 날린다. 독물을 묻힌 칼침은 마치 빗발처럼 무수히 쏟아져 주변의 사람들을 당장 벌집처럼 쑤셔놓는다.

칼침은 수문장처럼 화려한 왕실을 지켰고 비밀의 왕릉을 지켰다. 땅의 아래위에 침입자의 도난과 약탈을 막기 위한 금고(金庫)를 잠그고 있었다.

옛날 정상급 귀족들이 추앙하던 무기의 장치 기술이다. 이런 기술을 전문 장악한 장인(匠人)은 본래부터 희소했다. 그런데나가 이런 신비한 기관을 만들려면 거금을 쏟아 넣어야 했다. 한(漢)나라 말부터 점차 실존하며 현재로선 실전된 천년의 기밀(機密)로 되었다. 현묘한 무기 장치는 더는 옛 문헌의 잔존한 기록에 의해 편린을 더듬을 수 있을 뿐이다.

왕조시대 장인은 왕궁에서 신탁(神託)과 성항(星恒), 샤먼 이 세 무술(巫

術) 분파를 제외한 일파(一派)였다. 그러나 그들의 현묘한 무기 기교(機巧)는 김씨 선조가 입궁했던 가야국이나 삼국시대의 왕릉에 모두 발견되지 않는다.

무기 장치의 술법은 『천법술(千法術)』의 일부로 김씨 가족에 유전되고 있다. 이 술법은 우레 뇌(雷)를 망라하여 무려 30여 획의 여러 글자를 조합한 이상한 회의자(會意字)로 이름을 짓고 있다. 『천법술』은 도합 80여종의 기술을 기록, 와중에 김성찬은 20여종의 술법을 장악했다. 일부는 할아버지와 함께 직접 만들고 실험을 하기도 했다. 대부분은 할아버지가 읽어만 주고 간단한 설명을 하는데 그쳤다고 한다. 할아버지의 말을 따른다면 화약제조 등 기법(技法)은 현세에서 더 배울 필요가 없다는 것이었다.

『천법술』은 점술 부호 연음부문(蓮音符文, 연음자)으로 설명을 했다. 이씨 조선 초기에 선대의 월사(月師)가 기록하고 정리했다고 할아버지가 손자에게 알려줬다. 싯누런 종이로 만든 이 책은 김씨 가족의 많지 않은 유형의 가보(家寶)이다.

소설책에나 읽을 수 있던 기물들은 무시로 뛰쳐나와 구들 위에 제멋대로 춤을 췄다.

"어릴 때 늘 나무로 만든 장난감 소를 끌고 다녔는데요. 소의 배안에는 물건을 실을 수 있었습니다. 그런데 배가 암만 무거워도 소는 마치 누군가 뒤에서 궁둥이를 밀어주는 것처럼 쉽게 움직일 수 있었어요."

이런 목제 구조물은 기실 삼국시대 촉한(蜀漢)의 현인(賢人) 제갈량(諸葛亮)이 만들었다고 하는 운수용 수레이다. 소와 말이 형태라고 해서 목우유마(木牛流馬)라고 부른다. 제갈량은 북벌할 때 10만 대군의 식량을 운수하기 위해 목우유마를 사용했다. 목우유마는 '일세량(一歲糧)' 즉 4백근 정도의 쌀을 실을 수 있었으며 날마다 홀로 빨리 움직이면 수십 리 길을 걸을 수 있었고 무리를 지어 움직이면 30리의 길을 걸을 수 있었다고 한다.

"목우유마가 어떤 모양과 구조인지 현세에는 실물과 그림으로 유전하지 않는다고 해서 깜짝 놀랐습니다."

김성찬의 말이다.

목우유마는 희대의 귀물(貴物)이다. 희귀하다는 말은 드물 희(稀)를 써서 귀하다는 것을 갑절 나타낸다. 그러나 귀한 보배라도 흔하면 별것 아닌 것으로 지나친다. 손자에게는 그냥 손때가 묻은 장난감일 뿐이었다. 손자는 훗날 시내로 이주하면서 '목우유마'를 헝겊처럼 마당에 던져버렸다.

실제로 가족의 유물에서 제일 희귀한 것은 목제 '기계손'이었다고 김성찬이 회억했다.

"아버지의 동네 친구인데요. 남포약을 다루다가 팔목과 손이 날아갔습니다. 할아버지가 그에게 목제 손을 만들어 줬어요."

말이 목제 기구이지 나무는 살집의 모양을 만들었을 뿐이다. 자전거의 바퀴살이 팔목의 주종인 힘줄과 손가락을 이뤘다. 팔목을 접고 펴는 것으로 '기계손'을 쥐고 펴는 것을 조종할 수 있었다. 콩알을 짚으면 떨어지지 않았고 두부를 짚으면 바스러지지 않았다. 소문을 들은 헌병원에서 '기계손' 제작기술을 사려고 할 정도였다. 그러나 할아버지는 예전처럼 '기계손'의 기술을 남에게 전수하려 하지 않았다. '기계손'은 정씨와 더불어 시골의 기문으로 되었으며 종국적으로 정씨의 사망과 더불어 무덤에 순장되었다.

어린 기억은 은연중 손자의 삶에 투영되고 있었다. 귀물의 옛 모양은 늘 머리에 그림처럼 생생히 떠오른다. 손만 대면 귀물의 부품이랑 금방 만들어 다시 조합할 수 있을 것 같았다.

언제인가 목우유마가
또 발치에 뛰어다니고 '기
계손'이 다시 눈앞에 옴찔
거릴 듯한다.

그러나 당장 시급한 건
방위를 측정하는 나침판을
만드는 것이라고 한다. 이

나침판은 해랑성(海狼星) 즉 북극성을 기준으로 하며
이에 따른 특수한 눈금과 기호 표식이 있다. 세간의 다
른 나침판으로는 김씨 가족 점성술의 나침판을 대체할
수 없다는 얘기이다.

이 나침판 때문에 할아버지는 병석에 한주일이나
드러누운 적 있다고 한다. 고령(高嶺) 마을의 홍위병(紅
衛兵)들이 '미신 굴'의 암자에 들이닥쳤다. 그들은 할아
버지의 고물 나침판을 도끼로 찍어 박산을 냈던 것이
다. 누군가의 귀띔을 받아 다른 유물은 미리 숨기고 있
었다. 그런데 홍위병의 악착스런 몸수색에 걸릴 줄이
야! 술수에 능한 할아버지도 운명적으로 꼭 만나야 했
던 운수였던 것이다.

홍위병은 문화대혁명(1966~1976) 시기 청년학생들
로 조직된 준 군사 조직으로, 모택동(毛澤東)의 이념을
관철하고 투쟁하였다. 이때 그들의 타도 대상은 '낡은
사상', '낡은 문화', '낡은 풍속', '낡은 습관'이었다. 전

대미문의 이 운동은 중국 5천년의 문화에 큰 충격을 갖다 줬으며 사람들에게 영원히 아물 수 없는 상처를 남겼다.

김씨 가족 점성술의 나침판은 황백(黃柏)나무를 사용한다. 황백나무는 백목(百木)의 으뜸으로 바른 기운과 고상함, 장수, 불후의 상징으로 된다. 옛날 중국에서 황실 성원만 사용할 수 있었기 때문에 '제왕의 나무(帝王之木)'라고 불렸다. 샤먼의 북을 만드는데 사용하는 등 종교가 성행하는 지역에는 더구나 신목(神木)으로 간주되고 있다.

신성한 황백나무라도 시와 때를 따라야 쓸 수 있다. "꼭 벼락을 맞은 나무라야 되는데요, 이런 나무도 꼭 길일의 길시에 베어야 합니다." 현지의 무계(巫界) 지인들의 도움으로 김성천은 어렵사리 특이한 황백나무를 백두대간의 한 골짜기에서 찾았다. 이건 나침판 만들기의 시작이었다. 나무를 끊어 잿물에 삶았다. 그렇지 않으면 생나무라 마르면서 쩍쩍 튼다. 나침판의 모양을 따고 톱과 칼, 끌을 댔다. 뭔가 잘못 새기면 처음부터 다시 시작해야 했다. "획이나 눈금 때문에요, 여러 번이나 다시 만들고 있습니다." 뜻하지 않은 차질로 제 자리에서 답보하고 있다면서 김성찬은 안타까움을 금치 못했다. 나침판에 색감과 눈금, 기호를 새기는 건 아직도 수십 보 더 지난 후의 이야기이다.

목공 기술을 김성찬은 어릴 때 특별히 배웠다고 한다. 할아버지는 수탉의 모가지를 비틀어 쥐고 손자를 동네의 목수에게 내려밎다. 아직 기술두 그렇게 눈으로 익히고 손으로 배웠다. 그러나 두개골 시술은 배우려다가 중도에서 그만두었다. 할아버지가 방법을 얘기한 후 개 한 마리를 끌어왔는데, 털을 밀고 두개골의 절개를 시도하자 손자는 질겁했다. 대뜸 으앙 하고 울음보를 터뜨렸다.

김성찬은 세상을 알게 된 후 그 기술을 배우지 못한 것이 늘 후회가 된다고 한다.

"우리 가족이 옛날 화살촉을 제거하나 할 때 머리를 절개했다고 하는데요." 김성찬은 이 이야기를 하다가 뭐가 미심쩍은지 또 고개를 갸우뚱했다. "그런데요, 석기 시대에 두개골의 시술이 정말 가능했을까요?"

그런데 옛 사람들이 두개골을 절개하고 시술한 증거물이 있다. 2001년, 고고학자들은 산동성(山東省) 대문구(大汶口) 문화 유적지에서 인골 표본을 발굴했는데, 이 인골 두개골의 뒤통수 위치에 큰 동전 크기의 결구(缺口)를 발견하였다. 전문가의 판정에 따르면 이 결구는 분명히 인공 두개골 시술로 인한 것이다.

두개골의 결구에 생긴 변두리의 둥근 모양은 자연적

시술 흔적이 있는 5천년전의 두개골. 산동성박물관에 소장되어 있다.

275

으로 복구된 것이다. 아주 정교한 시술을 하고 또 뼈의 조직이 재생해야 형성될 수 있다. 무덤 주인이 시술을 받은 후에도 오랫동안 생존했다는 걸 알 수 있다.

대문구 문화는 서기전 4300년부터 서기전 2500년까지의 무렵 산동성 지역에서 나타난 신석기시대 후기의 문화이다. 두개골 시술 사례는 약 5천 년 년 전에 벌써 대륙에 있었다는 얘기가 된다.

사람을 깜짝 놀라게 하는 일은 계속 꼬리를 물고 있다. 하늘에서 날아다니는 수레 즉 우리 말하는 비행기는 일찍 16세기 말의 한반도에 나타났었다는 것이다. "그것도 세 사람이나 탑승할 수 있는 비행기였다고 하는데요." 5백 년 전에 벌써 비행기가 있었다니⋯ 할아버지도 미심쩍은지 손자에게 그저 옛말로 들으라고 하더란다.

하긴 세상에서 첫 비행기는 미국의 라이트 형제가 1903년에 성공했다고 한다.

사실상 '비행기'는 고서『산해경(山海經)』에서 벌써 언급되고 있다. 이때 비행기는 하늘을 나는 수레, 비거(飛車)라고 불린다. 『산해경』은 서기전 2세기에 지은 것으로 추정되는 지리서이다. 이 책은 비거를 그림으로 곁들여 소개하는데, 수레 위에는 네모난 통이 있고, 그 안에 옷을 벗고 있는 웬 사람이 깃발을 치켜들고 앉아있다. 두 개의 바퀴 모양은 마치 바람개비처럼 생겼고, 수레 양옆으로 난 날개는 새의 날개를 닮았다.

이걸 옛 사람들의 염원을 실은 엉뚱한 상상이라고 한다면 대륙 목공의 시조 노반(魯班, B.C 507~B.C 444)은 실체의 '비행기'를 만든다. 그가 창작한 『노반경(魯班經)』은 목공 기술을 농축한 책인데, '비행기'를 만드는 방법도 서술하고 있다. 전국(戰國)시기의 철학저서『묵자·노문(墨子·魯問)』의 기록에 따르면 노반은 '참대를 깎아 솔개(鳶)를 만드니 사흘 동안 (하늘에서) 내리지 않더라'고 한다.

실제로 하늘을 나는 '비행기'는 옛날에 한반도에서 새처럼 날고 있었다고 옛 문헌이 기록한다. 임진왜란(1592년) 당시 진주성(晉州城) 전투에 하늘을 나는 비거가 등장했었다는 것이다.

조선 후기의 실학자 신경준(申景濬, 1712~1781)은 실학을 바탕으로 한 고증학적 방법으로 한국의 지리학을 개척한 사람인데, 그의 『여암전서(旅菴全書)』의 「책차제(策車制)」에 비거를 기록하고 있다.

"임진 연간에 영남의 읍성이 왜적에게 포위되었을 때 어떤 사람이 성의 우두머리에게 비거의 법을 가르쳤고 이것으로 30리 밖으로 날아가게 하였다."

신경준이 사망한 직후 출생했던 이규경(李圭景, 1788~?)도 그의 『오주연문장전산고(五洲衍文長箋散稿)』의 「비거변증설(飛車辨證說)」에 똑 같은 내용을 기록한다. 그는 저술을 통해 전통을 바탕으로 근대를 지향했던 실학자이다.

"임진왜란 당시 영남의 어느 성이 왜군에게 포위당했을 때 그 성주(城主)와 평소 친분이 두텁던 어떤 사람이 나는 수레, 비거를 만들어서 성중(城中)으로 날아 들어가 성주를 태워 30리 밖에 이름으로써 인명을 구했다."

이규경은 비거에 관한 책을 소장하고 있던 강원도 원주의 사람을 만날 수 있었다. 이 사람은 비거를 자세하게 설명했다고 이규경은 그의 책에 적는다. 이에 따르면 '비거는 4명을 태울 수 있으며 모양은 따오기(혹은 고니)

와 같은 모양이다.' 책에는 '양각풍(羊角風)이 불면 앞으로 나아갈 수 없고 광풍이 불면 추락한다고 하더라'라는 구절도 있다. 배(누름쇠?)를 두드리면 바람이 일어서 공중에 떠올라 능히 백장(百丈)을 날 수 있었다는 것이다. 이규경은 또 전주(全州)의 부인(府人) 김시양(金時讓)에게 들은 말도 책에 곁들여 비거의 모양새를 자세히 서술한다. '우선 솔개와 같이 만들고 거기에 날개를 붙이고 그 안에 틀을 설치하여 사람을 앉게 하였다'고 한다.

하필이면 비거가 새 따오기나 솔개와 같다고 하니, 우연이든 필연이든 옛날 노반이 만들었다는 '비행기'와 같은 모양새를 하고 있는 것이다.

"(하늘에 나는 수레는) 나무와 소가죽으로 제작했다고 하는데요, 한번 하늘에 뜨면 한 시진(時辰, 2시간)의 비행이 가능했다고 해요." (진주성의) 전장을 날아 지나면서 비행기는 폭탄처럼 불을 던져 떨어뜨렸다고 『천법술』이 기록한다.

'어떤 사람'의 실명은 실학자 신경준의 옛 기록에 등장한다. 이때 이 '어떤 사람'은 김제의 사람 정평구(鄭平九)라는 이름으로 되어있다. 정평구는 평소의 재간(?)을 이용하여 만든 비거를 타고 포위당한 진주성에 날아 들어갔으며 30리의 성 밖까지 친지를 태우고 피난시켰다는 것이다.

임진왜란에 대한 일본 측의 기록인 『왜사기(倭史記)』에도 전라도 김제에 사는 정평구가 비거를 발명하여 1592년 10월 진주성 전투에서 이를 사용하였다고 기록되어 있다.

신경준이니 이규경은 다 조선시대의 후기를 풍미한 유명한 실학자이다. 사실과 직관을 특히 중시하는 실학자의 기록은 비거의 존재에 진실성과 신빙성을 보장한다고 하겠다. 그러나 둘 다 필경은 임진왜란 시기를 약 150년 지난 다른 시대를 살았던 사람이다. 비거가 하늘에 새처럼 날던 그

일은 실학자가 책에 기록할 그때는 벌써 옛날 옛적의 이야기로 멀어지고 있었다.

"'정평구가 실명의 인물이라면 왜서 기록이 더 없죠? '어떤 사람'으로 잠적했을까요?"

현실적으로 비거의 주인은 이름이 있든 말든 신분을 알 수 없는 '어떤 사람'으로 등장한다. 하늘에 나는 신기한 수레는 임진왜란 때 혜성처럼 한 번 나타난 후 웬 일인지 한반도에서 종적을 감추고 있다.

하늘을 나는 수레를 만들고 그 수레에 앉은 '어떤 사람'은 기실 선대의 월사라고 한다. 할아버지가 손자에게 알려준 김씨 가족의 또 하나의 비밀이다. 전례로 보아 월사는 그의 업적을 세간에 남기지 않는다. 김성찬의 기억에도 선대의 월사는 모두 무명의 '어떤 사람'으로만 존재하고 있다.

미상불 『천법술』은 '어떤 사람'이 하늘 아래에 보관한 비밀의 '금고' 그 자체가 아닐지 한다. 반만년을 전승한 이 기묘한 술법은 발현되면 세상을 온통 뒤죽박죽으로 만들 수 있기 때문이다.

"너의 아들 세대를 지나 손자 세대에나 쓰일지 모르겠구나. 잘못 쓰면 화근이 될 수 있으니 천 번이고 만 번이고 조심을 해야 하느니라."

인간 세상을 하직하기에 앞서 할아버지가 손자와 나눈 마지막 대화이다.

3절 회혼(回魂), 저쪽 사람들과 나눈 천년의 대화

쥐의 잔등에 난데없는 콩싹이 자란다. 줄기가 한 뼘의 크기로 자라고 꼬투리가 막 생기고 있다. 그렇다고 해서 죽은 쥐는 아니다. 까만 눈을 판들거리고 네발을 옴찔거리고 있기 때문이다. 잔등에 '혹'이 생긴 이 쥐는 이상하게도 땅에 뿌리를 박은 듯 그 자리를 좀처럼 떠날 줄 모른다.

농부 데이터 싱(Datwr Singh)이 그의 콩밭에서 이 가련한 쥐를 발견했다고 한다.

"이건 누군가 장난으로 심었을 수 없어요. 콩 씨앗이 마침 쥐 잔등의 상처에 떨어졌고 나중에 이 상처에서 싹이 튼 거지요."

농부 데이터 싱은 기자에게 이렇게 그의 생각을 말한다.

쥐의 몸뚱이에 자란 콩싹은 기적 그 자체라면서 부근 대학교의 시이츠(Sites) 생물학 교수는 연신 감탄을 했다. "싹은 제일 민감한 목덜미의 위치에 자라고 있는데요. 쥐의 머리를 다치지 않았다는 게 정말 신기합니다."

인도 라무 지역에서 생긴 진실한 이야기라고 영국 '데일리 메일'지가 사진을 곁들여 전한다. 이 기이한 이야기가 중국의 검색 포털 사이트 바이두(百度)에 실린 것은 저자가 김성찬을 만난 한참 후인 2018년 8월이었다.

이 무렵 김성찬은 가족의 『천법술』에 기록된 고약(蠱藥)을 이야기하고 있었다. 蠱는 이름 자체가 뱃속의 벌레라는 뜻이다. 남양에서 전해지고 있는 강두술(降頭術) 그리고 대륙 호남성(湖南省) 서부 지역에서 유전되었던 시체를 움직이는 간시술(赶尸術)과 더불어 3대 무술(巫術)의 하나이다. 고약은 약의 수단을 사용하여 술법을 부리는 '시술 행위'이다.

"고약이라면 거개 동물인 걸로 아는데요. 씨를 뿌려서 만들 수도 있습니다." 김성찬의 말에 따르면 식물로 고약을 만들 수 있다는 것이다. 그러나 김씨 가족이 전승하고 있는 이 식물은 우리가 알고 있는 통념의 그런 약초와 전혀 다르다. "동물을 화분(花盆)으로 삼아서 키우는 식물인데요. 자란 후 다시 조합해서 고약으로 만듭니다."

그런데 김씨 가족만 알고 있는 비술(秘術)이 아니었다. "혹여나" 해서 바이두를 검색했던 김성찬은 인도에 나타난 쥐 잔등의 콩싹을 발견하고 아연실색을 했다.

김성찬은 연달이 질문부터 앞세우고 있었다. "콩싹이 정말 쥐의 몸에 우연하게 자랐을까요? 콩꼬투리가 열릴 때 쥐가 때마침 지났다는 건데요. 이때 공교롭게 쥐의 뒷덜미에는 상처가 생겼었는데, 씨앗은 면바로 이 상처에 떨어졌다는 거지요. 어랏! 털 가운데의 눈꼽만큼한 상처를 정확하게 명중해서 박힌 겁니다. 총알이 아니고 콩알이요!"

"모든 일에 우연이란 없다." 쥐의 몸에 자란 콩싹이 우연하게 심어진 건 절대 아니라고 김성찬은 단언한다. 인도에는 분명히 고약의 고수가 숨어 있다는 것이다. 쥐의 잔등에 자란 콩싹은 실은 고약의 일종 비술(秘術)이기 때문이다. 김성찬은 이 비법이 히말라야 산맥 저쪽의 인도에서 문득 출현하리라곤 꿈에도 생각지 못했다고 말한다.

그날 김성찬은 상고시대부터 전승하는 이 고약의 비밀을 밝혔다.

"곳간에서 쥐를 잡다가 뒷덜미의 어느 부위를 칼로 약간 쪼갭니다. 발효한 콩 씨앗을 상처에 집어넣는데요. 뒷덜미에 금방 싹이 트고 줄기가 조금씩 자랍니다. 푸른 잎이 생기고 또 푸른 꼬투리가 달립니다. 웬 영문인지 쥐는 옴짝달싹 도망을 못해요. 본래 놓아둔 자리에서 뱅뱅 돌아칩니다. 마치도 보이지 않는 그 무슨 끈에 발목을 꽁꽁 묶인 것처럼 말이지요. 꼬투리가 막 익을 때면 쥐도 마침내 죽어버립니다. 이때 꼬투리에 보조약물을 넣고 풀죽처럼 반죽을 쑤어요. 콩꼬투리처럼 이 보조약물도 땅에 쌔고 쌨는데요. 우리 북방의 길가에서 쉽게 만날 수 있는 그런 풀입니다."

나중에 반죽을 말린 꼬투리 분말이 바로 고약이다. 옅은 푸른색이다. 그러나 맛과 냄새는 없다고 『천법술』이 기술하고 있다.

"조제한 분말을 물에 넣으면 옅은 푸른색도 금방 사라져요."

김성찬의 말이다. 분말은 마치 바람에 날리는 연기를 방불케 한다고 한다는 것.

고약을 복용한 상대는 특정 시일 후 까닭 없이 숨진다고 한다. 혜장(惠章)의 시골집에 있을 때 김성찬은 고약을 강냉이 알과 한데 버무려 먹이로 닭에게 뿌려줬다. 하루가 지나도록 꼬꼬댁 하는 소리는 그냥 우렁차게 마당을 울렸다. 이튿날에도 수탉은 '처첩'을 무리로 거느리고 한가롭게 모이를 쪼아 먹었다. 고약의 뭔가 잘못된 건 아닐까 하고 김성찬은 못내 마음을 졸였다. 사흘날, 이부자리에서 막 일어나는데 땅이 꺼질 듯한 엄마의 한탄이 이른 아침의 마당에 먼지를 풀썩풀썩 일으키고 있었다.

"에그, 아까운 닭을 싹쓸이 했구나. 뉘 집에서 쥐약을 아무데나 놓았나. 엉?"

시골의 밥상에 단백질의 계란을 올리려고 날마다 닭을 애지중지 키웠었다. 그런데 간밤에 갑작스런 의문의 집단 '사망'이라니… 엄마는 대번에 살점이 뭉텅 잘리는 것 같았다. 가슴 한 구석이 찔린 아들은 사연을 말해줄 엄두를 내지 못했다. 그때부터 10년 세월이 지났지만 여전히 엄마에게 털어놓지 못한 '아들의 비밀'로 되고 있단다.

사실상 이 정도의 고약은 조족지혈(鳥足之血)이다. 영약(靈藥)이라고 하는 단약(丹藥)에도 어김없이 핏방울이 튕기고 있다.

단약을 만드는 연단술(練丹術)은 옛날부터 신기한 존재였다. '장생불로'는 신화세계에서 언제나 빛과 그림자처럼 단약을 따라다닌다. 선계(仙界)의 화상(畵像)을 보면 성모(聖母) 서왕모(西王母)의 신변에는 약을 빻는 토끼가 등장하고 있다. 토끼는 이때 선약(仙藥)의 불사약(不死藥)을 만드는 무당(법사)을 상징한다고 하겠다. 한(漢)나라 때 무제(武帝)는 장생불로의 불사약을 얻기 위해 선계의 곤륜산(崑崙山)을 찾았던 것이다. 곤륜산 꼭대기는 천계와 연결되며 이곳에 서왕모의 궁전이 있다고 전한다.

"장생불로의 약을 만드는 과정은요, 생각만 해도 막 소름이 끼칩니다." 어린 시절 할아버지가 내놓은 그림을 보면서 김성찬은 기겁을 했다고 한다. 피를 무서워해서 뇌의 시술을 시연하지 못했는데, 이 술법은 아예 그림을 구경할 엄두조차 힘들었다. "처녀애의 배를 칼로 가르고 자궁에 인삼을 넣어요. 싹이 금방 트는 새끼 인삼인데요, 이 인삼을 자궁에 심어서 처녀애와 함께 키웁니다. 장장 20년을 키운다고 해요. 인삼은 나중에 반은 덩어리로 굳어지고 반은 몸 밖을 뚫고 나오는데요. 이때 처녀의 입을 열어젖히고 부글부글 끓는 송진을 목구멍에 부어 넣습니다… 이렇게 만든 단약은 산삼 스무 배의 효과를 낳는다고 하는데요."

그리고 보면 처녀를 별실에 가둬놓고 그를 마치 인간이 사육하는 집짐 승처럼 길러 '약탕관'으로 사용한 것이다.

정말이지 세상의 제일 무섭고 두려운 '약탕관'이다. 그러나 장생불로를 꿈꾸는 인간이라면 누구라도 욕심을 낼 법 한다. 따라서 '약탕관'을 만들고 지키는 무당(법사)은 늘 외부의 위험을 받게 된다. 인간병기의 외가(外家) 보호자들이 김씨 가족의 전승인을 조석으로 수반하는 원인이기도 한다. 김씨 가족의 전승인은 또 어릴 때부터 따로 가족의 검술을 수련한다.

미구에 김성찬이 우리 앞에 꺼내놓은 칼은 두 개였다. 법복(法服)의 소매에 낸 자루 모양의 빈 구멍은 이 호신용 칼을 숨기기 위한 것이라고 한다.

"우리 가족의 검술은 영화에 나오는 것처럼 화려하지 않아요. 검술의 이름도 없고요." 김성찬은 우리에게 검술 동작을 일일이 시연했다. 하나, 둘, 셋… 도합 다섯 개의 동작뿐이었다. 단순하고 단조로웠다. 오른 손으로 찌르고 왼손으로 방어를 했다. "적수가 앞쪽에 있으면 그의 폐를 찌를 수 있고 적수가 뒤쪽에 있으면 그의 뒤통수를 찌를 수 있어요." 적수를 급습하는 동작이었다. 제일 빠른 속도로 단칼에 급소를 찔러 숨을 끊이는 기법이었다. 칼을 맞으면 적수는 소리 한번 못 지르고 절명하게 되어 있다.

손자는 다섯 살 때 할아버지를 따라 조석으로 검술을 닦았다. 종국적으

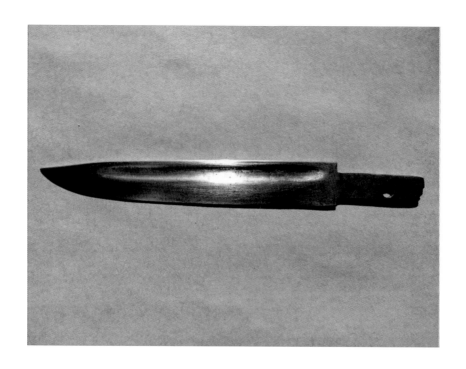

로 검술 기법을 조건반사처럼 몸에 익혔다.

김성찬은 수기법(手技法)의 점혈법(點穴法)도 익혔
다. 점혈법은 인체의 혈 자리를 가격하여 호신의 목적
을 이루는 술법이다. 인체의 극혈을 외우고 혈 자리를
찌를 손가락을 단련했다. 말을 못하게 하는 아혈(啞穴)
이나 혼미하게 하는 혼혈(暈穴) 같은 그런 혈 자리가 아
니었다. 적수를 단 한번으로 죽음에 이르게 하는 사혈
(死穴)이었다.

인간은 신변에 늘 생물의 위협에 노출되어 있다. 주
변에는 또 유형의 무형의 악귀가 공존한다. 일생의 안
신(安身)을 얻으려면 단지 너와 남의 병기나 무력에만

운석으로 조제한
칼, 김씨 가족의
오랜 유물이다.

의탁할 수 없다.

이번에는 인간을 땅속에 버섯나무처럼 심어서 보신(保身)의 '열매'를 낳고 키운다. 땅에 묻은 50년 후이면 시신의 몸에 '열매'가 꽃망울을 피우기 시작한다. 지하의 뼈 무덤에서 생긴 이 꽃 '열매'를 골천수(骨天髓)'라고 부른다.

"옛날 왕실 귀족들은 저마다 골천수를 패물처럼 소지했다고 하는데요. 골천수는 성스러움을 부여하고 액신과 역귀를 미리 막아내는 액막이를 한다고 합니다."

골천수를 만드는 술법을 이야기하다가 김성찬은 문득 중동무이를 했다. 갑자기 차디찬 얼음 덩어리를 입에 넣은 듯 진저리를 쳤다.

"이건 산 사람을 위해 산 사람을 죽이는 순장인데요. 보통 노예나 사형수를 순장물로 삼았다고 합니다. 몸 여러 부위에 약물(藥物)을 넣은 후 그들을 땅에 파묻어요. 수법이 너무나도 잔인해서 수·당(隋·唐) 때부터 무당(법사)에게 이걸 더는 만들지 못하게 했다고 합니다."

항간에서 피안화(彼岸花)라는 이름으로 전하는 기이한 꽃은 기실 골천수를 이르는 것이라고 한다. 민간 전설에 따르면 피안화는 스스로 지옥에 떨어진 꽃이다. 지옥의 귀신들은 이 꽃이 황천길에 피어나 인간의 불쌍한 혼들에게 갈 길을 가리켜 주게 했다는 것이다.

그것은 교량처럼 삶과 죽음을 잇고 천사처럼 사후세계를 인도한다.

피안화는 땅위에 식물의 생명을 심어 피운 생화(生花)요, 골천수는 지옥에 인간의 생명을 바쳐 피운 석화(石花)이다.

공포의 꽃향기는 금방 비밀의 그 화원에서 날려 온다.

저쪽 세상의 이야기는 드디어 화사한 봄을 만난 듯하다.

김성찬은 연달아 지옥의 꽃망울을 팡팡 터뜨린다.

"골천수는 제례를 할 때 금기(禁忌)가 있어요. 약물을 넣을 때 동기(銅器)와 철기 등속의 금속기물을 사용할 수 없습니다. 녹골(鹿骨)이나 학골(鶴骨), 낭골(狼骨) 같은 짐승 뼈의 골도(骨刀)로 째고 흑요석, 비취, 마노 등 보석으로 만든 침으로 구멍을 내요."

"골천수는 사리(舍利)와 비슷한 데가 있습니다. 그러나 사리는 몸을 불로 태운 후 골회에서 나오고 골천수는 몸을 땅에 묻은 후 뼈에서 자랍니다."

"골천수는 땅에 심는다고 해서 다 생기는 게 아닙니다. 음양지(陰陽地)나 해령(海靈)이 공명(共鳴)하는 곳이라야 피어납니다. 일반적인 무덤자리가 아니지요. 풍수가 지극히 좋은 곳입니다. 대륙(중국)에는 이런 자리가 열아홉 곳 있다고 합니다."

"음체(陰體, 여자)에 골천수가 생기는 경우가 많다고 하는데요, 양체(陽體, 남자)에서는 골천수를 얻는 게 아주 힘들다고 합니다."

"음기가 많은 땅에 묻으면 흔히 녹색과 자색의 골천수가 생기구요. 주사(朱砂)를 봉사(奉祀)하면 빨간 골천수가 생길 수 있다고 합니다. 빨간 골천수는 길상여의라는 뜻을 가진다고 해요."

"발과 다리의 뼈에 피어나는 건 하등품이구요, 경추와 요추, 꼬리뼈에 피어나는 것 역시 하등품입니다. 어깨와 팔의 뼈에 생기는 건 중등품이구요, 머리의 뼈에 피어나는 건 상등품입니다. 이 가운데서 미간에 피어나는 수정 같은 꽃은 극상품인데요, 무상의 영품(靈品)이라고 합니다."

"하등품은 녹색인데요, 50년 만에 생기구요. 중등품은 자색인데요, 1백년 만에 생긴다고 합니다. 고등품은 금황색인데요, 5백년의 시간이 걸려야 한답니다."

"골천수가 피어난 위치는 부동한 급별을 대표하는데요, 색상의 차이에서도 부동한 급별과 품급을 가릴 수 있습니다."

"녹색은 상스러움을 뜻하는데요, 조정의 크고 작은 관리가 사용합니다. 자색은 행복을 뜻하는데요, 태자와 왕실의 귀족이 사용합니다. 황색은 최고무상을 뜻하는데요, 국왕과 왕후가 사용합니다."

"백색과 흑색은 아주 드물게 나온다고 하는데요. 하늘의 신에게 공봉하는 극상품입니다 이 극상품은 1천년 지어 3천년이 걸린다고 해요."

"골천수는 나라를 안정하고 사악한 기운을 물리치며 만물을 생성할 수 있답니다."

"골천수를 가공한 후 가락지나 귀걸이, 상감용 '보석'처럼 쓰였다고 합니다."

"골천수 하나가 옛날에는 적어도 쌀 3천 섬의 가격이었다고 전합니다."

고저음 피리의 신조, 신을 부르고 바랜다고 한다.

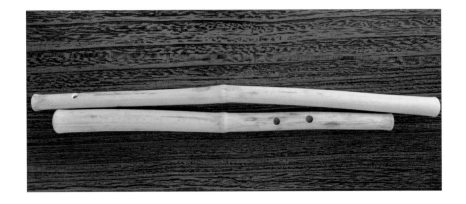

......

귀가 막 먹먹했다. 숨이 찼다. 어디선가 음산한 기운이 불어오고 있는 듯 했다.

삐삐~ 삘리리~ 갑자기 누군가 저쪽의 세상에서 신음을 하는 것 같다. 어느 결에 김성찬은 손에 피리를 들고 있었다.

말이 피리이지 피리가 아니었다. 막대기 같은 하얀 풀대였다. 김성찬은 그걸 입에 물고 피리처럼 불고 있었다. 풀대는 조촐했지만 피리처럼 오음이 구전했다.

"이건 신과 소통하는 악기인데요, 고음으로 신을 부르고 저음으로 신을 보냅니다."

실은 구릿대로 만든 '피리'라고 했다. 구릿대는 학명이 백지(白芷)인데, 습지에 자라는 흔한 풀이다. 시골에 내려가면 그늘진 바자굽에서도 쑥대처럼 쉽게 만날 수 있다.

완성품의 '피리'는 족히 한자 길이가 되었다. 대에 동그란 구멍을 세 개씩 달았고 아래위에 구멍을 맞뚫었다. 줄기의 안쪽에 솜털이 있어서 잡음을 없앤단다. 제사에 쓰이는 제기(祭器)라고 했다. 조상할 조(吊)의 왼쪽에 입 구(口)를 붙인 회의자(會意字)로 악기 이름을 짓고 있었다. 신에게 일러준다는 의미의 신조(神口吊)라고 불린다고 했다.

할아버지는 한 마을 친구의 제사(祭祀)를 관장했다. 손자는 할아버지를 따라 제사 전반 과정을 수행했다. 염을 하고 입관을 하고 운구를 보내고 무덤을 흙으로 덮었다. 곡성이 울리는 가운데 신조의 기이한 소리는 삐삐~ 삘리리 하고 그칠 줄 몰랐다.

"할아버지는 후메이(呼麥)의 두 가지 소리를 동시에 내고 있었습니다.

또 신조를 입에 물고 각기 고음과 저음의 음조를 울렸어요. 드문드문 주문을 외우셨는데요, 슬픈 분위기를 흔드는 이상한 곡조에 등골이 다 섬뜩섬뜩했습니다."

산신은 이때 백호를 보내 운구하는 쇠수레를 따라 혼령을 호송한다고 했다. 산에 올라 봉분을 올린 후 할아버지는 또 신조를 불었다. 백호는 이때 혼령을 호위하여 저쪽 세계로 데려간다고 했다.

"죽은 사람의 혼령을 불러 올 수 있어요. 이 세상 저쪽과 이쪽에서 함께 대화를 나눌 수 있습니다."

김성찬의 말이다.

모든 것은 오고 가고 또 가고 온다. 올 수 있으니 갈 수 있고 또 갈 수 있으니 올 수 있다. 죽어도 다시 태어나면 생이 반복한다. 생명은 끝이 없는 길을 걷는다. 시작이 없고 끝이 없다.

어느 날 누군가 소문을 듣고 일부러 김성찬을 찾아왔다. 사망한 그의 친인을 꼭 만나고 싶다고 했다. 잠깐 주저하다가 김성찬은 그를 가게의 어느 한 곳으로 안내했다.

그곳이다. 조용하고 아늑한 공간이다. 가부좌를 하고 앉았다. 술잔을 입에 기울였다. 쓸쓸한 세상이 목구멍을 타고 흘러내린다. 구름을 타고 서서히 하늘에 오른다. 웬 손북이 눈앞에서 요리저리 춤을 추고 있다. 지척에서 들릴 듯하던 북소리가 점점 하늘가로 멀어진다. 무한한 허공에 구름이 하나 떠오른다. 악간씩 웬 얼굴로 변하고 있다. 그리고 누군가의 음성이 들린다. 알 듯 말 듯 하다. 차츰 눈에 익고 귀에 익다. 부지중 탄성을 질렀다.

자나 깨나 보고 싶었던 그 사람이었다.

"아, 할아버지!…"

그는 마침내 저쪽 세상의 그 사람을 다시 만난 것이다.

회혼(回魂), 저 세상에 갔던 넋이 이 세상에 나타난 것이다.

그러했다. 죽음은 끝이 아니었다. 거기에는 또 다른 세상이 있었다.

그러고 보면 이야기를 끝내려고 해도 도무지 끝낼 수 없을 것 같다.

후기

비록(秘錄), 채 쓰지 못한 그 이야기

취재 도중에 에피소드가 생겼다.

어린 손자에게 할아버지는 그가 특별히 조제한 환약 51알을 내주었다고 한다. 언제인가부터 심장 박동이 이상할 때면 꼭 세 알씩 복용하라고 손자에게 신신부탁했단다.

마치 그날을 손꼽아 기다린 듯 했다. 20대의 어느 날부터 김성찬의 심장박동은 사뭇 이상해졌다. 심전도 기록을 보고나서 의사는 의기가 잘못된 게 아닌가 하고 의심했다. 심장 수축에 따른 활동 전류의 곡선은 성난 말처럼 마구 오르내리고 있었던 것이다. 이게 정말 인간의 심전도 곡선이란 말인가. 사실상 이때면 김성찬은 무서운 환각상태에 빠지고 있었다. 환약을 복용해야 심장은 다시 진정세를 회복했다.

아들은 그의 이상한 병을 근심할까 두려워 엄마에게는 내내 숨겼다. 와중에 환약을 복제하기 위해 병원의 친구에게 부탁하여 내용물의 검출을

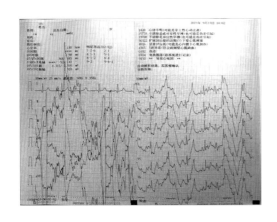

이게 인간의 심전
도 그래프인가, 김
씨 총각의 심전도
사진이다.

시도했다. 환약을 다 써버
린 후의 증세 발작이 못
내 걱정되었던 것이다. 그
런데 환약을 연거푸 두 번
(2알)이나 실험용기의 폐
기물로 만들 때까지 뭐가
뭔지 다 확인하지 못했다.
와중에 1회 3알을 복용해
야 한다는 환약은 어느덧 딱 1알만 남게 되었다.

괴이한 병세를 가족에도 알려야 하지 않겠는가 하
고 저자는 거듭 귀띔했다. 증상이 있을 때면 신변의 친
지들이 환약 대용품으로 뭔가 도울 준비를 해야 한다
고 일깨워주었다.

늦가을의 어느 날, 김성찬은 숙고 끝에 엄마에게 사
연을 이실직고했다. 그런데 엄마는 아들의 그 무슨 감
기 이야기처럼 대수롭지 않게 여기더라고 한다. 벌써
20년 전에 할아버지는 며느리에게 환약을 남겨 보관
하고 있었다. 손자가 28살 나이를 채우는 음력설(2019)
전에 꼭 넘겨주라고 부탁했단다. 하마터면 까먹을 뻔
했다면서 엄마는 사물함에서 밀봉한 환약을 찾아냈다.
그런데 1알이 아니고 3알도 아니었다. 마침 부족했던
그 2알이었다.

세상에 이토록 기막힌 일도 있다니!

조부 김기복은 숨을 거두기 몇 달 전에 끝끝내 천안(天眼)을 다 열었다고 한다. 월사(月師)의 최정상 수준에 오른 것이다. 인간 오장육부와 혈 자리, 맥락이 손금처럼 일일이 눈앞에 현시(顯示)되고 있었다고 한다.

천안으로 하늘을 올려다 볼 수 있고 다시 하늘에서 지상을 내려다 볼 수 있었다.

우리가 살고 있는 세상은 기실 하나의 상자일 따름이었다. 상자의 밖에는 또 다른 상자가 있었다.

할아버지가 알려준 세계라고 하면서 김성찬은 그림으로 설명을 했다.

"그림을 보면요, 열두 개의 상자의 연속인데요. 이런 상자가 둥글게 하나의 원을 그립니다. 상자마다 각기

늑대부족 월사(月師)의 전승인 김성찬과 사슴부족의 큰무당 녹녀(鹿女)의 전승인 김해홍 부부.

하나의 우주라고 말씀하셨어요."

이 상자는 너비와 높이가 있고 끝이 있으며 끝의 저쪽에는 또 다른 상자가 있다는 것이다. 토납술(吐納術)의 최고의 수준인 12등급에 이르면 볼 수 있는 다른 세상이란다. 이 상자가 1, 2, 3, 4…의 차원이 연속된 12차원을 말하는 건지 아니면 각각의 12개의 우주를 가리키는 건지 김성찬은 아직 모른다고 했다.

그나저나 우주는 지구의 감옥이라고 하는 '동물원의 가설'을 다시 연상케 한다.

함지박한 대야에 뜨거운 김이 모락모락 피어오른다. 반자개풀이 푸른 거품처럼 물에 떠있고 정향(丁香)이 그윽한 향기를 풍긴다. 이름 모를 풀들은 물위에 방석 모양으로 무덕무덕 펴져 있다. 물에는 강낭콩 같은 작은 돌도 있다. 운석(隕石)이다.

할아버지가 번마다 직접 약탕을 만들었다. 달마다 네 번씩이었다. 손자는 알몸을 넣고 약물을 정수리에 연신 끼얹었다. 성지(聖池)에서 행하는 수련을 집안에서 한 것. 하늘이 내리는 그 신비한 힘을 받는다고 했다.

할아버지를 따라 손자는 또 특이한 수련을 했다. 불의 힘 그리고 토에 있는 목의 힘을 얻는다고 했다.

이번에는 가족과 부락에 기운(氣運)을 넣었다. 특별한 쇠붙이니 옥을 빨갛게 구운 후 선조를 모신 땅에 파묻었다.

하늘이 선택한 가족이었다.

검은 늑대는 김씨 가족의 신변에 거듭 현신(現身)하였다. 지난번에는 조

선시대 중반에 나타났었다고 한다. 매번 꼭 3백년 만이었다. 그때마다 검은 늑대는 하나처럼 모두 금 패쪽을 목에 걸고 있었다. 그런데 늑대의 수명은 길게 잡아야 12년이라고 한다. 더구나 검은 늑대는 인간처럼 언어로 월사(月師)와 소통을 했다고 한다.

정말로 검은 늑대는 삼태성 근처의 그 별에서 내려온 천신 즉 외계인이었을까.

검은 늑대의 이 고향별은 진작 흑둔(黑遁, 블랙홀)에 삼켜버리고 있었다고 김씨 가족에 전한다. 그들이 살고 있는 고장은 일찍부터 더는 삼태성 부근의 그 별이 아니라는 것이다.

늑대 신을 공봉하는 김씨 가족이 하필이면 그들을

제183대 월사(月師) 김기복과 아내 정봉금, 둘 다 백세 장수자이다.

우리 머리 위의 달과 연관시키는 이유를 다시 생각하게 된다.

세상에는 8대 고신(古神) 계통이 있었다고 한다. 태양신은 최고의 신이었다.

늑대부족의 토템은 낭황(狼黃)이다. 김씨 가족 전승인이 공봉하는 늑대신은 오행에서 물 수(水)에 속한다고 전한다.

8대 부족 모두 이처럼 고신(古神)을 각기 공봉했다.

신은 하나가 아니었으며 어느 한 부족의 전유물이 아니었다.

삼태성 근처에는 기실 서로 다른 두 늑대 신의 세계가 있었으며 그들은 각기 다른 별에서 살고 있었다고 김씨 가족에 전한다. 두 늑대 신은 서로 적수였으며 각기 중국 대륙과 이집트 대륙에 출현했다는 것이다.

신화도 마찬가지이다. 서로 베낀 듯 유사한 신화는 다른 대륙과 부족에게도 나타난다.

중국 고대의 복희(伏羲), 여와(女媧)는 반인반수(半人半獸)인 것으로 전한다. 그런데 이 같은 이야기는 고대 바빌로니아와 인도, 그리스에도 전하고 있는 것이다.

복희와 여와는 제5대 문명에 즈음한 약 1만 8천 년 전에 살았다고 한다. 신화의 전설의 시대를 지나 현세를 살고 있는 우리 인간은 제7대 문명 시대를 겪고 있다.

선후 7대 문명 시대의 인간은 세 등급으로 나눌 수 있다. 첫 번째의 고급 차원의 인간은 인두사미(人頭蛇尾)의 석척인(蜥蜴人)이며 인간과 동물의 유전자가 결합된 것이라고 한다. 쉽게 말하면 신의 후예이다. 두 번째의 중등 차원의 인간은 반인반수로 신의 후예가 인간과 더불어 낳은 존재이다. 세 번째의 말단 차원의 인간은 바로 현세의 우리와 같은 인간이다.

"우리 같은 인간은요, 신에게는 개미 같은 하찮은 존재에 지나지 않는다고 해요."

가족사의 이야기를 마무리하면서 김성찬은 이렇게 거듭 말한다. 이 결론은 그에게 있어서 차마 입 밖에 꺼내기 힘든 이야기의 하나로 되고 있었다. 하긴 지구상에서 인간은 제일 지능적인 물종이라고 하지 않던가.

현세의 인간의 유전자는 적지 않게 개변되었다고 옛 부호문자가 기록하고 있다. 인간의 유전자 조작 이야기는 '동방의 천서' 등 대륙의 일부 부호문자가 기술한다. 이에 따르면 인간의 36개내지 55개의 유전자는 변형, 조작되었다는 것이다.

실제로 인간의 유전자는 설계된 것이라고 선언한 과학자가 있다. 인간의 유전자에는 수학 모형과 상형문자 부호가 박혀 있다는 것. 이는 유전자를 의도적으로 수정한 흔적이라는 것이다. 소련의 복수의 유전연구 학자가 13년의 연구를 거쳐 발견했다고 한다.

이런 '창조자'의 흔적을 제기한 학자는 기실 그들뿐만 아니다.

다른 문명 시대의 인간은 수명이 1만 살, 2만 살 지어 3만 살에 이르기도 했다. 다들 신화에 나오는 그런 신인(神人)들이었다. 실제로 수메르의 왕계보를 보면 제1대 국왕은 하늘에서 강림한다. 대홍수 이전에 왕조를 다스렸던 국왕은 여덟이며 이들의 재위 시간은 평균 3만년이었다고 점토판에 기록되어 있다.

현세에도 한때 9백살, 천살을 산 사람들이 있었다. 예수가 출생하기 전의 일이라고 『성경』은 기술한다. 그러나 세상에 얼음이 늘어나고(빙하기) 물이 불어나면서(대홍수) 인간의 수명은 50대 지어 20대로 급격히 줄어들었다. 오늘날 인간의 수명은 차츰 80살, 100살로 연장되고 있다. 앞으로 인간의 수명이 1천살로 (다시) 가능하다는 얘기가 나올 법 한다.

인간 수명의 어제와 오늘, 내일의 3부곡이다.

은둔 가문은 분명히 김씨 가족만 아니라고 하면서 김성찬은 몹시 놀라워했다.

"우리 이곳의 제일 좋은 음택은 해란강(海蘭江) 기슭의 계림(鷄林) 산속에 있는데요. 그곳을 찾아갔더니 누군가 벌써 자리를 썼더라구요."

고대의 풍수에 능한 사람은 연변 현지에도 있었던 것이다. 해란강은 연변의 유명한 하천이다. 참고로 계림은 신라의 다른 이름이며 또 경주 김씨의 시조 김알지(金閼智)가 태어난 숲이기도 한다.

각설하고, 언제인가 이웃 동네의 웬 사람이 김성찬을 일부러 찾아왔더란다. 김성찬은 주역 밖의 삼역(三易)도 전수를 받았다는 소문을 들었다고 했다. 말을 나눠보니 의문의 이 사람 역시 삼역에 도통하고 있었다.

고대 점성술을 익힌 사람은 또 하나 있다.

"유명한 구성술(九星術)은 오래 전에 실전되었다고 하던데요. 3살 때 벌써 구성 섬술을 익힌 점성가를 만난 적 있어요. 그분은 바로 우리 연변에 살고 있었습니다."

더도 말고 약혼녀(얼마 전에 결혼등록을 했으니 아내라고 해야겠다)가 바로 반만년 전 황제(黃帝)시대의 여무당(女巫)의 약술(藥術)을 전승한 은둔자이다.

글은 이로써 끝나지만 김씨 가족의 비록(秘錄)은 끝나지 않는다.

글쎄 검은 늑대가 인제 30, 40년 후이면 다시 이 세상에 등장하게 된단다. 검은 늑대가 김씨 가족에 한 천년의 약속이다. 이에 따르면 월사는 곧 하늘의 그 신비한 늑대를 만나게 된다는 것이다.

"아아! 소설이라면 내가 주인공이 되고 싶다."

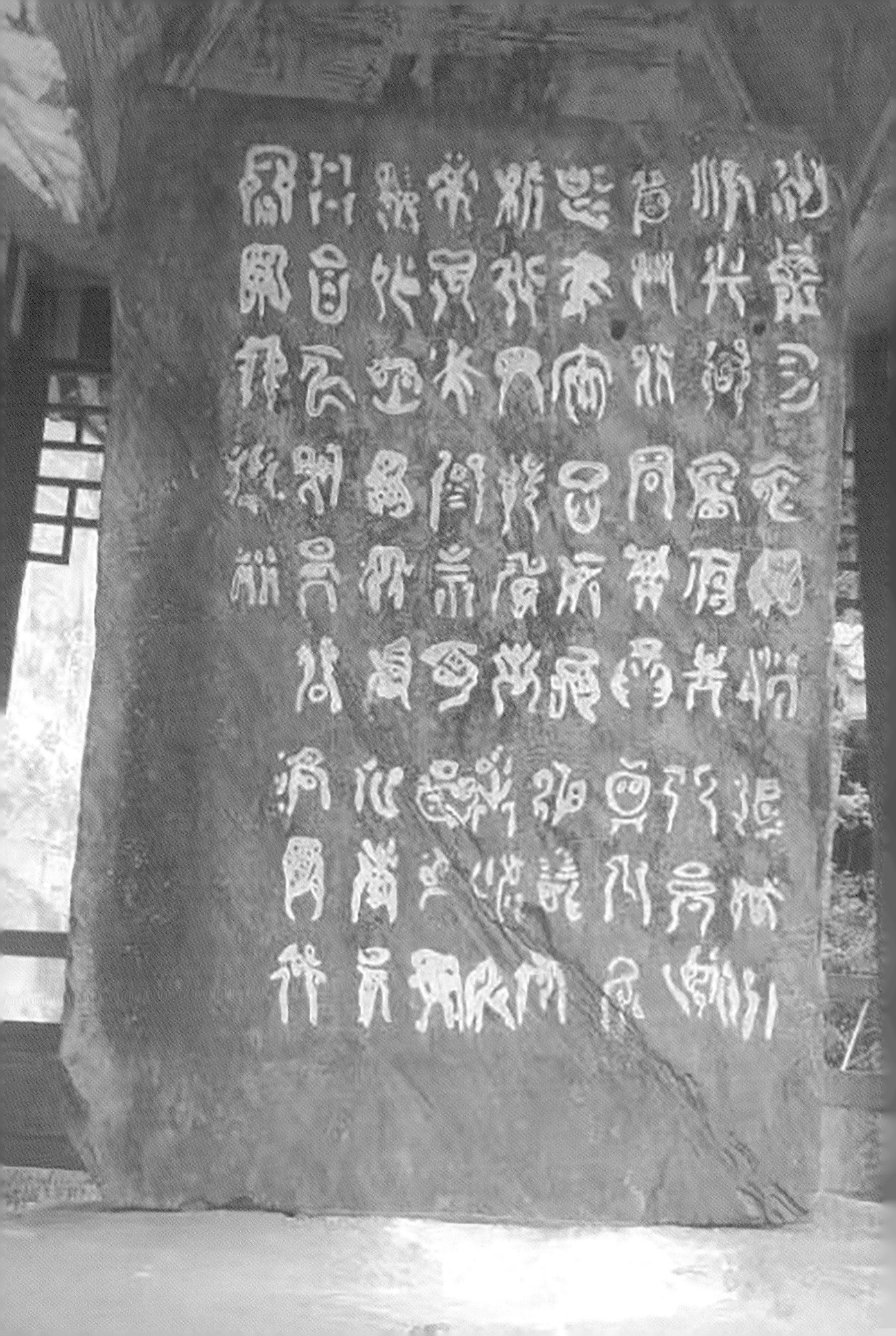

귀문(鬼文)의 판독 사례

▌ 대우공덕비(大禹功德碑)

대우공덕비의 부호문자는 귀문 44국의 일종이다. 태양역문(太陽易文)이라고 부른다.

태양역문은 읽는 순서부터 괴이하다. 아래로부터 위로 읽으며 행의 마지막 부호는 그 행의 부호 계통을 제시한다.

대부분의 귀문과 마찬가지로 태양역문 역시 선후 5차의 판독이 가능하며 번마다 각기 다른 내용을 읽게 된다.

공덕비의 77자의 부호를 한자로 판독하면 1만여 자의 기록으로 된다.

내용인즉, 인간의 생성, 발전의 역사가 주종이다. 대우의 치수는 그 일부분이다. 화성 문명 등 태양계의 다른 문명의 역사도 기록되어 있다. 신음자(神音字)가 바로 이 화성 문명에서 전수되었다고 한다.

【대우공덕비(大禹功德碑)의 비문】

오른쪽 첫 줄의 부호, 도합 9개의 부문(符文)

13명의 천신이 13개의 축(祝)에서 왔다. 그들은 축(祝)의 헌(軒)과 정(淨)을 쟁탈하고 있었다. 그들이 (지구에) 온 시간은 2300개의 대기년(對紀年) 전이다. 이 13명의 천신이 유(類)를 창조했다. 그들은 용목(龍木)에서 유(類)를 추출하고 또 축(蓄)을 추출했다. 유(類)는 현세 인간의 지혜를 갖고 있었다. 유(類)는 축(蓄)을 통제하고 축(蓄)을 (소나 말처럼) 부렸다. 2개의 대기년(對紀年) 후 유(類)와 축(蓄)에 큰 문제가 나타났다. 천신은 제1차 천붕(天崩)을 일으켰다.

이때 유(類)를 축(蓄)과 함께 폐기했지만 유(類)의 일부가 잔존하였다. 이 유(類)의 뚜렷한 특점은 눈이 세 개인 것이다.

오른쪽 두 번째 줄의 부호, 도합 9개의 부문(符文)

제2차 천붕(天崩)이 일어난 시간은 4697개의 천기년(天紀年) 전이다. 이때 부동한 특징과 능력의 유(類)가 출현했다. 그들은 눈이 세 개였고 반인반수(半人半獸)이었다. 눈이 세 개인 유(類)는 과거와 미래를 볼 수 있었으며 수명이 2천 살 내지 3천살에 이르렀다.

13명의 천신은 각자 권력을 갖고 서로 맞섰으며 지구의 자원을 분할했다. 이 가운데서 6명의 천신이 동방의 사용권을 가졌으며 기타 6명의 천신이 서방의 사용권을 얻었다. 남은 1명의 천신은 어느 파벌에도 가담하지 않고 중립을 지켰다.

두 번째로 창조한 유(類)와 축(蓄)은 전대에 비해 큰 개선을 가져왔다. 유(類)는 그 전대에 비해 보다 정련(精鍊)되었다. 지략이나 행동이 영활했으며 또 자연의 능력을 보유, 사용할 수 있었다. 축(蓄)은 골격이 방대했지만 감각이 예민하고 힘이 대단한 물종이었다. 유(類)와 축(蓄)은 너무 강대했으며 천신의 권위에 도전하고 있었다. 천신은 종당에는 유(類)와 축(蓄)을 훼멸했다. 중립인의 천신은 이때 한사코 유(類)를 보호하고자 했다.

일명 대우공덕비로 알려진 77자의 부호문자, 호남성 형산(衡山)에서 발견되었다.

오른쪽 세 번째 줄의 부호, 도합 9개의 부문(符文)

제3차 천붕(天崩)이 일어났다. 그 시간은 6개의 쌍기년(雙紀年) 전이다. 제1대와 제2대의 유(類)를 훼멸한 후 천신은 또 제3대의 유(類)를 창조했다. 천신은 지구의 생물 유전자를 개조하고 그들의 자궁으로 유(類)를 육성했다. 제3대 유(類)는 반신반인(半神半人)의 능력을 갖고 있었으며 천신의 지혜와 생명을 갖고 있었다. 그들의 숫자는 지구에 내린 천신들의 50배에 달했다. 천신처럼 장수했으며 수명이 3만년 내지 4만년이나 되었다.

대우공덕비 부호
문자의 원형, 아래
로부터 위로 읽는
데 여덟 행의 부호
문자는 각기 다른
도합 여덟개 계통
의 부호문자이다.

축(蓄)도 다시 창조했다. 용목(龍木)에서 유전자를 추출하고 또 골격을 만들었다. 축(蓄)의 몸은 헌(軒)을 흡수하여 덩치가 크고 키가 컸으며 힘도 곱절로 늘어났다.

이 무렵 천신들은 고향별로 돌아가면서 지구의 헌(軒) 자원을 채집했다. 그리하여 헌(軒)의 50% 내지 60%가 갑자기 소실되었다. 그뿐만 아니다. 달 궤도가 이상하게 되었다. (지구의) 인력(引力)에 큰 변화가 생겼다. 거대한 체구의 축(蓄)은 골격이 부서져 숨졌다. 이번에는 또 천붕(天崩)으로 인해 흙과 물이 섞여서 해일처럼 밀려왔다. 간신히 목숨을 부지했던 작은 축(蓄)들도 거의 다 죽어버렸다. 유(類)의 일부는 가까스로 홍수를 피해 생존했다.

오른쪽 네 번째 줄의 부호, 도합 9개의 부문(符文)

천신 12명은 떠날 때 지구에 큰 재난을 입혔다. 그러나 천신 1명은 지구를 떠나지 않았으며 유(類)를 도왔다. 유(類)는 천신의 혈맥을 이어받았지만 천신에 비해 신분이 아주 비천했다. 천신이 떠난 후 유는 지구를 그들의 고향으로 삼아 정착했다.

또 8개의 천기년(天紀年)이 지났다. 지구에 기타 신족(神族)의 신령(神靈)이 내려왔다. 천랑성(天狼星), 삼태성(三台星)의 신령은 (지구에서) 새로운 전쟁을 시작하였다. 반신반인(半神半人)의 유(類)는 이들과 맞서 2개의 천기년(天紀年)을 싸웠다.

오른쪽 다섯 번째 줄의 부호, 도합 9개의 부문(符文)

천랑성(天狼星)과 삼태성(三台星)의 신령(神靈)은 각기 독수리파와 비둘기파와 나뉘고 있었다. 비둘기파가 나중에 창끝을 돌리고 독수리파와 싸웠다. 그리하여 반신반인(半神半人)의 유(類)가 종국적으로 전쟁에

행마다 제일 마지막 부호는 대우공덕비를 읽는 방법을 기술한다.

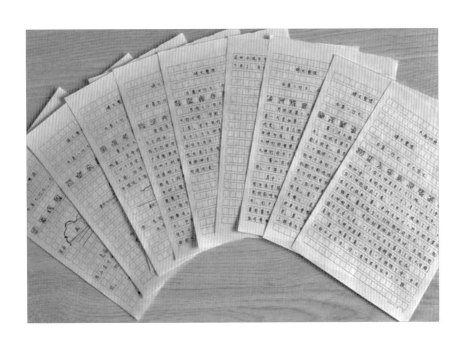

서 승리할 수 있었다. 삼태성 신령의 뛰어난 기술도 지구에 남게 되었다. 천랑성의 신령은 전기를 통해 에너지를 이용하고 있었으며 삼태성의 신령은 물에서 에너지를 얻고 있었다. 이 2대 기술은 모두 지구에 큰 영향을 미쳤다. 유(類)는 이 기술을 이용하여 핵에너지를 발전하였다. 또 1개의 대기년(對紀年)이 지났다. 자원의 배분 문제로 하여 또 전쟁이 일어났다. 이때 죽고 다친 사람들이 6대(蠱)니 되었다. 그들은 기계 13명 천신의 혈맥이었다. 제3대 유(類)는 자체적인 번식과 복제를 통해 큰 군체를 이루고 있었다. 지구에 남았던 중립인의 천신은 이때 수명 원인으로 지구를 떠났다.

　제4차 천붕(天崩)은 서기전 5677년에 시작되었다.

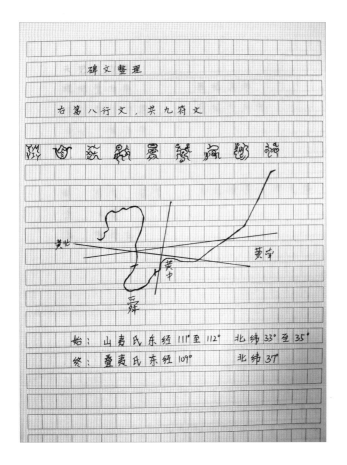

오른쪽 여덟번째
줄의 부호 판독문,
이 그림의 황하는
현재의 물길과 다
다소소 차이를 보
이고 있다

오른쪽 여섯 번째 줄의 부호, 도합 9개의 부문(符文)

제5차 천붕(天崩)은 신과 유(類)의 쟁탈 때문에 일어 났다. (여타의 천붕과는 달리 큰 홍수를 일으키지 않았으며 천벌(天罰)이라고 부르기도 한다.) 이번에 전쟁이 일어났으며 이로 하여 죽고 다친 자가 부지기수였다. 요(堯)가 인솔한 부족은 천붕(天崩)으로 인한 재난을 4개의 목기 년(目紀年)에 걸려 수습했다. 그러나 효과가 미미했다. 뒤미처 순(舜)은 1개의 월기년(月紀年)이나 노력했으며 이어 우(禹)는 2개의 목기년(目紀年)에 걸쳐 정리를 계속했다.

마침내 황하의 범람을 다스렸다.

황하의 치수 시작된 곳: E118°, N38°

황하의 치수 끝난 곳: E106°, N38°

오른쪽 일곱 번째 줄의 부호, 도합 9개의 부문(符文)

철이씨(凸夷氏), 황하의 치수를 시작한 곳: E118°, N38°

산이씨(山夷氏), 황하의 치수를 끝낸 곳: E111~112°, N33~35°

오른쪽 여덟 번째 줄의 부호, 도합 9개의 부문(符文)

산이씨(山夷氏), 황하의 치수를 시작한 곳: E111~112°, N33~35°

첩이씨(疊夷氏), 황하의 치수를 끝낸 곳: E109°, N37°

오른쪽 아홉 번째 줄의 부호, 도합 6개의 부문(符文)

요(堯), 순(舜), 우(禹) 3대에 걸쳐 천붕을 관리했도다. 후세는 그 공로를 명기하라.

신족(神族)과 밀접한 내왕을 하지 말아야 하느니, 너희들은 이를 꼭 기억하라. 후세는 영원히 기억해야 하느니라.

첩이씨(疊夷氏), 황하의 치수를 시작한 곳: E109°, N37°

우이씨(踽夷氏), 황하의 치수를 끝낸 곳: E106°, N38°

우(禹)는 마침내 (황하의) 치수를 완성했다.

※ 참고: 번역문에 나오는 단어의 설명

단어	설명
祝	천체의 의미
淨	금의 의미
龍木	용안(龍眼)을 이르는 말. 해저의 생물이다.
軒	산소, 이산화탄소 등 일부 특정 기체를 말한다.
類	인류
蓄	공룡
蟲	약 140만의 수량을 이르는 단위
對紀年	100만년
雙紀年	55만년
天紀年	10만년
地紀年	5만년
月紀年	25년
目紀年	5년

김호림

연변의 대학을 졸업한 후 북경의 방송사에서 근무하고 있다. 선전보도의 일상을 일탈하여 대륙의 역사 탐방에 분주하고 있다. 방방곡곡의 동네방네를 두루 돌아다녔다. 그러다가 삼국인의 두상을 만나고 조상의 뿌리인 단군을 찾았다. 그동안의 답사 기록을 정리하여 『대륙에서 해를 쫓은 박달족의 이야기』, 『고구려가 왜 북경에 있을까』, 『연변 백년 역사의 비밀이 풀린다』(세종도서) 등 여러 권의 책으로 펴냈다.

jinhulin01@126.net

단군부족의 비록

반도의 마지막 궁정 점성가

초판 1쇄 인쇄 2020년 7월 31일
초판 1쇄 발행 2020년 8월 10일

지은이	김호림
펴낸이	최종숙
펴낸곳	글누림출판사
편집	이태곤 문선희 권분옥 임애정 백초혜
디자인	안혜진 최선주 김주화
마케팅	박태훈 안현진

주소	서울시 서초구 동광로46길 6-6(반포4동 577-25) 문창빌딩 2층 (우06589)
전화	02-3409-2055(대표), 2058(영업), 2060(편집)
팩스	02-3409-2059
전자메일	nurim3888@hanmail.net
홈페이지	www.geulnurim.co.kr
블로그	http://blog.naver.com/geulnurim
북트레블러	http://post.naver.com/geulnurim
등록번호	제303-2005-000038호(2005.10.5)

ISBN   978-89-6327-620-5 03910

* 정가는 뒤표지에 있습니다.
* 이 도서의 국립중앙도서관 출판예정도서목록(CIP)은 서지정보유통지원시스템 홈페이지(http://seoji.nl.go.kr)와 국가자료종합목록 구축 시스템(http://kolis-net.nl.go.kr)에서 이용하실 수 있습니다. (CIP제어번호 : CIP2020029660)